Klaus P. Medicus

Quanten-Intelligenz

Heilsein erleben
statt Heilung suchen

■

Wie wir mit der Macht
unserer unbewussten Überzeugungen
unsere innere Wirklichkeit
im Jetzt erschaffen

Klaus P. Medicus

Quanten-
!ntelligenz

Heilsein erleben
statt Heilung suchen

Wichtige Hinweise

- Die im Buch veröffentlichten Ratschläge wurden von Verfasser und Verlag sorgfältig erarbeitet und geprüft. Eine Garantie kann dennoch nicht übernommen werden. Ebenso ist die Haftung des Verfassers bzw. des Verlages und seiner Beauftragten für Personen-, Sach- und Vermögensschäden ausgeschlossen.
- Um die Persönlichkeit der in den »Fallbeispielen« erwähnten Menschen zu schützen, wurden etliche Namen geändert.
- Der leichteren Lesbarkeit zuliebe wurde zumeist auf die Doppelung männlicher und weiblicher Formen (wie »Leser und Leserin« oder »Therapeut/-in«, »er/sie« etc.) verzichtet. Selbstverständlich soll die üblicherweise gebrauchte männliche Form in solchen Fällen beide Geschlechter umfassen.
- Der Begriff »Quanten-Intelligenz®« ist ein vom Deutschen Patent- und Markenamt für Klaus Medicus eingetragenes Markenrecht.
- Zu den Seiten 109–111: Herzintelligenz® ist eine registrierte Wortmarke der VAK Verlags GmbH.

Das fürs Buchcover verwendete Gemälde »Große fliegende Form« (Öl auf Leinwand, 5 Meter x 2 Meter; siehe auch Seite 300/301) stammt aus dem Zyklus »Dynamik« des Münchner Künstlers Darko Lesjak. Wie etliche andere Werke dieses Zyklus befindet es sich in der privaten Kunstsammlung von Klaus Medicus und stellt eine wichtige Metapher und Inspiration für seine Arbeit dar.

© KOHA-Verlag GmbH Burgrain
Alle Rechte vorbehalten
1. Auflage 2012
Covergestaltung: Stephan Guggenbichler
Lektorat und Layout: Birgit-Inga Weber
Gesamtherstellung: Karin Schnellbach
Druck: Bercker, Kevelaer
ISBN 978-3-86728-177-5

Inhalt

Spiritualität

Den spirituellen Meistern gewidmet

… und wer hat dir je gesagt,
du seist kein spiritueller Meister?

»Intelligenz
ist an jedem Punkt im All anzutreffen.
Und man kann sie mit der Macht
der Gedanken beeinflussen.«

▶ Nikola Tesla

Vorwort

Stellen Sie sich einmal vor, Sie wären felsenfest davon überzeugt, Ihr Leben – oder einzelne Bereiche Ihres Lebens – könnte sich vollkommen neu entfalten, unabhängig von Ihrer aktuellen äußeren Situation. Stellen Sie sich vor, Sie würden (vielleicht erstmals in Ihrem Leben) die Informationen in sich wahrnehmen, die Ihren einschränkenden Überzeugungen zugrunde liegen – Überzeugungen, die Sie daran hindern, das Leben zu führen, welches Sie sich aus tiefstem Herzen wünschen. Wie wäre es, wenn Sie diese innere, einschränkende Information mit einer entspannten Grundhaltung dem Jetzt gegenüber, einer veränderten Wahrnehmung und nebenbei noch einigen leicht erlernbaren Techniken in kraftvolle Befähigungen verändern könnten, die Ihre Augen zum Strahlen bringen und Ihr Leben mit Sinn und Glück erfüllen?

Erlauben Sie sich einmal den Gedanken, das anhaltende Empfinden, mit einem tiefen inneren Frieden und einer tiefen inneren Freude verbunden zu sein, könnte der »Normalzustand« in Ihrem Leben sein, unabhängig davon, was sich in Ihrem Leben ereignet. Und zwar ganz einfach! Können Sie es ermessen, dass Sie durch dieses beglückende Empfinden Ihr gesamtes Lebenspotenzial weit besser ausschöpfen würden? Sie könnten auf nie gekannte Weise die unbewusste Information hinter den als Blockaden wahrgenommenen Phänomenen erkennen und würden diese spielerisch in kraftvolle Befähigungen umwandeln. Sie könnten erkennen, dass die Quelle allen Leids, aber auch allen Glücks in Ihrem Inneren verborgen ist. Quasi so, als hätten Sie Ihr Leben bis dahin in einem verschlossenen Raum verbracht und würden nun erkennen, dass Ihnen ein ganzer Kosmos mit den Quantenfeldern der unendlichen Möglichkeiten zur Gestaltung Ihres Lebens zur Verfügung steht. Ob Sie sich für den kleinen Raum oder den unendlichen Kosmos entscheiden, hängt ganz von Ihnen ab.

Wäre diese Wahrnehmung, die sich durch die Präsenz im Hier und Jetzt auszeichnet, etwas Neues, ja sogar etwas Besonderes oder vielleicht sogar ein Wunder für Sie? Für mich und meine Kursteilnehmer ist es etwas Besonderes, und manche Erfahrung ist sogar ein Wunder! In Verbindung mit Ihrer Quanten-Intelligenz, der allem innewohnenden Weisheit, können Sie die innere Information, auf der Ihre Angst vor dem Fliegen, Ihr Lampenfieber, Ihre Neurodermitis, Ihre unglückliche Liebesbeziehung, Ihre finanziellen Probleme oder auch Ihre Schwierigkeiten im Job basieren, neu wahrnehmen. Und Sie erlauben den Feldern der unendlichen Möglichkeiten, sich für Sie neu zu gestalten.

All die Phänomene, die wir als »negativ« erleben, haben das Potenzial, von sich aus zu »implodieren«, wenn wir es beherrschen, unsere innere Information auf Zellebene bewusst wahrzunehmen. Diese »Implosion« eines »negativ« geladenen emotionalen Zustandes kann man auch als dessen instantanen Zusammenbruch bezeichnen. Nur bewirkt die Implosion darüber hinaus geradezu eine Sogwirkung hin zu der als positiv erlebten emotionalen Wirklichkeit des Augenblicks. Dabei können wir als Nebenwirkung dieser Implosion der »negativen« Ladung häufig eine viel stärkere Energie in uns wahrnehmen. Wir haben die Wahl, alle Phänomene entweder als unsere Realität oder als exakte Hinweisschilder auf die zugrunde liegenden Überzeugungen zu sehen. Diese Überzeugungen können befähigend sein oder einschränkend, auf jeden Fall sind sie zunächst reine Information, aus der wir in jedem Augenblick unsere Wirklichkeit und unsere Lebensenergie – unser Chi – entstehen lassen können; denn heute wissen wir, dass Energie immer der Information folgt. Wir tragen immer das Potenzial der Wahlfreiheit in uns. Freiheit scheint ein entscheidendes Grundprinzip der Natur zu sein. Es liegt an uns, die Freiheit wahrzunehmen und zu nutzen!

Diese Fähigkeit der unmittelbaren Wahrnehmung kann nicht nur Ihr eigenes Leben, sondern auch das Ihrer Mitmenschen verändern. Dazu müssen Sie nur Ihr Leben auf die Ihnen innewohnende Intelligenz Ihrer Zellen – oder anders ausgedrückt: auf Ihre innere Weisheit – ausrichten. Durch einen neuen Fokus Ihrer Wahrnehmung sowie mittels einer veränderten Grundhaltung ist dies leicht und spielerisch erlernbar und kann sofort angewandt werden. Es beginnt immer mit Ihrer Aufmerksamkeit im Jetzt, um wahrzunehmen, was ist.

Nehmen Sie sich selbst wahr, wie Sie jetzt hier sitzen und diese Worte lesen? Nehmen Sie wahr, wie Sie das Buch in der Hand halten und unbewusst jeden Satz positiv oder negativ bewerten? Nehmen Sie wahr, was und wie Sie denken? Darum geht es: einfache Schritte zu lernen, um die reine Information wertfrei wahrzunehmen und sich von ihr in das Feld des Heilseins führen zu lassen – zu jenem Quantenfeld, auf dem alles gründet und dem zugleich alles innewohnt.

Haben Sie Lust? Dieses Buch wird Sie auf einer spannenden inneren Entdeckungsreise zu sich selbst begleiten. Sie können das Feld des Heilseins, das schon immer in Ihnen vorhanden war, aufspüren. Vor mehr als 500 Jahren hat sich Kolumbus auf eine der spannendsten äußeren Entdeckungsreisen begeben, um einer »neuen Welt« zu begegnen, und dadurch hat sich unsere Wahrnehmung der Welt vollkommen verändert. Eine tiefe Wirkung dieses Buches werden Sie bereits in Kürze in Ihrer eigenen »neuen Welt« bemerken: wenn Sie anfangen, sich selbst und die Welt bewusst und vollkommen wahrzunehmen; wenn Sie dadurch den Reichtum des Augenblicks erkennen und sehen, dass bereits alles vorhanden ist. Wirklich alles! Sodann werden Sie auch sehen, dass alles in seiner Essenz heil ist.

»Ich glaube, die Zellen lehren uns nicht nur etwas über die Mechanismen des Lebens, sondern zeigen uns auch, wie wir ein reiches, erfülltes Leben führen können.«

▶ Bruce Lipton

Dieses Heilsein zu erleben, fühlt sich vollkommen anders an, als Heilung oder Lösung irgendeines Problems zu suchen. Sie – nur Sie selbst! – bestimmen, wie Sie über die Ereignisse in Ihrem

Umfeld denken und fühlen. Niemand kann Ihnen von außen ein Gefühl, eine Emotion »machen« oder Sie einen Gedanken denken lassen. Und wenn Sie die Ereignisse des Lebens aus dem Feld der Quanten-Intelligenz Ihrer Zellen wahrnehmen, werden Sie erfüllt sein von innerer Stärke, Liebe und Frieden, die Ihnen niemand mehr nehmen kann. Es ist, als würden Sie auf einmal die Sprache Ihrer Seele verstehen.

Lassen Sie uns gemeinsam aufbrechen zur Reise ins Feld der Quanten-Intelligenz mitten in uns, ins Feld unseres Heilseins im ständigen Jetzt!

Klaus Medicus

München
21.12.2011, in der Nacht der Wiedergeburt des Lichts

»Das Leben
ist wirklich sehr großzügig mit dem,
der seinem persönlichen Lebensplan folgt.«

▶ Aus: Paulo Coelho, »Der Alchimist«

»Unsere Überzeugungen
steuern unsere Biologie.«

▶ Bruce Lipton

Einleitung

Wikipedia führt unter dem Stichwort »Spiritualität« u. a. eine Definition laut Duden auf: »Substantiv, feminin – Geistigkeit; inneres Leben – geistiges Wesen.«

Dieses Buch ist eine Einladung für alle Menschen, mit der Weisheit und Intelligenz, die schon immer in jedem von uns ist, in Kontakt zu kommen. Diese Weisheit und Intelligenz nenne ich »Quanten-Intelligenz« (= »$Q!$«, gesprochen: *Ku – i*), da auf der Quanten-Ebene menschlichen Seins – also der Ebene der kleinsten Teilchen – Wirklichkeit, Information und Intelligenzfelder untrennbar miteinander verwoben sind. Sie werden erfahren, wie grundlegend sich Ihr Leben ändern kann, sobald Sie die relevanten Informationen im ständigen Jetzt erkennen und für sich selbst nutzen. Im Zusammenspiel mit ihrer Quanten-Intelligenz ist es allen Menschen möglich, ihre umfassende Ganzheit und ihr Heilsein in jedem Moment wahrzunehmen; gleichzeitig werden sie mit Leichtigkeit in der Meisterschaft ihres inneren (Er-)Lebens und in ihrer eigenen Spiritualität ankommen.

Unsere Quanten-Intelligenz ist das uns innewohnende Intelligenzfeld von Körper, Geist und Seele.

Sobald unsere Quanten-Intelligenz einen ebenbürtigen Platz neben unserem Verstand erhält, werden wir mehr und mehr Zeit in Resonanz mit unserem Heilsein erleben.

Damit erscheint es uns immer absurder, nach Heilung zu suchen oder nach Lösungen Ausschau zu halten. Heilung oder Lösung wovon auch? Unser Gefühl, es mangle uns an Wohlergehen, Erfolg oder Kompetenz, wird hervorgerufen durch unsere Bewertung von Phänomenen, verbunden mit unserer Wahrnehmung und unserer inneren Verarbeitung von Information, womit wir unsere innere Wirklichkeit Moment für Moment erschaffen. In diesem Prozess des Erschaffens unserer inneren Wirklichkeit nehmen wir häufig unser Leben in den Kategorien von »Problemen« und »Krankheiten« wahr, doch wir sind genauso in der Lage, es in den wohltuenden Feldern »Freude«, »Frieden« und »Gesundheit« wahrzunehmen. Aus jeder Information erschaffen wir präzise und elegant die innere Wirklichkeit unseres Empfindens: Liebe, Glück, Ekstase, Zufriedenheit und Verbundensein – oder Wut, Angst, Mattigkeit, Leere, Aggression und Getrenntsein. Nichts im Außen kann uns einen Gedanken oder ein Gefühl machen. Nur wir selbst sind dazu in der Lage. Unsere Quanten-Intelligenz wahrzunehmen, bedeutet konkret ein zunehmend entspanntes Erleben von Freiheit und Fülle im Jetzt unseres alltäglichen Lebens. Gleichzeitig können wir uns so ganz nebenbei von all den Geschichten verabschieden, die wir Menschen meist mehr oder weniger reflektiert für unser Leben halten. Wir haben in unserer Kultur nicht gelernt, unserem Körper, unseren Gefühlen und unserer inneren Kraft zu vertrauen; stattdessen halten wir uns an äußere Autoritäten. Doch in der Wahrnehmung und im Vertrauen auf unsere innere Kraft liegt der Zugang zu tiefgreifenden Veränderungen, die aus uns selbst heraus geschehen, sowie wir bereit sind und es uns erlauben.

> Nicht was wir im Außen erleben, sondern was wir aufgrund unserer eigenen Verarbeitung von Information dabei empfinden, entscheidet über die Qualität dessen, was wir als unser Leben im ständigen Jetzt wahrnehmen.

Meine Arbeit mit der Quanten-Intelligenz ist aus der konkreten Praxis über eine lange Zeitspanne hinweg entstanden. Als Jugendlicher erlebte ich über Meditation und östliche Weisheit zum ersten Mal das eigene Intelligenzfeld von Körper, Geist und Seele. Später bekam ich aus der Quantenphysik und der Zellbiologie die entscheidenden Impulse, die *Q!* Methode konkret Gestalt annehmen zu lassen.

Dieses Buch erzählt auch von Menschen, bei denen durch die Methode buchstäblich »Wunder« eingetreten sind. Doch diese Menschen haben lediglich gelernt, im ständigen Jetzt neue Informationen wahrzunehmen, die sie schon immer unbemerkt in sich trugen. Jeder Anfang birgt die Information. Im Jetzt, diesem ständigen Moment jenseits von Anfang und Ende, ist alles, was ist, reine Information. Wir verarbeiten diese Information Moment für Moment zu »glücklich oder unglücklich«, »gut oder schlecht«, »angenehm oder unangenehm«, mathematisch gesehen zu Eins oder Null. Diese Kunst, im ständigen Jetzt mit unglaublicher Präzision Information zu verarbeiten, beherrschen wir schon immer perfekt; da gibt es nichts, rein gar nichts zu lernen.

> Ein Schlüssel, Veränderungen zu erleben, liegt darin, unsere Pforten der Wahrnehmung zu öffnen und das Licht unserer Bewusstheit auf unsere innerste Intelligenz zu richten.

Auf der Ebene unseres bewussten Verstehens haben die Entdeckungen der Quantenphysik dazu einen wichtigen Beitrag geleistet. Die Quantenphysik hat unser Bild der Welt und unsere Vorstellungen von Wirklichkeit in den vergangenen hundert Jahren grundlegend verändert. Als Menschheit kamen wir durch die »Theorien« der Quantenphysik unter anderem in die Lage, Masse direkt in Energie umzuwandeln. Wie es erstmals 1945 drastisch vor Augen geführt wurde, kann eine kleine Atombombe verheerende Wirkungen haben, obwohl die abstrakte Theorie dahinter ganz unspektakulär klingt: Umwandlung von Masse in Energie. Auch unsere Computer und Mobiltelefone oder alle Technologien rund um Laser sind erst dank der vollkommen neuen Modelle der Quantenphysik möglich geworden. Keine Frage, dass diese rein technischen Veränderungen sich grundlegend auf unser Leben ausgewirkt haben. Energie, Materie und Kraft waren für fast hundert Jahre die prägenden Metaphern der Quantenphysik als Grundlagenwissenschaft. Anhand einer Metapher sehen und beschreiben wir Dinge auf eine bestimmte Art. Solche Metaphern sind oftmals sehr nützlich, um Klarheit zu gewinnen, was wir über die Natur und über »Wirklichkeit« sagen können. Leicht bekommen solche Metaphern aber eine solche Bedeutung, dass wir allmählich die Metapher – das Bild der Wirklichkeit – mit der Wirklichkeit verwechseln. In einem solchen Prozess beginnen wir zunehmend, unsere wahrgenommene Wirklichkeit aus diesen Metaphern der Wirklichkeit heraus zu erschaffen.

So finden wir heute in nahezu allen aus der Physik abgeleiteten Bereichen die klassischen physikalischen Metaphern von Energie, Masse, Kraft und Kontrolle wieder, und diese gelten als Voraussetzung zum Verständnis nahezu aller Phänomene.

Lesen Sie beispielsweise die heute gängigen Management-Konzepte, die unsere Welt prägen; Sie werden dort in »Energie«, »Kraft« und »Kontrolle« absolute Schlüsselworte erkennen. Ebenso in den meisten neuen »energetischen« Heilverfahren, die wie Pilze aus dem Boden schießen. Und das, obwohl die Quantenphysik als Grundlagenwissenschaft in den vergangenen dreißig Jahren zunehmend erkannt hat, dass die alten Energie-Metaphern als Bilder einer präzisen Beschreibung unserer Wirklichkeit nicht mehr haltbar sind, sondern die Metapher der Information an ihre Stelle getreten ist.

Genauso unscheinbar, wie die Umwandlung von Masse in Energie klingt und gleichwohl – nicht nur durch Computer, Laser und Mobiltelefone – unser Verständnis der Welt revolutioniert hat, erscheint heute die Integration der Informations-Metapher als die nächste Revolution in unserem Verständnis der Wirklichkeit. Die Geschwindigkeit und Effizienz, mit der wir in unserem Körper Information verarbeiten, ist der Informationsverarbeitung des Internets mit all seinen Servern weit überlegen.

> **Information ist der Urstoff des Universums.**

Die *Q!* Methode versteht sich als eine Einladung, diese Möglichkeiten in uns wahrzunehmen und sie als Selbstverständlichkeit in unser Leben zu integrieren. Denn Evolution ist ein offener, fließender und keineswegs abgeschlossener Prozess. Wir haben die Freiheit, uns bewusst zu entscheiden! Demgegenüber haben heute viele Menschen das Gefühl, sich ihr Glück und ihr Gesundsein hart erarbeiten zu müssen. Kein Wunder, schließlich leben wir in einer Leistungsgesellschaft, die geprägt ist von den alten Energie-Metaphern: Nur wer hart arbeitet und leidet, verdient sich sein Recht, zu leben! In unserer heutigen Zeit scheint der stärkste Fokus auf die Lösung von Problemen und Heilung von Krankheiten gerichtet zu sein. Alle unsere erlebten tagtäglichen Defizite in Form von Problemen und Krankheiten halten wir für eine von unserer Beobachtung und Bewertung losgelöste Wirklichkeit. Entsprechend ist der Markt überschwemmt mit Methoden und Angeboten zur Selbsthilfe, um durch diese als »objektiv« empfundenen Wirklichkeiten Heilung zu erfahren.

Dieses Buch setzt dazu einen Kontrapunkt, auch wenn Sie hier manche neuen Techniken erlernen. Viel wichtiger als das Einüben von Techniken ist es jedoch, Neugierde und Offenheit zu entwickeln. Wir können uns und unsere innere Wirklichkeit zu jeder Zeit in den Feldern der unendlichen Möglichkeiten neu »er-finden«.

>»Eins sind Anfang und Ende
auf der Peripherie des Kreises.«

▶ Heraklit

Die Macht unserer unterstützenden und befähigenden Überzeugungen erleben wir heute nur sehr selten bewusst. Gleichwohl haben wir das Potenzial und die Wahl, alle einschränkenden Überzeugungen, die in konventionellem Denken auch als »negative Glaubenssätze« bezeichnet werden, als präzise Hinweise auf das Feld unserer leuchtenden Augen zu erleben. Da alles zunächst reine Information ist, aus der wir über unsere Bewertungen »negative« oder »positive« Überzeugungen erschaffen, sind wir ständig im Jetzt ein aktiver Part des fortwährenden universellen Schöpfungsprozesses. Seien Sie willkommen in den Quantenfeldern der unendlichen Möglichkeiten des Lebens!

Über die Mythologie
unserer Kultur

Das griechische Wort μυθολογια *(mythologia)* ist zusammengesetzt aus den Wörtern μυθοι *(mythoi* = Geschichten) und λεγειν *(legein* = erzählen). Eine Mythologie ist nach Wikipedia »die systematische Beschäftigung mit Mythen oder deren systematische Darlegung in literarischer, wissenschaftlicher oder religiöser Form«. Jede Kultur entwickelt ihre eigenen Mythen, die von den Menschen für die Wahrheit gehalten werden.

Auch rund um unser Befinden als Körper-Geist-Seele-Wesen kursieren Mythen, die sich ins Gedächtnis der »zivilisierten« Welt eingeprägt haben:

Kommen wir mit einer bestimmten Anzahl Hirnzellen auf die Welt, und im Laufe unseres Lebens werden es tatsächlich eher weniger als mehr? Bringen wir einfach bestimmte Gene mit und sind ihrer Wirkung auf Gedeih und Verderb ausgeliefert, wenn uns nicht mächtige, äußere Heilungskräfte davon erretten?

Sind wir ängstlich angespannte Opfer äußerer Geschehnisse statt aus der Entspannung heraus die Gestalter unserer individuellen inneren Wirklichkeit? Kann es »Lösungen« geben, ohne zuvor ein »Problem« zu erschaffen?

Die heute gängigen Überzeugungen über die grundlegenden Voraussetzungen für Veränderungen entpuppen sich ebenfalls zunehmend als kulturelle Mythen unserer Zeit:

• **Mythos Nr. 1:** »Es dauert immer lange, etwas zu verändern.«

Nein, Sie können jederzeit erleben, dass es schnell gehen darf! Im Feld unserer inneren Weisheit und in Verbindung mit der Quanten-Intelligenz unserer Zellen erleben wir, wie wir Veränderungen als »Nebenwirkung« unseres inneren Wachstumsmodus einfach wahrnehmen können. Völlig egal, wie lange Sie schon einschränkende Glaubensmuster vermuten: Sie haben die Macht, sie sofort wahrzunehmen. Sobald Sie anerkennen, dass es keine negativen Überzeugungen, sondern nur präzise Hinweise auf Befähigungen gibt, sind Sie unterwegs. Alles ist Information!

- **Mythos Nr. 2:** »Alte Verhaltensweisen zu verändern, ist immer schwierig und schmerzvoll.«

Stimmt nicht! Ohne zu »überlegen«, folgen unsere Nervenzellen einfach einer abgespeicherten Reaktion, einem Impuls; sie wählen dabei nur aus zwei Möglichkeiten, und das tut ihnen nicht weh. Sobald Sie sich mit Ihren Befähigungen verbinden und sich selbst für Ihren Wachstumsmodus entscheiden, werden Sie Ihr Heilsein als angenehme Nebenwirkung wahrnehmen.

- **Mythos Nr. 3:** »Ich muss ganz viel über Ursachen und Hintergründe wissen, um etwas zu verändern.«

Ganz im Gegenteil ist es von großem Vorteil, wenn Sie sich erlauben, absolut nichts zu wissen. Sobald Sie es schaffen, sowohl aus Ihren individuellen als auch aus den kollektiven Bewertungsschemata auszusteigen, sind Sie frei, um einfach wahrzunehmen, was ist. Und schon können Sie Ihre persönliche Information als exakten Wegweiser Ihrer inneren Weisheit sehen. Sie brauchen ihm nur noch zu folgen.

- **Mythos Nr. 4:** »Ich muss etwas verändern, um erfolgreich, glücklich und gesund sein zu können!«

Dieser Mythos scheint der hartnäckigste zu sein. Deswegen werden Sie (mir) auch nicht glauben, sondern müssen eigene Erfahrungen machen, indem Sie schlicht wahrnehmen, was ist. Erst Ihre eigene Erfahrung wird in Ihnen ein tiefes Wissen und Vertrauen bewirken. Und plötzlich gibt es kein Suchen, kein Erwarten und auch kein Verändernwollen mehr. Auf einmal sind Sie von der Bereitschaft erfüllt, sich von Erfolg, Glück und Gesundheit finden zu lassen. Alles ist bereits in Ihnen vorhanden – jenseits der Suche nach Transformation.

»Da *Mythos* erfunden wird,
werden die Bilder durch die Sachen groß,
wenns Mythologie wird,
werden die Sachen durch die Bilder groß.«

▶ Johann Wolfgang von Goethe

Licht

»**Unsere tiefste Angst** ist nicht die, dass wir unzulänglich sind. Unsere tiefste Angst ist die, dass wir über die Maßen machtvoll sind. Es ist unser Licht, nicht unsere Dunkelheit, das uns am meisten erschreckt. Wir fragen uns: Wer bin ich denn, dass ich so brillant, großartig, talentiert, fabelhaft sein sollte? Aber wer sind Sie denn, dass Sie es nicht sein sollten? Sie sind ein Kind Gottes. Wenn Sie sich kleinmachen, dient das der Welt nicht. Es hat nichts von Erleuchtung an sich, wenn Sie sich so schrumpfen lassen, dass andere Leute sich nicht mehr durch Sie verunsichert fühlen. Wir sollen alle so leuchten wie die Kinder. Wir sind dazu geboren, die Herrlichkeit Gottes in uns zu manifestieren. Sie existiert in allen von uns, nicht nur in ein paar Menschen. Und wenn wir unser eigenes Licht leuchten lassen, erlauben wir auch unbewusst anderen Menschen, das Gleiche zu tun. Wenn wir von unserer eigenen Furcht befreit sind, befreit unsere Gegenwart automatisch auch andere.«

▶ Aus: Marianne Williamson, »Rückkehr zur Liebe«

Teil 1

Den Weg des Heilseins beschreiten

– Meine persönliche Geschichte –

»Wenn du darauf vertraust,
dass ein Engel auch deinen persönlichen Weg begleitet,
wirst du entdecken, wozu du fähig bist.
Du wirst deine Einmaligkeit spüren
und den göttlichen Glanz deiner Seele.«

▶ Anselm Grün

1. Wie alles begann

Schwere und Dunkelheit

Kaum auf der Welt, war mein Leben schon fast wieder vorbei. Ein Leistenbruch und eine anschließende allergische Reaktion auf das Narkosemittel brachten mich fast um. Mehrere Wochen lag ich im zarten Alter von nur einem Jahr alleine im Krankenhaus. Hier erfuhr ich nach der Geburt eine weitere ebenso einschneidende wie schmerzliche Trennung von meiner Mutter, von meiner Familie und – schlimmer noch – vom Leben selbst. Ich litt fürchterlich darunter, ohne richtig zu verstehen, was vor sich ging. Ich fühlte mich nur unendlich einsam.

Kaum hatte ich mich von den Strapazen dieser schwierigen Zeit erholt, streikte mein Körper aufs Neue: Massive Nierenprobleme fesselten mich wieder ans Krankenbett. Aber nicht nur einmal, sondern immer wieder musste ich für mehrere Wochen in eine Klinik. Die Kindheit fand ohne mich statt.

Während andere Jungs in meinem Alter die Sommerferien mit ihren Eltern am Meer verbrachten und Spaß hatten, lag ich im Krankenhaus und ertrank in Wellen der Einsamkeit. Während meine Klassenkameraden nach den Ferien in den Pausen gemeinsam auf dem Schulhof tobten, saß ich auf der Bank und kämpfte gegen die innere Verzweiflung und das Gefühl, in einem anfälligen Körper gefangen zu sein. Während die Kinder aus meiner Straße nachmittags nach der Schule im Hof spielten, saß ich am Fenster unserer Wohnung und schaute ihnen zu. Jeden Tag aufs Neue erlebte ich das Gefühl, krank und vom Leben getrennt zu sein. Andere Kinder entdeckten die Welt Stück für Stück – und ich fühlte mich mehr und mehr abgeschnitten vom Leben.

Tag für Tag betrachtete ich das Leben wie durch eine dicke Käseglocke. Nichts erreichte mich wirklich. Und umgekehrt nahm mich im Grunde auch niemand wahr. Ich saß im Dunkeln, die anderen spielten in der Sonne. Ich ertrug das Leben, die anderen genossen es.

Das Drama setzte sich in meiner Pubertät fort. Immer wieder litt ich unter diffusen körperlichen Krankheitssymptomen, was zu zahlreichen Arztbesuchen, Krankenhausaufenthalten und ebenso vielen Fehlzeiten in der Schule führte. Dadurch gehörte ich zu den schlechten Schülern und war auch nicht sonderlich beliebt. Wie auch? Gleichzeitig empfand ich diesen Zustand bis zur achten Klasse als vollkommen normal; ich kannte es nicht anders. Aus meiner heutigen Perspektive habe ich meine ersten 14 Lebensjahre in einem Überlebensmodus verbracht. Eine Wahl zu haben zwischen verschiedenen Möglichkeiten, mein Leben zu leben, war für mich damals unvorstellbar.

Ich war überzeugt, mein tägliches Erleben und meine Wahrnehmung seien die Wirklichkeit. Schwer und dunkel fühlte sie sich für mich an.

Farbe und Lebendigkeit

Der einzige Lichtblick an meinem tristen Horizont war der Kunstunterricht. Hier fühlte ich mich lebendig, mein Leben war mit Farbe erfüllt und ich war der Klassenbeste. Das lag nicht nur an meiner großen Freude am Zeichnen, sondern auch am Lehrer. Er war der Einzige, der mich genauso wie jeden anderen in der Klasse behandelte. Statt mich vom Unterricht auszuschließen, bezog er mich aktiv mit ein. Für ihn war ich weder krank noch dumm, noch anders. Für ihn war ich einfach Klaus, ein Junge wie jeder andere.

Als ich 14 war, empfahl er mir einen Meditationskurs und obwohl weder ich noch meine Eltern eine Ahnung hatten, worum es dabei geht, erlaubten sie mir, daran teilzunehmen.

Schon beim Betreten des Meditationsraums fühlte ich mich wohl – erst recht, als ich mich auf dem Kissen niederließ und den

Anweisungen des Meditationslehrers lauschte. Ich hatte keinerlei Erwartungen. Eigentlich lernte ich in der Vipassana-Meditation auch nichts – oder genauer gesagt: den Zugang zum »Nichts«, zum leeren Raum; oder wie ich es heute ausdrücke: den Zugang zum Feld der unendlichen Möglichkeiten in mir. Ich entdeckte in diesem Nichts eine Macht, die schon immer in mir vorhanden war, obwohl ich bisher nicht einmal geahnt hatte, sie zu haben: die Fähigkeit, mir selbst aus meinem Inneren heraus in jedem Augenblick auf eine erfüllte, weise und mitfühlende Art zu begegnen. In diesem Nichts lag einfach ein Gefühl von Freude. Mich hat nicht einmal Veränderung interessiert; ich wollte nur diese für mich ganz neuen Empfindungen wahrnehmen – in diesem inneren leeren Raum des Nichts. Reine und unmittelbare Erfahrung; in den Klang der Stille des Augenblicks eintauchen …

In der Meditation wandte ich meine Aufmerksamkeit zum ersten Mal in meinem Leben nicht auf meine verzweifelten Gedanken, meine schmerzvollen Emotionen oder auf körperliche Symptome, sondern auf den Raum zwischen den Gedanken. Den Raum der Leere. Das Nichts.

Immer wieder gelang es mir, eine kleine Lücke zwischen zwei Gedanken zu erhaschen. Erst war die Lücke klein, im Verlauf der Meditationen wurde sie immer größer. Bis zu jenem Wochenende hatte sich ein Gedanke an den nächsten gereiht. Ohne Pause, Tag und Nacht. Laut und lästig. Manchmal hatten sie sich sogar überschlagen. Konfus und schmerzvoll. Diesen Zustand empfand ich als normal. Ja, aus meiner damaligen Sicht erlebte ich dieses permanente Denken und – schlimmer noch – diese konstante Identifikation mit den Gedanken als die Realität. »Das ist das Leben«, dachte ich mir.

»Viele von uns führen ihr eingeschränktes Leben nicht aufgrund eines Mangels an Möglichkeiten, sondern weil sie meinen, es müsse so sein.«

▶ Bruce Lipton

Die Vorstellung, in mir könnte etwas jenseits meiner Gedanken und Gefühle existieren, war für mich aus damaliger Sicht vollkommen abwegig. Dieses »Hirngeplapper« nahm ich als unaufhaltsam wahr – was sollte denn jenseits davon auch sein? Und ausgerechnet »Nichts«, der Kontakt mit der Leere, ließ mich meine Wirklichkeit ganz anders erleben. An diesem Punkt gab es »nichts« zu verstehen. Denn dieses Nichts existiert nicht, doch kommt alles, was in uns zu existieren anfängt, aus diesem Nichts. In diesem Nichts konnte ich erahnen, dass ich mir meinen bis dahin »normalen Überlebensmodus« selbst erschuf.

> **Ich begann, dieses Nichts zu lieben und ihm zu vertrauen – diesem Nichts, dem das Empfinden meiner Freude entspringt.**

Und diese Erfahrung des Nichts, das ich als den Urgrund jedes Augenblicks erlebe, begleitet mich nun seit Jahrzehnten: »Ich liebe das Nichts, ich vertraue auf das Nichts« – oder wie ich es heute ausdrücke: auf die Quanten-Intelligenz unserer Zellen mitten in uns, die wir in der Leere unseres inneren Raumes im Jetzt immer wahrnehmen können. Diese Leere, die wir jenseits unserer Gedanken und Emotionen in uns wahrnehmen können, führt uns zum direkten Erleben unserer Freiheit und in die Fülle, die wir stets in uns tragen. Rückblickend betrachtet, hatte ich damals das Gefühl, als würde meine Käseglocke einen Sprung bekommen und ein erster schwacher Sonnenstrahl mein Innerstes erreichen. Erst die Wahrnehmung des Unterschieds ließ mir jedoch den früheren Zustand als nicht sonderlich attraktiv erscheinen. Dieser Vergleich war die bis dahin fehlende Information in meinem System.

In der Systemtheorie hat Gregory Bateson die Definition von Information geprägt: »Unterschiede, die Unterschiede machen.« Und genau diesen Unterschied, der einen gewaltigen Unterschied im Erleben des Augenblicks ausmacht, konnte ich in der Meditation wie nebenbei zum ersten Mal bewusst erleben. Heute ist mir völlig klar, dass ich nichts anderes erfahren habe, als einen neuen Weg der inneren Verarbeitung von Informationen zu entdecken.

Es geht nur um Information. Die Energie, die wir wahrnehmen, folgt den zugrunde liegenden Informationen. Indem ich das Nichts wahrnehmen konnte, war es mir auf einmal möglich, etwas ganz anderes zu empfinden, weil meine »normalen Informationen« im fortwährenden Jetzt, also mein sonst ständig laufendes »Gedanken-Tonband«, auf Stand-by gestellt waren. Dies gelang mir ohne Anstrengung, vor allem wohl deswegen, weil es keine Anweisung gab, »etwas« empfinden zu müssen.

Quanten-Intelligenz erleben

Aus der Information des Moments eröffnet sich die Wirklichkeit ganz neu

Susanne berichtet begeistert: »Seit ich meine Quanten-Intelligenz bewusst wahrnehme und erlebe, geht es mir so was von guuuu-uuuuuuuut. Ich sprudele nach wie vor, und das jetzt schon fünf Monate seit den Workshops. Hin und wieder habe ich natürlich auch Tiefs. Bei der Bewertung meiner Wahrnehmungen als ein Tief fange ich allerdings bereits über mich selbst zu schmunzeln an: »Diese Bewertung ist ja spannend …!« In diesem Innehalten nehme ich mittlerweile fast immer die Information des Augenblicks wahr. Die innere Überzeugung, mit der meine Augen ins Leuchten kommen, sprudelt inzwischen einige Augenblicke später nur so aus mir heraus.
Ich habe jetzt stets ein Büchlein bei mir, in das ich sofort all die Überzeugungen, bei denen ich das Leuchten meiner Augen spüre, notiere. Es ist schön für mich, ab und zu in meinem Büchlein nachzulesen. Und zweifle ich mal kurz, komme ich gar nicht mehr auf die Idee, darüber zu hirnen und mich in endlosen Gedanken zu verheddern. Ich schau einfach, ob die befähigende Überzeugung schon körperlich erlebbar ist, und falls nicht, aktiviere ich lediglich meine Wahrnehmung. Ich gehe ganz anders als früher durch mein Leben: Ich fühle mich seit Monaten in meinem Alltag frei, ich lebe

mit einem nie gekannten Selbstbewusstsein, sprühe geradezu vor Lebensenergie, und scheinbar treten ganz andere Situationen in meinem Leben ein. Gerade deswegen verschwende ich gar keinen Gedanken daran, das Feld der Möglichkeiten einzuschränken und irgendetwas »manifestieren« zu wollen. Wozu denn auch? Ich komme ja geradezu kontinuierlich gar nicht mehr aus dem Staunen heraus, was mir die Welt alles zu bieten hat, seit ich konsequent meinen Blick auf meine eigene innere Wirklichkeit im Jetzt richte! Außerdem kann ich mittlerweile auch sehr geduldig sein. Erlebe ich mich doch in mir ruhend und freue ich mich auf all das, was das Jetzt für mich zu bieten hat.«

Meine Begegnung mit dem Nichts im ständigen Jetzt

Nach diesem Wochenende, der ersten Begegnung mit dem leeren Raum in mir, mit diesem Nichts, fühlte ich mich, als wäre ich neu geboren worden. Endlich hatte ich das Gefühl, die Sonne schien auch für mich! In den folgenden Wochen und Monaten war ich so erfüllt von dieser Erfahrung, dass ich an nichts anderem mehr Interesse hatte, als diesen inneren Raum und die endlose Weite, die sich darin auftat, zu erforschen. Und so begann ich als Vierzehnjähriger die bis heute anhaltende Reise in das Feld der unendlichen Möglichkeiten mitten in mir im ständigen Augenblick des von mir wahrgenommenen Seins, im ständigen Jetzt.

Die einzig aktive Energie beim Erforschen dieses leeren Raums besteht im Wahrnehmen bzw. Beobachten des Augenblicks – ohne auch nur einen Gedanken daran zu verschwenden, dieses Nichts verstehen zu wollen. Dem Erleben unserer Ganzheit und Einheit steht nichts *mehr* im Wege, als sie mit unserem bewussten Verstand verstehen zu wollen. Vergleichen wir es mit der Liebe: Du kannst sie fühlen, und wer schon jemals tiefe Liebe empfunden hat, weiß, wovon ich spreche; doch Liebe »verstehen« zu wollen, ergibt keinen Sinn. Sobald wir von Liebe erfüllt sind, tritt mit einem Mal alles in uns zu dieser Liebe in Resonanz. Ich erlebte damals, ohne es bewusst artikulieren zu können, mit dem Heilsein in mir in vollkommene Resonanz zu treten. Darauf werden wir später bei den Ausführungen zur Quantenphysik erneut stoßen.

> Im rezeptiven Beobachten erschaffen wir die innere Wirklichkeit unserer Gedanken und Emotionen aus dem Feld der alles umfassenden Information.

Damals war ich mir aber nicht bewusst, dass dieser leere Raum das universelle Feld des Heilseins unserer eigenen Quanten-Intelligenz ist und dass es sich um jenes Bewusstseinsfeld handelt, in dem jeder Mensch unabhängig von Geschlecht, Alter oder physischem und psychischem Ergehen das pure Sein erfahren kann. Ohne dass ich es damals hätte benennen können, war mir zumute, als würde ich in mein wahres Zuhause kommen. Hier fühlte ich mich nicht mehr getrennt – nicht von mir und auch nicht vom Leben. Endlich brach dieses Leiden, alleine, krank und im Selbstmitleid gefangen zu sein, auf und machte dem Gefühl Raum, was es heißt, ein Teil des Lebens zu sein. Es war ein Erleben umfassenden Heilseins, anstatt Heilung zu suchen. In diesem leeren Raum des Nichts konnte ich erleben, dass meine Einschränkungen, mein Leid, die Dunkelheit überhaupt nicht bedrohlich sind – eben weil sie in der Leere des Raums, im Nichts, gar nicht existieren! In diesem Nichts entfaltet sich jeder Atemzug elegant, einfach und leicht – indem ich nichts mache, nicht einmal beobachte.

> In dieser Leere ist auch keine Antwort. Worauf denn auch? Dann wäre es nicht die Leere, das Nichts.

Heute bin ich überzeugt, diese Leere war für mich so leicht erfahrbar, weil ich nichts suchte, weder Fragen noch ein Ziel hatte und keine außergewöhnliche Energie in mir wahrnehmen sollte oder wollte. Ich spürte einfach den Unterschied, ich konnte ihn in all meinen Zellen erleben, und der Gedanke, irgendetwas daran verstehen zu wollen, wäre mir überhaupt nicht gekommen.

Am meisten unterstützte es mich, dass sich niemand in meiner Umgebung dafür interessierte, was ich erlebte. Menschen, die sich über »sehr viel Wissen« definieren, hätten mein Erleben gemäß ihrem Weltverständnis entweder als »irreal« bewertet oder eine Diagnose gesucht, um es in irgendein Bewertungsschema zu stecken. Und das hätte mich womöglich von mir selbst abgelenkt.

Absichtslos alles beobachten, was in uns ist; einfach alles wahrnehmen und uns dann erlauben, es in uns zu spüren: Das ist Achtsamkeit im Moment.

Wir erkennen und akzeptieren, was ist – genau so, wie es ist –, ohne auch nur einen Gedanken zu verschwenden. Heute verwende ich dafür gerne die Metapher der »mentalen Hängematte«: Wie wäre es wohl, wenn wir unserem bewussten Verstand und unseren Gedanken des Öfteren Zeit gönnen würden, um nur zu verweilen?

Seit jenem Wochenende saß ich jeden Morgen nach dem Aufstehen zwanzig Minuten da und meditierte. Ich richtete meine Aufmerksamkeit nicht mehr auf die Gedankeninhalte, sondern suchte den Raum zwischen den Gedanken auf. Ohne mir dessen bewusst zu sein, meditierte ich mit völliger Absichtslosigkeit. Ich wollte weder entspannt sein, noch hatte ich das Ziel, gesund, glücklich oder erleuchtet zu werden. Alles was ich wollte, war: immer wieder einzutauchen in diesen inneren leeren Raum, in dem ich mich wohlfühlte. An diesem inneren Ort war alles, was ich wahrnahm, hell, leicht und getragen von Freiheit und dem Erleben von Fülle. Gleichzeitig konnte ich mich selbst hell und leicht empfinden.

Mit einem Mal spürte ich, dass ich mit für mich völlig neuen Empfindungen in Resonanz trat. Für einen jungen Menschen, dessen erste Lebensjahre von Schwere und Dunkelheit geprägt waren, war eine solche Erfahrung das Schönste überhaupt. Auch wenn es langsam und anfangs fast unmerklich geschah, tauchte ich nach und nach tiefer ein in die Leere des Raumes, die ich heute als »Feld unserer Quanten-Intelligenz« bezeichne. In diesem Feld existiert einzig Heilsein. Es spricht vieles dafür, dass dieses Heilsein schon immer in mir war. Bevor ich diese Resonanz in mir wahrnahm, war ich nur nicht in der Lage, es zu erleben.

»Sie halten sich vielleicht für ein Individuum. Aber als Zellbiologe kann ich Ihnen versichern, dass Sie eigentlich eine kooperative Gemeinschaft aus ungefähr 50 Billionen einzelligen Mitgliedern bilden. (...) Als ich mir dieses Modell genauer betrachtete, das mir die Gemeinschaft vor Augen führte, kam ich zu dem Schluss, dass wir nicht Opfer unserer Gene, sondern Meister unseres Schicksals sind. Wir können unser Leben so gestalten, dass es voller Frieden, Glück und Liebe ist.«

▶ Bruce Lipton

Der leere Raum

Ich genoss die Erforschung dieses inneren leeren Raumes so sehr, dass ich nicht nur die zwanzigminütige Meditation am frühen Morgen liebte. Auch tagsüber nutzte ich jede Gelegenheit, um die Präsenz auszukosten, die ich in diesem inneren Raum im bewussten Hier und Jetzt erlebte. Durch die Meditation war ich mit meiner inneren Wirklichkeit in Kontakt gekommen. Hier erfuhr ich eine tiefe innere Ruhe, die mit einer wohltuenden Gedankenleere einherging.

Wie ich nach und nach realisierte, war die Ruhe zwar schon immer in mir vorhanden gewesen, doch erst indem ich meine Wahrnehmung bewusst auf sie richtete, wurde sie für mich erlebbar: Alles ist in uns – es will nur wahrgenommen werden. Die allumfassende kosmische Intelligenz ist mitten in uns, denn sie macht den Kern unserer spirituellen Natur aus. Jenseits der Materie existiert eine geistige Welt, deren Teil wir sind und die wir im leeren Raum zwischen unseren Gedanken, Konstrukten und Emotionen als das Feld unseres Heilseins erleben können.

> **Alles ist in uns als Möglichkeit, als Potenzial enthalten; es will nur wahrgenommen werden. Wahrnehmung ist ein Realitäten erschaffender Vorgang. Information und innere Wirklichkeit sind nicht voneinander zu trennen.**

Erst viele Jahre später realisierte ich, dass die Meditation eigentlich nur ein »Zugangscode« zum inneren Raum des Heilseins ist, der in jedem Menschen existiert. Doch dieser Unterschied ist sehr wichtig: In unserem »tiefen« Inneren bewirkt Meditation nichts, genauso wenig wie sämtliche therapeutischen oder Bewusstseins-Techniken! Wir sind es selbst, die mit unserer Wahrnehmung im ständigen Jetzt die eine oder eben die andere Wirklichkeit erschaffen.

■ Meditation ist ein natürlicher Zustand ■

Meditation ist eine natürliche Funktion unseres Einsseins von Körper und Geist. Wie unser vermeintlicher Wachzustand, unser Schlaf und unser Tiefschlaf ist Meditation ein weiterer physiologischer Zustand, den wir jederzeit erleben können: Wir sind dabei wach und gelöst, brauchen viel weniger Sauerstoff, und unsere Muskulatur kann sich wesentlich besser entspannen als beispielsweise im Schlaf.

Es gibt viele hervorragende Meditationstechniken aus östlichen Traditionen; dennoch hat Meditation per se nichts mit östlicher Kultur zu tun. Auch in unserer europäischen Kultur haben Menschen über Jahrtausende den Zugang zur natürlichen Funktion ihres Seins erfahren. Allerdings wurden durch den absolutistisch-diktatorischen Ansatz der christlichen Kirchen mit der Inquisition alle auf Freiheit beruhenden Ansätze zerschlagen. Während dieser geistesgeschichtlichen Gleichschaltung der vergangenen 500 Jahre bot sich ein Ausweichen auf die im Osten lebendig gebliebenen Traditionen für viele Menschen einfach als praktikabel an.

Meditation hat im Grunde nichts mit Religion zu tun. Ob Sie sich selbst als religiösen Menschen sehen oder nicht, spielt hier keine Rolle. Jeder Mensch kann den Zugang zu dieser natürlichen Fähigkeit finden. Einfachheit und die Grundhaltung, nichts erreichen zu wollen, bilden die wichtigsten Voraussetzungen: voll Freude und mit Neugierde dem zu begegnen, was der Moment hervorbringt, und gleichzeitig alles, was auftaucht, wie Wolken am Himmel zu sehen, um sie einfach ziehen zu lassen. Das wird jeden Menschen schon nach kurzer Zeit eine zunehmend heitere Gelassenheit und die Verbindung zu seinem inneren Strahlen erleben lassen. Mit kontinuierlicher täglicher Praxis wird schon nach einiger Zeit eine Wachheit im Jetzt spürbar. Dieses Erlebnis macht den Unterschied zu unserem gewohnten Wachzustand deutlich.

Die Möglichkeiten des Meditierens sind im Übrigen vielfältig und keinesfalls mit dem Bild eines im Lotussitz meditierenden Mönchs gleichzusetzen. Das Entscheidende ist, vom Tun zum Nicht-Tun und zum Raum jenseits unserer Gedanken und Geschichten zu gelangen. Dieser Raum ist immer vorhanden, und aus einer Grundhaltung der Absichtslosigkeit heraus können wir ihn erleben. Für Meditation gibt es demnach kein »Muss«. Haben Sie Vertrauen in Ihre innere Weisheit, denn Sie spüren, welche »Form« die Ihre ist!

Mein Glück, nicht zu wissen

Ob ich im Alter von 15 Jahren nun von meinem Arzt immer noch als »krank« bezeichnet wurde oder nicht, wurde mir zunehmend egal. Schließlich erfuhr ich ja jeden Tag aufs Neue, dass ich in meinem Innersten ein Feld des Heilseins trug, das vom Äußeren unberührt blieb. Diesen Unterschied zwischen innerem Empfinden und vermeintlicher äußerer Realität erlebte ich überdeutlich. Ich meine, über das Wahrnehmen und Empfinden von bis dahin nie gekanntem innerem Glück, Frieden und Verbundenheit interessierte mich das Außen, die »Realität« meines Krankseins und meines Nichtkönnens überhaupt nicht mehr. Es war ein »instantanes«, also gleichzeitiges Verbundensein mit der Wahrnehmung der inneren Wirklichkeit des Heilseins, die schon immer in mir vorhanden war.

Mit meinen Workshop-Teilnehmern erlebe ich heute regelmäßig, wie die Verbindung mit der Wahrnehmung von einem Moment auf den nächsten erfahrbar ist, sobald sie nichts mehr verändern wollen, sondern sich der Magie des Augenblicks öffnen.

Im Nachhinein betrachtet, geschah nach und nach ein »Wunder« in mir: Ohne es bewusst zu forcieren, wurde allmählich aus dem kränklichen Jungen ein völlig normaler Jugendlicher. Aus dem Jungen, der überlebt, ein Junge, der lebt. Von der Schule brachte ich gute Noten nach Hause. Endlich konnte ich mich frei bewegen, schwimmen gehen, Fahrrad fahren. Endlich entwickelten sich Freundschaften. Endlich konnte ich all das tun, was Jugendliche in diesem Alter tun. Mein Leben kam in Bewegung und ich begann, es mit Freude und Neugierde zu entdecken, zwar etwas spät, aber beileibe nicht zu spät. Es fühlte sich ungewohnt an, war jedoch durchaus gut. In dieser Phase lernte ich auch meine erste Freundin Pia kennen, die ich später heiratete und mit der ich drei Kinder (mittlerweile im jungen Erwachsenenalter) habe.

In den folgenden Jahren brauchte ich keine Medikamente mehr. Sooft ich meditierte und in das Feld des Heilseins eintauchte, konnte ich mit jeder Faser meines Körpers erfahren, wie mühelos und friedvoll sich das Leben anfühlte. In dieser Zeit fällte ich auch den Entschluss, nicht mehr zum Arzt zu gehen. Erst wehrten sich meine Eltern dagegen, weil sie befürchteten, ich würde irgendwann wieder schwer erkranken. Aber im Lauf der Zeit verstanden sie, dass etwas mit mir passiert war, das auch sie nicht in Worte fassen konnten. Mein Leben wurde nun nicht mehr von Diagnosen bestimmt, sondern von einer neuen, durch die Meditation entwickelten Form der Achtsamkeit gegenüber meinem Körper und Geist.

Wenn ich mir vorstelle, ich wäre durch ein Medikament oder eine Therapie oder dergleichen »gesund« geworden, wäre ich sicher bis heute im Glauben, dass mich etwas von außen »geheilt« oder

»errettet« hat. Vermutlich wäre ich dieser Hilfe auch sehr dankbar, und genau das würde die Grundlage für die Überzeugung schaffen, Veränderung komme von außen; gleichzeitig wäre ich damit von einer äußeren Kraft abhängig.

Da ich nie Heilung erlebte, habe ich mich in meinem Heilsein seit meinem 15. Lebensjahr nur neu wahrgenommen. Das Nicht-Wissen, ob jenseits meiner Bewertungen und jener meiner Umgebung je Krankheit bestanden hat, ist neben der Leere des Raums der zweite zentrale Punkt im Zugang zur Quanten-Intelligenz meiner Zellen. Scheinbar bin ich mit einer schlechten körperlichen Konstitution auf die Welt gekommen; über Meditation wurde mir dann als Jugendlicher die Chance geschenkt, mich selbst ganz anders wahrzunehmen, nämlich mit einer guten Konstitution im Jetzt – und das mittlerweile seit über 35 Jahren. Ich weiß wirklich nicht, was Wirklichkeit und was Illusion ist. Doch ich weiß, die Wirklichkeit, die ich mittlerweile seit Jahrzehnten erlebe, fühlt sich wesentlich kraftvoller und angenehmer an. So verliere ich keinen Gedanken daran, wie sie entsteht, weil sie aus meinem Nicht-Wissen einfach da ist, ganz rezeptiv, ohne vertrauen zu wollen oder vertrauen zu müssen.

> Heute weiß ich, mein äußerlich und innerlich wahrgenommener Zustand – »Ich bin krank« – war nichts anderes als der hundertprozentige Erfolg meiner inneren Überzeugungen und damit meiner inneren Wirklichkeit.
> Meine Wirklichkeit entsprach exakt der Bewertung meiner Wahrnehmungen.

»Je mehr ich für meine Gesundheit tue, desto weniger gesund sind wir. In diesem Sinne ist Gesundheit eben nicht machbar, nicht herstellbar, sie stellt sich von selbst her. Gesundheit gibt es nur als Zustand, in dem der Mensch vergisst, dass er gesund ist.«

▶ Klaus Dörner

Vollkommenheit

Übung 1: Der leere Raum – In Kontakt mit dem Nichts

Die Aufmerksamkeit nach innen zu richten bedeutet, nur wahrzunehmen, was ist. Gönne deinem bewussten Verstand seine mentale Hängematte.

Ganz bequem – richtig angenehm – mache ich es mir jetzt.

Ich atme weit aus … und weiter … und weiter … und schließe die Augen.

Neugierig lenke ich meine Aufmerksamkeit auf die Atmung. Mein Atem durchströmt all meine Zellen. Ich bin wach, und gleichzeitig gönne ich mir, den Augenblick in verspielter Gelassenheit und in Leichtigkeit zu erleben. Ich genieße mich – jetzt. Mit jeder Ausatmung lasse ich mehr und mehr los. Es ist schön, nur zu atmen und die eigene Atmung bewusst wahrzunehmen. Heiterkeit und Freude begleiten mich.

Jeder Gedanke, der gedacht werden will, und jede Emotion, die gefühlt werden will, ist eingeladen. Sie sind meine Begleiter. Jetzt erlaube ich mir, alle Begleiter wahrzunehmen. Alles ist reine Information, einfach Information – sie ist, wie sie ist. Alles ist genau richtig.

Ich atme weiterhin ruhig und entspannt aus; ich gönne es mir, ruhig und entspannt zu sein.

Ich erlaube mir, wahrzunehmen, wohin mich die Information führt. Alles ist reine Information, einfach Information – sie ist, wie sie ist. Alles ist genau richtig. Ich erinnere mich daran, frei zu sein. Das Feld der unendlichen Möglichkeiten steht mir zur Verfügung. Ich lächle über die Bandbreite der Möglichkeiten. Immer wieder nehme ich schlicht wahr, was alles auftaucht. Ich erlebe Freiheit. Informationen kommen und gehen auch wieder. Information zieht über meinen inneren Himmel wie Wolken.

Ich bin der Vollkommenheit des Augenblicks gewahr. Ich nehme meine Vollkommenheit wahr, die jetzt bereits existiert. Und ich atme aus. Nach und nach erkenne ich einen Abstand von der einen Information zur nächsten. Das ist der leere Raum – das Nichts. Und ich lächle über dieses Wunderwerk. Ist es nicht wundervoll, wie wir all das bewerkstelligen mit den Informationen, die wir aus Gewohnheit einst einmal für die Wirklichkeit hielten?

Und wieder genieße ich mich im Einssein mit diesem Wunderwerk. Ich spüre Liebe zu mir und meinem bewussten Verstand, der all das hervorzubringen imstande ist. Aus dieser Liebe heraus schenke ich ihm während der nächsten Ausatmung Momente in der inneren, mentalen Hängematte, um in ihr zu verweilen. »Schön, dass es dich gibt; schön, dass es mich gibt – wir sind eins.« Und ich erlaube mir auch, den Stolz zu spüren, über einen so genialen Verstand zu verfügen.

Ich atme welterhin ruhig und entspannt aus – ich gönne es mir, ruhig und entspannt zu sein. Ich genieße die Vollkommenheit der Leere mitten in mir.

Ich habe alle Zeit. Denn das ist mein Leben. Ich verweile in diesem Raum der Leere und atme aus. Ich bin.

Nun atme ich kraftvoll ein und spüre wieder, was ist: in mir, im Raum, der mich umgibt, im Universum. Und ich atme nochmals tief ein. Ich habe alle Zeit und spüre, was ist. Ich öffne die Augen, lächle und nehme mich im Jetzt wahr.

Manchmal ist nun die richtige Zeit für eine Tasse Tee oder einen Espresso, um zu genießen und um weiterhin zu lächeln.

>»Das Schönste, was wir erleben können,
>ist das Geheimnisvolle.«

▶ Albert Einstein

des Augenblicks

»*Wunder* stehen nicht im Gegensatz zur Natur,
sondern nur im Gegensatz zu dem,
was wir über die Natur wissen.«

▶ Augustinus

2. Im Feld der unendlichen Möglichkeiten

Bin ich gut oder schlecht?

Mein Abiturzeugnis wurde das beste Zeugnis meiner gesamten Schullaufbahn. War ich nun ein guter Schüler und früher ein schlechter? Oder war ich vielleicht beides gleichzeitig? Sind wir vielleicht immer gut und schlecht, gesund und krank zugleich? Ist möglicherweise immer alles vorhanden, und realisiert sich die eine oder andere Wirklichkeit erst durch unseren Akt des Wahrnehmens entsprechend unseren heute als unbewusst erlebten inneren Überzeugungen? Zumindest sprechen die Erkenntnisse der Quantenphysik eindeutig dafür, dass vor dem Beobachten, also vor dem Erschaffen der Realität, die »Superposition«, die gleichzeitige Präsenz der Möglichkeiten immer vorhanden ist. (Darauf gehen wir detaillierter in Teil 2 des Buches ein.)

Als ich die Schule beendet hatte, fühlte ich mich jedenfalls gesund und vital, doch aufgrund meiner Krankheitsgeschichte war ich kein Kandidat für die Armee. An den Musterungsarzt kann ich mich noch gut erinnern, weil er meinen Gesundheitszustand im Alter von 18 Jahren und meine vorliegenden Krankheitsbefunde partout nicht vereinbaren konnte. Nur aus Haftungsgründen war für ihn klar, dass ich nicht als Soldat infrage käme. Das Ergebnis hat mich im Grunde auch nicht gestört; es war einfach so ein Gefühl, ich sei irgendwie falsch oder mit mir sei eben etwas nicht in Ordnung. Medizinisch war ich ein unerklärlicher Fall und damit nicht richtig, denn was nicht sein kann, gibt es auch nicht. Damals wäre ich jedoch keinesfalls auf die Idee gekommen, dass ich schlichtweg die Widersinnigkeit unseres gängigen Weltbildes körperlich durchlebt hatte!

Quanten-Intelligenz erleben

Heilsein als schönste »Nebenwirkung« erfahren

Die Anliegen von Inga, 41-jährige Hausfrau, Mutter und Lehrerin, drehten sich rund um ihre Doppelbelastung durch Familie und Beruf. Sie besuchte die *Q!* Workshops gemeinsam mit ihrem Mann, buchte anschließend drei Doppelstunden Einzelcoaching und schrieb mir einige Wochen später:

»Ich habe viel mehr Vertrauen in den Fluss des Lebens und ich schaffe privat und geschäftlich so viel wie noch nie vorher! Es ist so ein Gefühl, endlos Zeit zu haben und ›da zu sein‹, im Hier und Jetzt, mit einem klaren Kopf ohne nervige Stimmen.
Jetzt sehe und fühle ich die Liebe zu meinem Mann auch ganz anders, irgendwie viel stärker. Das alles macht mich stolz und glücklich über mich selbst und sehr dankbar.
Außerdem habe ich unglaubliche ›Nebenwirkungen‹ festgestellt.
Nebenwirkungen, weil wir ja überhaupt nicht an diesen Themen gearbeitet haben und ich auch gar nicht daran gedacht habe, etwas dafür zu machen:
Die Fingernägel meiner linken Hand wachsen wieder nach (Jahre nicht!); Herzbeschwerden weg …; Darmbeschwerden weg …; ich kann wieder in die Hocke gehen (Knieblockade weg); generell mehr Beweglichkeit ohne Muskelkater; bessere Konzentration.
Ist das nicht wirklich faszinierend?
Wir sind begeistert und wir danken Dir noch mal von Herzen.
Inga«

Ja, ich finde es tatsächlich auch immer noch faszinierend, Rückmeldungen über derlei »Nebenwirkungen« zu bekommen. Denn bei Inga drehte sich alles rund um »Ich darf ich sein!« und »Ich nehme mein Leben an!«.

Irgendetwas musste ich ja machen

Aufgrund meiner Lebensgeschichte wusste ich nach meinem Schulabschluss im Hinblick auf meine Berufswünsche überhaupt nicht weiter. Nur die Beschäftigung mit Medizin, also mit Krankheit, schied definitiv schon im Voraus aus. Auch Psychologie empfand ich nicht als sehr inspirierend, allein weil Meditation damals aus psychologischer Sicht als geradezu gefährlich eingestuft wurde. So studierte ich Jura – eigentlich ohne wirklichen inneren Bezug. Ich schloss das Studium trotzdem nach neun Semestern und der anschließenden Referendarzeit mit zwei recht guten Examen ab.

Parallel zum Studium absolvierte ich verschiedene mehrjährige Kurse, in denen mein volles Interesse und Herzblut lag: Zunächst machte ich eine dreijährige Ausbildung zum Yoga- und Gesundheitslehrer. Hier kam ich intensiv mit einer spirituellen Tradition in Berührung, die Körper und Geist nicht getrennt voneinander betrachtete. Auch fand ich in den alten Schriften des Yoga, wie den »Upanishaden« oder der »Bhagavadgita«, einen Ausdruck dafür, was ich im Innersten durch die Meditation erfahren hatte. Später machte ich eine fünfjährige Ausbildung zum körperorientierten Psychotherapeuten und schloss verschiedene systemische Coaching-Lehrgänge daran an.

Bei allen diesen Weiterbildungen war ich mit großer Begeisterung bei der Sache, weil mich das Geheimnis unseres Menschseins an sich so sehr interessierte. Gleichzeitig gab es etwas in den Kursen, das mir innerlich stark widerstrebte, ohne dass ich es damals in Worte fassen konnte. Die Einzelberatungen, die ich bereits während der Trainings abhielt, verliefen oft sehr »erfolgreich« und die Klienten fühlten sich in meiner Gegenwart auch wohl und von mir verstanden. Ich selbst aber war nach den Terminen meistens wie ausgelaugt. Erst heute ist mir klar, was damals geschah: Während der Therapiestunden erforschten wir immer intensiv die Felder des Krankseins, der Probleme und des Mangels, obwohl wir natürlich »lösungsorientiert« arbeiteten. Wir beschäftigten uns die ganze Zeit mit Leid, Schmerz und Trauer und verstärkten dieses Feld, indem wir unablässig den Fokus auf

Lösung und Heilung richteten. Das fortwährende Denken an eine Lösung setzt immerhin das Vorhandensein eines Problems voraus. Wir spürten Körperempfindungen und Trauer nach und gingen Gefühlen auf den Grund, mit denen wir das Kranksein und damit auch uns selbst identifiziert hatten. Selbst wenn wir den Eindruck hatten, etwas aufzuarbeiten, blieb unser Fokus stets im Feld des Krankseins. Es fühlte sich einfach nicht gut an, und doch konnte ich es noch nicht in Worte fassen, was ich im tiefsten Inneren wusste: Je mehr wir den Fokus auf etwas richten, desto mehr nähren wir es.

> **Je mehr wir den Fokus auf etwas richten, desto mehr nähren wir es.**

Damals, in der konventionellen systemischen Begleitung von Menschen, bewegte ich mich im Feld des Mangels, und meine ganze Energie war stets von der Suche nach Lösungen getrieben. Auf die Idee, dass die Bewertung von Phänomenen als »Probleme« oder »Krankheiten« erst das Problem oder die Krankheit erschafft, war ich nie gekommen. Die Schlagworte »Lösung« und »Heilung« in den systemischen und später in den integralen Ansätzen habe ich zu diesem Zeitpunkt nie hinterfragt. Außerdem war früher für mich persönlich stets die Frage wichtig, wer ich denn eigentlich bin und wer ich sein will. Jetzt erst weiß ich: Dem Finden steht nichts *mehr* im Wege als das Suchen. So wie dem überzeugten Wissen, wer ich wirklich bin, nichts *mehr* im Wege steht, als mir unentwegt die Frage zu stellen, wer ich bin.

> »Ich frage mich nicht mehr, wer ich gerne sein möchte,
> denn die Antwort ist selbstverständlich geworden:
> Ich will ich selbst sein!«
>
> ▶ Bruce Lipton

Fristlose Kündigung –
mein Sprungbrett zur Karriere

Nach dem Studium arbeitete ich bei der Handelskammer in Bombay. Auf diese Weise konnte ich Yoga intensiv und direkt vor Ort in Indien studieren. Die Themen Yoga, Meditation und Therapie interessierten mich sehr, doch mein Gefühl zog mich beruflich erst mal woandershin. So begann mein Weg aufgrund meiner recht ordentlichen juristischen Examina zunächst mit einem zweijährigen Traineeprogramm in einem Versicherungskonzern. Damit lernte ich die mir bisher fremde Welt eines großen Unternehmens kennen.

Schon nach kurzer Zeit schlug ich voll Enthusiasmus dem Leiter des Mitarbeiter-Betriebssportvereins vor, ich könnte dort einen Yogakurs geben. Ich durfte einen ganzseitigen Artikel in der Mitarbeiterzeitung des Unternehmens veröffentlichen und stellte Yoga, Meditation, mich und meinen Kurs vor. In meiner Unbekümmertheit dachte ich mir überhaupt nichts dabei, doch kurz darauf sollte ich erfahren, dass mein Yoga-Angebot zum internen »Politikum« im Unternehmen wurde – sogar auf Vorstandsebene. Gerade mal zehn Monate als Trainee im Unternehmen, wurde ich für ein wichtiges Gespräch zum Personalvorstand gebeten. Dieser eröffnete mir, das Traineeprogramm werde beendet, und kündigte mir mit sofortiger Wirkung. Seine Begründung lautete, schließlich werde mit dem aufwendigen Traineeprogramm der spätere Führungsnachwuchs für obere Positionen im Unternehmen ausgebildet; Yoga, Meditation und dergleichen seien ja wohl mit dem Ansehen der Geschäftsleitung und dem oberen Führungskreis unvereinbar. Für mich brach erst mal eine Welt zusammen. Zumindest für ungefähr die nächsten drei Stunden.

Während ich meine Sachen zusammenpackte und mich von meinen Kollegen verabschiedete, kam die Sekretärin des Vorstandes der Sparte »Private Krankenversicherung« zu mir und bat mich, sofort bei ihrem Chef zu erscheinen. Dieser empfing mich sehr freundlich, und schnell stellte sich heraus, dass ich zwar als

Trainee gekündigt war, aber bereits einen neuen Job als Vorstandsassistent hatte: Der Mann suchte Mitarbeiter mit Rückgrat, die
ihren Weg mit Begeisterung gehen, und so wurde ich innerhalb
von drei Stunden von einer »unerwünschten« Person zu einem der
Karriereanwärter im Unternehmen. Beide Male bin ich dieselbe
Person – doch wie ich gesehen werde, unterscheidet sich funda-
mental. Wieder einmal stellte sich die Frage: Wer oder was bin ich
nun »wirklich«? Gut oder schlecht, toll oder
schrecklich? Ich weiß es bis heute nicht.
Auf alle Fälle ist jeder Mensch in meinem
Umfeld frei, mich so oder so zu sehen.

> Heute bin ich
> überzeugt, in jedem
> Moment »alles« zu
> sein. Einzig wovon ich
> im ständigen Jetzt
> Gebrauch mache,
> erschafft den Unter-
> schied, der Unter-
> schiede macht.

Mit der fristlosen Kündigung als Trainee
begann also meine Karriere, zunächst als
Vorstandsassistent. Diesen Job im Unternehmen hatte ich auch wegen meines juristischen Studiums bekommen; Yoga und meine
therapeutischen Ausbildungen waren aus
Firmensicht einfach irgendwelche Hobbys.
Dennoch arbeitete ich binnen eines Jahres als Vorstandsassistent zu
über neunzig Prozent mit »schwierigen« Gruppen und Teams, galt
als der interne Berater für Führungskräfte und wurde von meinem
Chef stets dorthin geschickt, wo es menschlich im Unternehmen zu
klemmen schien. Ich hatte die offene Grundhaltung, nichts und
rein gar nichts als eine – unabhängig von meiner Beobachtung
und Bewertung – objektiv bestehende Wirklichkeit zu sehen. Mir
schien es, als hielten diese Wirklichkeitskonstrukte die Beobachter
in reinen Trancezuständen, und das brachte mir bald den Ruf ein,
ein »Naturtalent« für alle Fragen der Mitarbeiter- und Führungskräfteentwicklung zu sein.

Mit 27 Jahren wurde ich bereits Abteilungsleiter auf eben diesem Gebiet. Ich genoss einige tolle Berufsjahre. Ich lernte sehr
viel über unsere Denkstrukturen und unsere zugrunde liegenden
Überzeugungen, während ich ein Unternehmen im Umbruch von
altem Verwaltungsdenken hin zu kundenorientiertem Serviceden-
ken begleitete.

Alles was ich schon in mir selbst erfahren hatte, konnte ich in dieser Zeit im Großen, in einem Unternehmen, wieder erleben. Alles ist immer vorhanden. Wir haben die Wahlfreiheit!

Paradoxe schöne neue Welt

Allerdings hatte ich in dieser Zeit die größte Mühe, die gängigen Ansätze der Führungskräfte-Entwicklung zu verstehen. Was sollten bloß Motivationsveranstaltungen bringen? Ein Trainer oder »Profi-Moderator« steht vorne auf der Bühne und hält einen mitreißenden Vortrag, bei dem alle Anwesenden etwa im Zehn-Minuten-Rhythmus aufspringen und vor Begeisterung »Yeah!« brüllen. Am nächsten Tag kommen sie in die Firma und schreien wie auf Knopfdruck auf die erste alltägliche Frage, zum Beispiel ob sie einen Kaffee wollen, ebenfalls: »Yeah!« Die Kollegen verdrehen die Augen und wissen, es legt sich binnen einer Woche wieder.

Die aus Amerika importierten Methoden versprachen, bei jedem Menschen Erfolg verankern zu können. Mein Unverständnis gegenüber diesen – wie ich meine – äußerst manipulativen und auf inneren Stressprogrammen aufbauenden Verfahren konnte kaum ein Personalentwickler nachvollziehen. Die Ansätze scheinen ja auch bis heute genau in das Weltbild von »Alles muss höher, besser, schneller und weiter gehen« zu passen. Parallel dazu steigen auch die »Burnout«-Quoten und die immense Anzahl von Alkohol-, Drogen- und Medikamenten-Abhängigkeiten unter Führungskräften. Unsere Wirklichkeit ist der ungebrochene Glaube, »Stress« passiere uns eben von außen her und die krank machenden Strukturen unserer Wirtschaft seien normal. Ich stand stets eher staunend davor und fand es spannend, diese Wirklichkeiten zu erleben.

Mein tiefes inneres Erleben, dass jeder sich im ständigen Augenblick des Seins die eigene Wirklichkeit selbst erschafft, interessierte im Grunde niemanden. Mir war ohnehin klar, dass niemand die Aufgabe hat, mich zu verstehen; vielmehr geht es für mich ausschließlich darum, wie ich reagiere, wenn mein Umfeld meine Ansätze nicht versteht. Die Frage ist: Was brauche ich, um mich trotz des Nicht-verstanden-Werdens in meiner Mitte zu fühlen – bzw. mit Worten, die ich heute gebrauche: um in meinem inneren Wachstumsmodus zu bleiben?

Manchmal kam ich mir dabei wie ein Naturforscher vor, der fremde Stammeskulturen erforscht: Er bleibt stets außen vor und ein Fremder, kann jedoch zunehmend eine tiefe Verbundenheit erleben. Beispielsweise erinnere ich mich noch heute an Trainer, die engagiert wurden, um Rhetorik zu lehren, und in mir taucht dabei – mit Verlaub – immer noch das Bild eines Hundeübungsplatzes auf.

Ich frage Sie: Wenn eine Sache überzeugend ist und jemand dies erkannt hat, ist dann noch rhetorische Kunstfertigkeit erforderlich? Brauchen wir ein Bewerbertraining, wenn wir wahrhaftig von uns und unseren Fähigkeiten überzeugt sind? Dabei fällt mir Goethe ein: »Es trägt Verstand und rechter Sinn / Mit wenig Kunst sich selber vor; / Und wenn's Euch ernst ist, was zu sagen, / Ist's nötig, Worten nachzujagen?«

Uns fehlen des Öfteren »nur« der Mut und die Konsequenz, der eigenen inneren Stimme und dem Herzen zu folgen. Wir glauben tatsächlich, irgendwelchen äußeren Maßstäben gehorchen zu müssen; allerdings können wir ihnen scheinbar nie genügen, und damit ist der Mangel stets vorprogrammiert und das Scheitern beinahe sicher. Irgendwann fühlt es sich für die meisten nur noch schal an. Doch das wirklich »Beeindruckende« daran ist, dass wir heute mit verschiedensten kraftvollen Techniken in der Lage sind, die schale Zeitspanne auch noch um ein beachtliches Stück zu verlängern.

> **Q!**
>
> Jeder noch so ausgefeilten Technik steht die Vorgabe oder der eigene Antrieb, es »richtig machen zu müssen«, im Wege. Den Zauber der absichtslosen Stille zu erleben, wird auf diese Weise meist verhindert – obwohl gerade im Raum der unendlichen Möglichkeiten alles vollkommen einfach und elegant geschehen kann.

Erfolg ist doch etwas höchst Intimes. Ich habe Vorstandsvorsitzende am Ende ihres Berufslebens gehört, die völlig überzeugt waren, beruflich nicht erfolgreich zu sein: »Ich bin ja nur CEO von der XY AG mit der Bilanzsumme Z. Als CEO von der zehnmal so großen ABC AG mit der Bilanzsumme Z^3 wäre ich erfolgreich gewesen.« Dagegen erzählte ein Pförtner im gleichen Unternehmen, wie erfolgreich er sei, weil er als Pförtner der XY AG jetzt in seinen wohlverdienten Ruhestand trete. Finanziell hatte der Pförtner nicht einmal zehn Prozent des pensionierten Vorstandsvorsitzenden zur Verfügung, und doch erlebte er sich in der Welt als glücklich und erfolgreich. Ist es nicht immer wieder spannend, wie wir uns voll Überzeugung unsere Wirklichkeit erschaffen?

Zu meinen Anliegen in den Jahren in der Personalentwicklung gehörte es, Programme so zu konzipieren, dass sie genau diese Erfahrung, wie Überzeugungen Wirklichkeiten erschaffen, in den Vordergrund stellten. Dazu brauchte es einfach die richtigen Verpackungen. Für mich waren es wundervolle Jahre, in denen ich eine große Organisation im Wandel begleiten durfte. Ich hatte super Kollegen, großartige Mitarbeiter und einen engagierten, weltoffenen Chef. Vermutlich hätte es Jahre so weiterlaufen können.

Ein jähes Ende

Nach einigen äußeren Turbulenzen – wie der Fusion mit einer sehr konservativen Lebensversicherung, deren Unternehmenskultur auch als Freilichtmuseum hätte präpariert werden können – bekam ich völlig überraschend von heute auf morgen einen neuen Chef: einen begeisterten Marathonläufer, der hinter seinem Schreibtisch ein riesiges Poster vom Zieleinlauf eines Marathons hängen hatte. Schwarz-weiß, gestochen scharf, mit harten Lichtschatten zeigte es ihn als Sieger – und einen anderen Läufer, der hinter der Ziellinie bei strömendem Regen zusammenbricht. Können Sie sich vorstellen, wie aufbauend die Symbolik dieses Bildes ist? Sein bevorzugter Berater in Führungsfragen vertrat laut die These: »Führen ist wie Kutsche fahren: Die Führungskraft ist der Kutscher.« Wohlgemerkt, das war in der zweiten Hälfte der 1990er-Jahre, nicht im vorletzten Jahrhundert. Dieser Berater hatte einen Namen, der an Krätze erinnert, und ich bin bis heute überzeugt, dies muss sein Künstlername gewesen sein.

So befand ich mich über Nacht in einer ätzenden Situation und stand als Familienvater mit drei Kindern vor dem beruflichen Aus. Ich wusste überhaupt nicht weiter. In mir stieg nur Wut auf diesen neuen Chef, diesen anachronistischen Berater und das plötzliche Ende aller tollen Projekte auf. Meine Vernunft als Führungskraft war klar: »Du bist so gut wie unkündbar, such dir einfach eine Nische im Unternehmen, es werden schon wieder andere Zeiten kommen.« Die vielen lieben, aber ebenfalls sehr vernünftigen Menschen in meinem Umfeld bliesen in das gleiche Horn, doch leider stimmten all die fantastischen Ratschläge überhaupt nicht mit meinem Herzen, mit meiner inneren Stimme und meiner inneren Wirklichkeit überein. Die Wut und sämtliche inneren Schutzprogramme arbeiteten so stark, dass ich keinerlei Zugang zu mir selbst mehr bekam. Also »packte« ich meine Familie ins Auto, und wir fuhren über Nacht einfach weg.

Am frühen Morgen eines etwas feuchten, kühlen Märztages erreichten wir die menschenleere Küste der Toskana. Ich ging zuerst einmal am Strand entlang, um in die Stille des Nichts und der Leere einzutauchen. Dabei verschwendete ich keinen Gedanken daran, eine Entscheidung treffen zu müssen. Ich wollte nur die Leere, das Nichts erleben. Ich wusste, es ist das Nichts, in dem alles ist.

Im Kontakt mit dieser Klarheit im Nichts mitten in mir gab es gar nichts mehr zu entscheiden, es war einfach klar. Ich wusste, was zu tun war – völlig undramatisch.

Am kommenden Montagmorgen saß ich bei dem »Marathon-Mann« im Büro, um die genauen Modalitäten der Beendigung des Arbeitsverhältnisses zu verhandeln. Ich hatte zwar keine Ahnung, was nun kommen würde, doch mein Inneres war erfüllt von der Gewissheit, den richtigen Schritt zu vollziehen.

> »Auch aus Steinen, die einem in den Weg gelegt werden, kann man etwas Schönes bauen.«
>
> ▸ Johann Wolfgang von Goethe

Wunder oder Wirklichkeit?

Bereits zwei Tage später – ich saß gerade in der Frühlingssonne auf dem Balkon und stellte meine Bewerbungsunterlagen zusammen – klingelte das Telefon: Ein Freund, der als freiberuflicher Personalentwickler tätig war, erzählte mir, er habe am Vortag mit einem Team aus einem Industriekonzern gearbeitet und der Chef, Personalvorstand einer Sparte des Unternehmens, suche einen erfahrenen Mitarbeiter speziell für das Thema Führungskräfteentwicklung, am liebsten jemanden, der mit Führungskräften umgehen könne und nicht nur psychologische Theorien wiederkäue. Der bisherige Psychologe sei gerade »verschlissen« worden.

Kaum drei Wochen später hatte ich einen neuen Arbeitsvertrag unterschrieben. Ich wurde besser bezahlt, hatte wesentlich mehr Freiraum, obwohl ich in ein für mich völlig neues, technisch geprägtes Umfeld kam. Dabei erlebte ich eine viel sprudelndere Dynamik, als ich es aus der vergleichsweise hausbackenen Versicherungsgesellschaft gewohnt war.

> »Ein tiefer Fall führt oft zu höherem Glück.«
>
> ▸ William Shakespeare

Wir halten unsere Vorstellungen, Geschichten und Überzeugungen von Richtig und Falsch, Gut und Böse für die Wirklichkeit. Die Aufgabe besteht darin, unseren Fokus auf die Ebene unserer momentanen inneren Wirklichkeit zu legen, um unabhängig von einer Bewertung handeln zu können.

Wieder stellen sich die Fragen: War es gut oder schlecht, den Chef aus dem Freilichtmuseum vergangener Unternehmenskulturen zu bekommen? Bin ich fähig oder unfähig? Im Moment der inneren Entspannung weiß ich, dass es keine Lösung braucht, weil jenseits meiner Bewertung überhaupt kein Problem besteht. Alles scheint zum Tanz des Lebens dazuzugehören, und in Verbindung mit unserer Quanten-Intelligenz können wir unser augenblickliches Erleben in hohem Maße beeinflussen.

Quanten-Intelligenz erleben

Entweder Traumjob – oder vorher noch den Sommer genießen

Karin kam aufgrund eines *Q!* Vortrags zu mir, weil sie erkannt hatte, dass sie sich gerade eindeutig nicht in ihrem Wachstumsmodus befand. Die attraktive und erfolgreiche Akademikerin Mitte dreißig war bislang in der Medienbranche tätig gewesen und hatte, wie für die Print- und Fernsehbranche typisch, recht oft den Arbeitsplatz gewechselt. Obwohl es für sie dabei immer die Karriereleiter hinaufging, empfand sie die häufigen Wechsel selbst als ungünstig. Jetzt, da sie einen neuen Arbeitgeber suchte, war dies auch eines der häufigsten Argumente, wenn sie eine Absage erhielt oder bereits im Voraus von den Personalvermittlern auf ihre zahlreichen Stellenwechsel angesprochen wurde.

Stets hatte Karin nicht nur ihr Bestes, sondern ihr Äußerstes gegeben; 60- bis 70-Stunden-Wochen waren für sie selbstverständlich. Vor allem der letzte Job war auch mit recht hohem Ansehen und offensichtlichen Annehmlichkeiten, wie einer sportlichen Oberklasse-Limousine als Dienstwagen, verbunden. Doch die »Nebenwirkung« ihrer zeitintensiven Jobs und mehrmaligen berufsbedingten Ortswechsel war, dass Karin weder Familie noch Freunde in München hatte. Einen Partner gab es ebenfalls nicht. So fühlte sie sich einsam und absolut wertlos ohne einen Arbeitsplatz, an dem sie gebraucht würde. Sie weinte viel, und aus ihrer Sicht war ihr Leben ein absolutes Drama.

So weit zur »Story« von Karin. Sehr spannend – doch nur jenseits ihrer Geschichte kann sie im Jetzt mit ihrer Quanten-Intelligenz in Kontakt kommen.

Und genau das fiel ihr anfangs unendlich schwer. Immer wieder repetierte sie, wie es denn möglich sein solle, ins Feld der leuchtenden Augen zu kommen, wenn doch bei ihr »wirklich« gerade alles so schlimm und traurig sei. Die Frage nach ihren leuchtenden Augen löste erst recht Traurigkeit aus.

Ich fragte sie, was ihr die verschiedenen Stellen persönlich eingebracht hätten. Während Tränen über ihre Wangen liefen, berichtete sie erneut, dass ihre Stelle einige Male einfach wegrationalisiert wurde und sie gar nichts dafür könne. Doch als ich meine Frage nochmals stellte, wurde sie immer ruhiger. Dabei war es Gold wert, dass ich im Feld des Nicht-Wissens bleiben und ihr in Ruhe ihren Raum schenken konnte. Sie überlegte eine ganze Weile, bevor sie mit fester Stimme sagte: »Ich habe viel gelernt und ich kann mit den verschiedensten Charakteren sehr gut umgehen. Ja, ich bin dadurch ausgesprochen vielseitig!«

Ihre Ausstrahlung hatte sich nun bereits verändert, und so fragte ich sie, ob wir per Muskeltest mal nachsehen sollten, was ihre innere Weisheit zu der Überzeugung »Durch meine Vielseitigkeit bin ich ein besonderer Gewinn!« meint. Mit diesem Satz ging sie sofort in Resonanz, und nach einer $Q!$ Verbindung des Herzens (siehe Teil 3, Kapitel 5, Seite 234 f.) strahlte sie mich verblüfft an und sagte lachend: »Ja, genau!«

Danach machten wir das Gleiche mit »Ich bin es wert, geliebt zu werden, unabhängig von dem, was ich leiste«, und auf einmal sagte sie ganz unvermittelt: »Ich lebe mein eigenes Leben!«

So entstand auf leichte Weise ein fließender und freudiger Prozess, den wir mit einer *Q!* Verbindung mit ihrem Traumjob beendeten. Karin fühlte sich frei, glücklich und voller Vertrauen.

Wir telefonierten und blieben in E-Mail-Kontakt. Sie war von der liegenden Acht (siehe Teil 3, Kapitel 5, Seite 235) so begeistert, dass sie diese jeden Tag für sich durchführte. Sie hatte weitere Bewerbungsgespräche und bekam weitere Absagen. Es ging ihr auf einmal gar nicht mehr so schlecht damit, denn sie hatte sich bei einer Münchner Freizeitbörse angemeldet und fand den Gedanken reizvoll, zuerst den Sommer zu genießen und dann den Traumjob zu beginnen. Außerdem hatte sie sich entschieden, eine kleine Katze bei sich aufzunehmen, und genoss es, wie das niedliche Tier ihr Leben auf liebevolle Weise bereicherte.

Hier könnte die Geschichte enden, doch jetzt wird es erst recht interessant ...

Karin erging es einige Wochen lang gut, obwohl sich an ihrer äußerlichen Situation, arbeitslos zu sein, nichts änderte. Um eine Metapher zu verwenden: Sie schaffte es einfach, ihren Ballon öfter fliegen (bzw. fahren) als stehen zu lassen (zur Ballon-Metapher siehe auch Teil 2, Kapitel 1).

Einige Wochen schrieb sie Bewerbungen, führte Gespräche, bekam Absagen – und obwohl sie einen Job haben wollte, konnte sie überwiegend glücklich damit sein, ihr Bestes zu geben, ohne dass sich ein sichtbares Ergebnis einstellte.

Auf einmal jedoch hatte sie keine Lust mehr, im Wachstumsmodus zu sein, und sagte konkret: »Ich möchte nicht so glücklich sein, sondern ich möchte nichts anderes als nur einen Job haben, und dann erst bin ich glücklich!«

Was war passiert? Ich weiß es nicht. Jedenfalls hatte sie offenbar eine klare Entscheidung getroffen: »Ich will ohne Arbeit nicht glücklich sein!«, denn sie beharrte darauf, auch wenn sie wochenlang unglücklich wäre, wäre dies in Ordnung.

Als Begleiter kann ich diesen Weg nur akzeptieren, denn ich weiß nicht, was das Beste für sie ist. Erwähnenswert finde ich Karins Entschluss, weil er eine scheinbar typische Grundüberzeugung des Menschen zeigt, nämlich: »Man kann nicht alles haben; du musst dich schon entscheiden!« Doch geht es hier wirklich um ein Entweder-oder oder womöglich um ein Weder-noch? Wie wird sich Karin wohl in einem Bewerbungsgespräch präsentieren, wenn sie wochenlang unglücklich ist? Und wie, wenn sie überwiegend ausgeglichen ist?

Wie Sie im Verlauf des Buches erfahren werden, entscheiden unsere Zellen nur zwischen Wachstum und Schutz. Die Konsequenz daraus ist, dass wir im Wachstumsmodus unser gesamtes Potenzial zur Verfügung haben, doch im Schutzmodus auf Notstromaggregat laufen. Welche Variante gefällt Ihnen besser, und wo, glauben Sie, findet leichter eine Veränderung statt? Und vor allem, wann wird sich wohl die Option des Sowohl-als-auch zeigen können? Gemäß meiner Erfahrung sind Menschen, die in ihrer Mitte sind, ganz kreativ und entspannt; sie haben Ideen und Anziehungskraft. So könnte Karin den Sommer genießen, sich nebenbei bewerben und ihr Bestes geben, glücklich und ausgeruht sein – und auf einmal nicht »nur« ihren Traumjob finden, sondern womöglich auch ihrem Traummann begegnen ...

Dankbarkeit

Erst weit über zehn Jahre später, bei der Beerdigung eines früheren Kollegen aus der Versicherung, der sich mit den »neuen« Rahmenbedingungen des Unternehmens arrangiert hatte und mit Anfang fünfzig »plötzlich und unerwartet« an Krebs verstorben war, stieg in mir – abgesehen vom Respekt gegenüber dem »Schicksal« des Verstorbenen – eine unbeschreiblich tiefe Dankbarkeit auf: Ja, ich war dem Marathon- und Kutschbock-Chef dankbar, denn wäre er nicht so skurril gewesen, wäre mir der Schritt, zu gehen, sicher nicht so schnell klar geworden. Hätte ich je den Absprung von der Titanic gewagt? Ich weiß es nicht. Zumindest ist mein damaliger Chef, rückblickend gesehen, mein bester Personalentwickler gewesen – obwohl ich ihn und die Situation damals als fürchterlich empfunden habe.

Natürlich, es war, wie es war. Und damit ist es nicht mehr und nicht weniger als eine Einladung, in meinen inneren Wachstumsmodus oder in meinen Schutzmodus zu kommen. Sowohl mein Kollege als auch ich – wir hatten beide die Freiheit, uns zu entscheiden. Logisch betrachtet, hat sich mein Kollege in der damaligen Situation vernünftig und ich mich unvernünftig entschieden. Zehn Jahre später sah es ganz anders aus. Ob er wegen seiner beruflichen Situation an Krebs erkrankte, weiß niemand. Gibt es wirklich ein Richtig – oder eben »nur« verschiedene Wege im Quantenfeld der unendlichen Möglichkeiten?

Wir schwimmen in den Wogen des Meeres der Möglichkeiten – das ist Freiheit pur!

Heute verstehe ich alle äußeren Ereignisse, so herausfordernd sie auch sein mögen, als Einladung, in meinem Wachstumsmodus und somit in meiner Mitte zu bleiben. Die größte Kunst dabei ist, in diesen Momenten den Zugang in unsere tiefe, innere Entspannung zu finden, denn aus dieser Entspannung entsteht ganz nebenbei etwas, das wir als Veränderung erleben. Wir sind frei, uns in jedem Moment neu zu entscheiden.

»Ich glaube, dass wir einen

Funken jenes ewigen Lichts

in uns tragen,
das im Grunde des Seins leuchten muss
und welches unsere schwachen Sinne
nur von Ferne ahnen können.
Diesen Funken in uns zur Flamme werden zu lassen
und das Göttliche in uns zu verwirklichen,
ist unsere höchste Pflicht.«

▸ Johann Wolfgang von Goethe

»Fantasie ist wichtiger als Wissen,
denn Wissen ist begrenzt.«

▶ Albert Einstein

3. Intelligente Zellen

Alles ist anders ... – oder?

In den folgenden Jahren lernte ich nun die internationale Welt eines Industriekonzerns kennen. Alles schien in diesem internationalen Management anders zu sein. Ich führte Gespräche mit Hunderten von Führungskräften, interviewte sicherlich ebenso viele Nachwuchskräfte und gab mein Bestes, um rund um den Globus Menschen unterschiedlicher Herkunftskulturen zu verstehen. Ihre Gemeinsamkeit war es, in hierarchischen Strukturen eines Konzerns ihr eigenes Selbstverständnis, Wirtschaftlichkeit, Ziele, Macht und Erfolg zu definieren. Dafür bot ich Potenzialanalysen, Entwicklungsprogramme und Führungsworkshops an. Rückblickend waren dies für mich sehr wichtige Lehr- und Wanderjahre.

Was mir in dieser Zeit am meisten fehlte, war jedoch eine aufrichtige Verbindlichkeit der Mitarbeiter und Führungskräfte gegenüber sich selbst, aber auch gegenüber dem Unternehmen, den Kollegen und den Chefs. Mit erheblichem Aufwand und scheinbar großer Begeisterung wurden vom Vorstand und von Führungskreisen Entwicklungs- und Zielprogramme vereinbart; diese wurden mit Unternehmensleitlinien und Kennzahlen abgestimmt – und wurden bei der kleinsten Verstimmung des Aufsichtsrates sofort wieder vergessen. Als wäre es vollkommen natürlich, entwickeln Menschen, die länger in solchen Strukturen arbeiten, eine fundamentale Gleichgültigkeit gegenüber all diesen Programmen und verfallen zugleich in eine immer größere Trägheit.

So entwickeln sich riesige »Dinosaurier-Parks«, deren Besitzstände von vermeintlichen Interessenvertretern mit Klauen verteidigt werden. Gewerkschaftlich organisierte Betriebsräte erschienen mir wie Totengräber der westlichen Wirtschaftsstandorte, und jede Geschäftsleitung musste darauf mit Standortschließungen reagieren. Der Kreis der selbst erschaffenen Wirklichkeiten schloss sich für alle Beteiligten wie von selbst, und letztlich sahen sich alle Akteure als Opfer der Umstände. In diesen Systemen übernahm niemand Verantwortung für sich und sein Wohlbefinden, für das individuelle Glück, für das Leuchten in den Augen, für die eigene Gesundheit und für den persönlichen Erfolg. In sich selbst anzukommen und jetzt die Welt im Feld der unendlichen Möglichkeiten zu erleben – das erscheint vielen Menschen unvorstellbar.

Dies liegt übrigens nicht an der freien Marktwirtschaft, denn einige Jahre später lernte ich auch Strukturen im öffentlichen Dienst kennen: Die Abhängigkeits-Trance der Menschen und das gefühlte Opferdasein waren dort noch größer. Die Ineffizienz und die von den Mitarbeitern erlebte Opferrolle ist in öffentlichen Einrichtungen, Staatsbetrieben, subventionierten Unternehmen und NGOs (d.h. Non-Governmental Organizations, Nichtregierungsorganisationen) schlicht unbeschreiblich.

Ich erlebte also intensiv, wie sich Menschen in komplexen, vernetzten Unternehmenssystemen verhalten. Dabei drängte sich mir der Eindruck auf, die Grundannahme einer Schuld sei eine vorherrschende Prämisse. Unabhängig von der Position des Einzelnen im Unternehmen galt es als normal, sich als Opfer der Umstände zu erleben. Egal ob Vorstand, Aufsichtsrat, Investor, Betriebsrat, Politiker oder Kollege – einfach jeder schien »hohem Stress« und den Umständen ausgeliefert zu sein. Dabei wurde und wird bis heute Stress als etwas wahrgenommen, das den Einzelnen gleichsam von außen überfällt.

Die Frage beschäftigte mich zunehmend: »Wie haben unsere Vorfahren wohl ihre Wahrnehmungen bewertet, als sie spürten, dass in ihnen etwas ›passiert‹, bevor das Konzept ›Stress‹ vor weniger als einhundert Jahren erschaffen wurde?« Mit der Zeit regte sich in mir der Verdacht, all die gut gemeinten Ratgeber und Kursangebote, die einen besseren Umgang mit Stress versprachen, verstärkten nur die Grundannahme des Ausgeliefertseins, und ich fragte mich zusätzlich, ob es diesen Stress wirklich gibt. (Meine diesbezüglichen Erkenntnisse und den Zusammenhang mit der Zellbiologie werde ich in Teil 2 über die Grundlagen der Quanten-Intelligenz ausführlich erläutern.)

Nach den Jahren im Industriekonzern machte ich mich 1999 als freischaffender Personalentwickler mit dem Schwerpunkt Coaching und Potenzialanalysen selbstständig. Aufgrund meiner zahlreichen Erfahrungen zeichnete sich für mich immer deutlicher das Bild ab: Innere Überzeugungen hinderten meine Coaching-Klienten daran, ihr Potenzial zu leben, und waren ausschlaggebend, weshalb sie wiederholt an den gleichen Hürden scheiterten. Beispielsweise tauchte häufig das Thema »Nicht gut genug sein« und »Den Anforderungen nicht genügen«

> **Durch Grundüberzeugungen entsteht eine biochemische Wirklichkeit, die wir bewerten. Konventionell und übereinstimmend glauben wir dann, irgendetwas im Außen sei für unsere erlebte Wirklichkeit verantwortlich.**

auf. In diesem Zusammenhang bemerkte ich: Die Klienten trieben sich selbst an, um täglich noch besser zu sein, doch direkt proportional zu ihrer Leistung intensivierte sich auch ihr Gefühl, nicht zu genügen. Sie saßen im eigenen Hamsterrädchen fest. An diesem Punkt war mir auf einmal klar, dass sie aus Sicht ihrer Grundüberzeugungen damit äußerst erfolgreich waren, denn sie hatten sich doch einmal mehr bestätigt, eben nicht gut genug zu sein.

Meine Begegnung mit der Zellbiologie – Welten verbinden sich

Damals wusste ich noch nicht, wie schlicht und nachhaltig wir direkt mit unseren Grundüberzeugungen in Verbindung treten können. Nach wie vor suchte ich nach Lösungen, weil sich sämtliche therapeutischen und systemischen Ansätze unbefriedigend für mich anfühlten. Aufgrund meiner eigenen Erfahrung wollte ich einen Weg beschreiten, der nicht permanent die Vergangenheit wiederbelebte, indem die Geschichte des Klienten mit allen Gedanken und Emotionen mehr oder weniger endlos ausgerollt wurde. Dass meine Suche nach Lösungen der springende Punkt war, war jenseits meiner Vorstellungskraft. All mein Wissen allein reichte nicht, um diese Kreisläufe zu durchbrechen. Es fehlte mir damals einfach die Möglichkeit, einen leichten und schnellen Zugang zur eigenen Quanten-Intelligenz zu vermitteln.

2005 verstand ich durch Bruce Liptons Buch »Intelligente Zellen – Wie Erfahrungen unsere Gene steuern«, wonach ich suchte. Mein Schlüssel zum Verständnis lag in der Verbindung von Zellbiologie und Quantenphysik! Plötzlich begriff ich auch, warum sämtliche Firmentrainings selten den gewünschten Erfolg zeigten und Psychotherapien langfristig eine so geringe Wirkung haben, ja manchmal sogar eher eine Verschlimmerung des Zustandes bewirken. Der amerikanische Zellbiologe Bruce Lipton zeigt anhand zahlreicher Forschungsergebnisse auf, dass alle äußerlichen Anstrengungen vergeblich sind, wenn die persönlichen, im Unbewussten abgespeicherten Überzeugungen nicht den Zielen des Verstandes entsprechen. Deshalb können positives Denken und sogenannte »Powermethoden« wie Neurolinguistisches Programmieren meines Erachtens sogar krank machen.

»Positive Gedanken haben eine mächtige Wirkung auf das Verhalten und die Gene, aber nur wenn sie mit der jeweiligen unterbewussten Programmierung übereinstimmen.«

▶ Bruce Lipton

Es gibt keinen besseren Platz als das Jetzt! In dem Moment, in dem wir die quantenphysikalische Wirklichkeit in uns, in unseren Zellen entdecken, erkennen wir, dass es nur eine gegenwärtige Wirklichkeit in jedem von uns gibt. Die zelluläre Ebene ist rein binär aufgebaut und alles im Außen ist lediglich ein Angebot, entweder souverän und beherzt, ja »weitherzig« in unserem inneren Wachstumsmodus *oder* aber ängstlich und erstarrt bzw. kämpferisch, wütend oder aggressiv im Schutzmodus darauf zu reagieren. Auch wenn ich diese Tatsache bereits als Jugendlicher erleben konnte – erst jetzt sah ich, wie das Prinzip genau funktioniert. Gemeinsam ist der Meditation sowie der Botschaft von »Biology of Beliefs«(amerikanischer Originaltitel von Liptons Buch), die Achtsamkeit auf unseren Wahrnehmungsprozess im Jetzt zu richten und nicht zu glauben, es gehe darum, irgendwann einmal vollkommen zu sein. Auf der Ebene unserer Wahrnehmungen gibt es nichts zu lösen und nichts zu heilen, sondern immer wieder aufs Neue den Kontakt mit unserem Heilsein zu erleben. Im Jetzt sind wir bereits vollkommen; wir nehmen es nur meist nicht wahr.

»Nicht die Gen-gesteuerten Hormone und Neurotransmitter kontrollieren unseren Körper und unseren Verstand – unser Glaube und unsere Überzeugungen kontrollieren unseren Körper, unser Denken und damit unser Leben.«

▶ Bruce Lipton

Da wir gewohnt sind, uns zunehmend mit irgendwelchen Storys zu identifizieren, die wir für »wirklich« halten, bekommen sie eine viel stärkere Macht über uns als die Wahrnehmung unserer Vollkommenheit – jenseits all der Geschichten.
Eine Haltung kindlicher Offenheit oder – wie ich es gerne nenne – eine Haltung des Nicht-Wissens ist hilfreich, um unsere innere Wahrheit Moment für Moment zu erleben.

Ich erschaffe meine innere Wirklichkeit in jedem Moment.

Um den Verstand und das Unbewusste in Einklang zu bringen, empfahl Bruce Lipton die von Rob Williams entwickelte Methode PSYCH-K®. Neugierig geworden, flog ich im Sommer 2005 in die USA, um die Methode kennenzulernen. Das war genau die Ergänzung zu den Erfahrungen in der Meditation, nach der ich insgeheim fast dreißig Jahre gesucht hatte. Durch die Beschäftigung mit den Erkenntnissen der Zellbiologie, insbesondere den

Ergebnissen von Bruce Lipton, gelang es mir, zwei Welten miteinander zu verbinden: die Achtsamkeit und Aufmerksamkeit auf den Augenblick, wie es östliche, spirituelle Traditionen seit Jahrtausenden vermitteln und die ich seit vielen Jahrzehnten in meiner persönlichen Meditation anwende, und die klare Struktur einer Methode, mit der ich meine einschränkenden unbewussten Überzeugungen als Hinweise auf kraftvolle Befähigungen wahrnehmen kann.

Begeistert von der Wirkung, begann ich bald darauf, als erster PSYCH-K®-Ausbilder in der EU die Methode zu lehren. Ein Gedanke daran, dieses Verfahren und den Zugang zur Quanten-Intelligenz unserer Zellen in meine berufliche Tätigkeit zu integrieren, existierte damals überhaupt nicht. Ich war überzeugt, eine solche Methode interessiere nur recht wenige Menschen, ähnlich wie ich es mit der Meditation erlebt hatte. Doch tatsächlich durfte ich viele wunderbare Erfahrungen sammeln.

Durch den Kontakt mit der Quanten-Intelligenz, die sich uns als kreativer Schöpfer unserer inneren Wirklichkeit offenbart, wurde mir allerdings klar: Die Methode wird zunehmend als Werkzeugkasten im konventionellen therapeutischen Paradigma benutzt. Mit den genialen Erklärungen von Bruce Lipton hat die heute gängige Anwendung der Methode kaum mehr etwas zu tun.

Die besten Tools bringen wenig, wenn unsere eigentliche Steuerungsebene unberücksichtigt bleibt und wenn mit Klienten ausschließlich auf der Story-Ebene an der Oberfläche gearbeitet wird.

PSYCH-K® reiht sich mit dieser Vorgehensweise in die unzähligen energetischen Therapien und Selbsthilfemethoden ein, anstatt die Information im Moment wahrzunehmen. Auf der Basis dieser Einsichten gründete ich das *Institut für Quanten!ntelligenz®*.

> **Q!**
> Ich erkannte, welch tiefgreifende Veränderungen auf allen Ebenen des Lebens ohne Willensanstrengung und aus dem Moment heraus als »Nebenwirkungen« geschehen, wenn wir das Hier und Jetzt bewusst wahrnehmen und somit in Kontakt mit dem Feld unseres Heilseins kommen.

Wie Phönix aus der Asche

Anfang Dezember 2008 eröffnete sich mir über meine Arbeit mit der Intelligenz der Zellen das nächste wichtige Tor – ganz unerwartet und ohne es zunächst bewusst zu bemerken –, denn dieses Tor nahm in meiner Wahrnehmung die Gestalt eines tiefen Grabens am Rande einer Katastrophe an: eine spannende Einladung auf der Bühne meines Lebens eben! Zusammen mit meiner Frau war ich zu einem zweitägigen Workshop nach Wien gefahren. Unsere damals 14-, 16- und 18-jährigen Kinder blieben daheim in München. Wir wohnen im vierten Stock eines Jugendstilhauses in der Altstadt. Just in dieser Nacht brach in einer Wohnung im ersten Stock ein Feuer aus; das Treppenhaus wurde zum Rauchabzug und in unsere Wohnung drang Rauch mit Spitzentemperaturen von über 350 Grad. Unsere Kinder wurden von der Feuerwehr perfekt über die Drehleiter gerettet; als begeisterte Sportkletterer war die Höhe für sie auch nichts Ungewöhnliches. In diesem Sinn ist nichts passiert.

Für meine Frau und mich war zunächst die Heimfahrt von Wien die erste Herausforderung; die zweite bildete das Betreten einer völlig unbewohnbaren Wohnung – was man nur mit Atemschutzmaske wagen konnte. Unser ganzer Hausrat war »unversehrt« erhalten: Alles, aber auch alles an persönlichen Dingen konnten wir noch in die Hand nehmen, doch gleichzeitig war uns klar, dass alles in den Sondermüll-Container wandern musste.

»Wir hängen doch so an den Dingen«, kam uns immer wieder in den Kopf. Trotzdem wussten wir, wie gut es war, dass unser Hab und Gut nicht an uns hing! Manchmal stelle ich mir seit dieser Zeit etwas spaßhaft vor, wie es sich anfühlen würde, wenn all unser Hausrat an mir hinge. Nicht auszudenken, diese Schwere!

Es war eine besondere Erfahrung, alles mit klobigen Stiefeln in Absetzmulden zu treten. Es zu sehen und es bewusst zu vernichten. Im Buddhismus gibt es die spiri-

> **Manche durchaus kraftvollen, spirituellen Rituale erschaffen sich scheinbar selbst – im Moment. Sie wollen nur wahrgenommen werden.**

tuelle Tradition der Sandbilder, die kurz nach dem Streuen des letzten Sandkorns wieder vernichtet werden.

Als unsere Wohnung leer war, begann die Kernsanierung: Putz abschlagen, Leitungen verlegen, neue Fenster, Böden, Bäder einbauen, einfach alles renovieren. Nach sieben Wochen waren die Handwerker fertig, wir konnten wieder einziehen und neu beginnen. Erst ein knappes Jahr später waren auch die letzten Sanierungsarbeiten im gesamten Haus abgeschlossen.

Für uns war es das eine, mit dieser äußeren Herausforderung umzugehen, doch das andere – und eigentlich Belastendere – war die Häme aus dem Umfeld der Freunde und spirituellen Kollegen. Typische Bemerkungen und Freundlichkeiten dieser Zeit lauteten: »Na, was hast du dir denn für eine Wirklichkeit erschaffen?!«, und: »Wie müssen denn deine Gedanken aussehen, dass dir so etwas passiert?«

Wer wollte ihnen einen Vorwurf machen – immerhin heißt der weit verbreitete Slogan: »Wir erschaffen unsere Wirklichkeit!«

Das »Gesetz der Anziehung« ist in aller Munde und wird als ein universelles Lebensgesetz gesehen. Nichtsdestotrotz habe ich das Gefühl, dieses Gesetz wird in der Szene einfach unreflektiert wiedergekäut. Es wurde Ende der 1960er-Jahre in der beginnenden New-Age-Bewegung formuliert und beruht an sich auf einer richtigen Erkenntnis der Quantenphysik: Wir erschaffen uns unsere Wirklichkeit!

Die Frage ist, was ist die Wirklichkeit aus Sicht der Quantenphysik? Handelt es sich um äußere, materielle Wirklichkeiten wie Auto, Villa, Yacht und meine verrußte Wohnung? Oder geht es vielmehr um die innere Wirklichkeit unserer Gefühle, Gedanken und Emotionen?

Tatsächlich halte ich die öffentliche Interpretation des »Gesetzes der Anziehung« für einen folgenschweren Irrtum, weil Grundlagen der Quantenphysik falsch gedeutet werden. In erster Linie geht es nämlich um unsere *innere* Wirklichkeit! So wie ich es bereits mit 14 Jahren in der Meditation erlebt habe. Um das Äußere brauchen wir uns keine Sorgen zu machen, wenn wir im permanenten Jetzt in unserem inneren Wachstumsmodus sind!

> Das »Außen« ereignet sich, wie es ist: weder gut noch schlecht, weder richtig noch falsch. Entscheidend ist, was diese äußere Realität mit uns auf der Ebene unserer inneren Wirklichkeit macht.

Dies wurde mir infolge dieser extremen persönlichen Erfahrung deutlich bewusst. An jedem Tag in diesen herausfordernden Wochen durften wir uns zwischen unserem Wachstums- oder unserem Schutzmodus entscheiden. Die Frage war, ob wir die innere Freiheit in jedem Moment wahrnehmen und nützen würden. Andernfalls hätten wir vermutlich gefragt, welche der zwölf Familien im Haus sich den Brand erschaffen hat. Oder ob das Feuer womöglich die Reflexion des Gruppenbewusstseins der Bewohner war.

Oder um ein anderes Beispiel zu erwähnen: Sind etwa die Chinesen, die seit über fünfzig Jahren Tibet besetzt haben und dort ihr Unwesen treiben, eine Reflexion des Bewusstseins des Dalai Lama?

In dieser Zeit wurde mir die unsinnige Interpretation dieses »Gesetzes« so richtig klar.

> »Schwierige Zeiten lassen uns
> Entschlossenheit und innere Stärke entwickeln.«
>
> ▶ Dalai Lama

Manchmal frage ich mich, was wir uns an Lebenserfahrungen nehmen, wenn wir nie die Gelegenheiten zulassen wollen, um die in uns liegenden Stärken zu leben. Die Diktatur des Mittelmaßes in einer »noch mehr haben wollenden Welt« treibt ihre Blüten.

Ich liebe es, mein Leben mit allen vermeintlichen Höhen und Tiefen erleben zu können. Dabei erinnere ich mich auch gerne an einen berühmten Satz aus dem Werk »Über das Wesen der menschlichen Freiheit«:

»Alle Geburt ist Geburt aus Dunkel ans Licht;
das Samenkorn muss in die Erde versenkt werden
und in der Finsternis sterben,
damit die schönere Lichtgestalt sich erhebe
und am Sonnenstrahl sich entfalte.«

▶ Friedrich Schelling

Mein inneres Lachen

Eines der lehrreichsten Erlebnisse in dieser Brandphase hatte ich mit einer Kommode aus der Epoche des Übergangs von Empire zu Biedermeier: Mit meinem Sohn hatte ich das schwere Möbel in den vierten Stock getragen. Verschwitzt saß ich nun da und schaute es an. Und plötzlich überkam mich ein so tiefes, inneres Lachen, ein Lachanfall, der einige Minuten anhielt. »Die Kommode ist wunderschön!«, kam mir in den Kopf; Freude und Dankbarkeit erfüllten mein Herz. Die Freude habe ich jetzt, in diesem Moment, an dem wunderschönen Möbelstück. Ob es mich überlebt, ob ich es überlebe, ob es morgen noch da ist? Die Absurdität solcher Fragen und Gedanken erschien mir in diesem Augenblick so mächtig, dass ich nicht mehr zu lachen aufhören konnte.

Seit diesem Augenblick war es vollkommen normal für mich, den Fokus auf das zu richten, was jetzt im Moment ist, auf jeden Gedanken, jede Emotion, jedes Gefühl. Und ich kann wieder nur im Nachhinein den Unterschied benennen, der den entscheidenden Unterschied macht: Es ist ein verändertes Erfahren von Freiheit! Die Freiheit, nicht meinen Gedanken, Emotionen und Gefühlen ausgeliefert zu sein und sie für »die Wirklichkeit« zu halten. Stattdessen ist der Gestalter der Wirklichkeit in jedem Moment in mir.

So ganz nebenbei frage ich mich dann wieder: War es nun gut oder schlecht, dass alles dem Rauch zum Opfer fiel? Und dann wird mir klar, dass es einfach nur Rauch und Zerstörung war. Nicht mehr und nicht weniger.

Mich vollkommen bewusst für den Wachstumsmodus meiner zellulären Wirklichkeit zu entscheiden, ist für mich heute der Kern gelebter Spiritualität. Niemand und kein System ist für mein inneres Wohlbefinden verantwortlich!

> Ich bin die sinngebende Instanz, die aus Brand, Rauch und Zerstörung »Gut« oder »Schlecht« macht. Ohne unsere Bewertungen existiert weder Gut noch Schlecht. Es ist, wie es ist.

Der Phönix stieg so nicht nur hinsichtlich meiner inneren Klarheit aus der Asche unseres Hausrats, sondern auch aus der Asche meiner Denk- und Wahrnehmungsstrukturen. Und dieses Lachen, das ich wegen der Kommode das erste Mal bewusst erleben konnte, wird im Zugang und in der Arbeit mit der Quanten-Intelligenz unserer Zellen eine entscheidende Rolle spielen. (In Teil 3 des Buches gehe ich darauf näher ein.)

> »Wir können den Wind nicht ändern,
> aber wir können die Segel richtig setzen.«
>
> ▶ Aristoteles

Der Kreis schließt sich

Aufgrund dieser Haltung erfahre ich jeden Tag aufs Neue ein tiefes Gefühl von Glück und Zufriedenheit. Auch meine Arbeit hat sich seitdem verändert. Ich coache nicht mehr im eigentlichen Sinne, sondern unterstütze Menschen in ihrem Prozess, durch Achtsamkeit und Präsenz in Kontakt mit ihrem Feld der Quanten-Intelligenz zu kommen. Es ist unbedeutend, aus welchem Grund ein

Mensch an meinem Workshop teilnimmt. Manche suchen berufliche Erfüllung, streben einen Arbeitsplatzwechsel an, sind in ihrer Ehe unglücklich, haben eine Krebsdiagnose erhalten oder stecken in finanziellen Schwierigkeiten, und doch sind es bei jedem letztendlich die Grundüberzeugungen, die eine zentrale Rolle beim Blick auf die jeweilige Situation spielen. Und ob ein Mensch mein *Institut für Quanten!ntelligenz®* glücklich verlässt, hängt alleine davon ab, ob er sich dafür öffnet, dass alles in jedem Augenblick vorhanden ist, oder ob er lieber weiterhin all die Geschichten glauben will, die er und der Großteil der Menschheit für die einzige Wirklichkeit halten. »Heilung« oder alle »Lösungen« sind längst vorhanden – sofern wir präzise wahrnehmen, was wirklich ist, anstatt es zu bewerten. An die Stelle der schaffenden Kraft, die uns kulturell in mehr oder weniger chronische Erschöpfungszustände führt, tritt ein »Empfänglichsein« für die rezeptive Energie der Quanten-Intelligenz, die uns immer und überall umfließt und trägt.

Quanten-Intelligenz erleben

Ein Lächeln zu verschenken

Kürzlich beklagte sich Margret, eine junge Frau, weil ihr für ihre aufopfernde Tätigkeit in einer sozialen Beratungsstelle niemand Anerkennung gebe und die Bezahlung viel zu schlecht sei. Es mag durchaus sein, dass dies den Tatsachen entspricht. Allerdings: Jenseits dieser Geschichte konnte ich erleben, dass Margret sie als Erklärung verwendet, im Schutzmodus ihrer Zellen zu bleiben, weil sie doch damit im Recht ist. Mit ihrem großen Engagement in »spirituellen Netzwerken« gegen die Missstände in unserer Gesellschaft verhedderte sie sich zunehmend in ihrer inneren Wirklichkeit, einer »schlechten Welt« als Opfer ausgeliefert zu sein. Je mehr Margret sich mit all den gerade in Mode kommenden spirituell-integralen Erklärungsmodellen und den darauf aufbauenden Diagnosetools beschäftigte, desto gewaltiger erschien ihr die Schlechtigkeit der

Welt bzw. diese vermeintlich objektive Wirklichkeit. Damit wurde ihre innere Überzeugung täglich überwältigender und sie musste mehr und mehr kämpfen, um die schlechte Welt zu erretten. Die Folge war wie vorprogrammiert: ein Erleben immer mächtigerer Erschöpfungszustände, die ihrerseits wiederum das wahrgenommene Opfer-Dasein verstärkten.

Doch sobald Margret sich dafür interessierte, ihren inneren Wachstumsmodus zu erleben, konnte sie auf dieser Ebene ihr spirituelles Wesen und ihren spirituellen Kern im Informationsfeld des Jetzt erfahren. Denn dies geschieht nur jenseits unserer Storys, ganz unscheinbar und unspektakulär und gleichzeitig so machtvoll. In unserer zweistündigen Sitzung waren zwei Sätze besonders kraftvoll für sie: »Ich interessiere mich für mich und ich erlaube mir, gut für mich zu sorgen!«, und: »Wertschätzung und Geld fließen mir zu, wenn ich mein Lächeln von Herzen verschenke!«

Etwa vier Wochen später rief sie mich an, und allein ihre Stimme am Telefon verriet mir sofort, dass sie sich gut fühlte. Sie hatte sich gar nicht groß vorgenommen, etwas zu verändern, erzählte sie mir; sie sei lediglich neugierig gewesen und sie habe mehr gelächelt. Sich selbst und das eigene Herz zu spüren sowie die innere Information im Jetzt wahrzunehmen, sind zunehmend an die Stelle des früheren unentwegten Bewertens und Analysierens getreten. Daraufhin seien in den letzten Wochen tatsächlich Veränderungen passiert, die sie sehr überraschten. Heute erst sei ein Mann in ihrer Beratung gewesen, der sich an der Tür nochmals zu ihr umdrehte, um sich wiederholt zu bedanken. Außerdem musste sie zugeben, dass die Menschen generell viel freundlicher zu ihr waren; zweimal hatte sie sogar Schokolade geschenkt bekommen. Weder ihre Tätigkeit noch ihre Bezahlung hatten sich geändert, doch Margret empfand deutlich mehr Lebensfreude. Die Kunst, den Augenblick zu genießen, trat zunehmend an die Stelle der Erschöpfungszustände.

>>Die meisten Menschen sind so glücklich,
wie sie sein wollen.<<

▶ Abraham Lincoln

Natürlich bin ich gleichwohl immer wieder begeistert über die schnellen und einfachen Ergebnisse, da ich die Menschen doch >>nur<< in die achtsame, reine und unmittelbare Wahrnehmung ihrer selbst im Jetzt begleite. Die meisten Menschen empfinden dadurch in ihrem Alltag sofort mehr Ruhe und größere Gelassenheit. Sie fassen manche der kleinen Ärgernisse mit viel mehr Humor auf. Sie spüren Freude und Leichtigkeit bei allem, was sie tun, und kommentieren jede neue Herausforderung mit den Worten, die sich in meinen Workshops mittlerweile zu einem geflügelten Ausdruck entwickelt haben: >>Ist ja spannend!<< Und wenn die – für diese Grundhaltung typischen – >>Nebenwirkungen<< eintreten, die wir in unserem herkömmlichen Wahrnehmungsprozess >>Lösung<<, >>Heilung<< oder manchmal sogar >>Wunder<< nennen, ist es einfach schön – auch für mich.

> **Dies sind meine magischen Momente, denn dadurch ist mir immer wieder klar: Es gibt nichts zu helfen. Alles – die Quanten-Intelligenz und das Heilsein – ist schon da und möchte nur wahrgenommen werden.**

■ Das 18. Kamel – oder wie wir Probleme erfinden ■

Aus dem arabischen Kulturkreis stammt eine herrliche Geschichte, die verdeutlicht, dass >>Probleme<< per se nicht existieren; wir sind es selbst, die mit unseren Bewertungen aus wahrgenommenen Phänomenen >>Probleme<< erschaffen:

Drei Söhne hatten nach dem Tod ihres Vaters 17 Kamele geerbt. Der Vater hatte seinen letzten Willen genau formuliert: Der älteste

Sohn erbt die Hälfte der Kamele, der mittlere Sohn erbt ein Drittel der Kamele und der jüngste Sohn ein Neuntel. Nun war es für die drei gläubigen Söhne im Namen ihres Gottes ein hundertprozentiges Gesetz, den letzten Willen des Vaters peinlich genau zu erfüllen. Allerdings ist die 17 eine Zahl, die einem so störrisch wie ein Esel erscheinen kann. Sie will sich bei aller Anstrengung, mathematischem Können und Willenskraft weder durch 2 noch durch 3, noch durch 9 teilen lassen.

»Wir haben ein Problem«, war alles, was die drei Söhne noch denken konnten. »Was passiert mit uns, wenn wir den Willen des Vaters nicht genau erfüllen?«

Gedanklich können wir nun verschiedene gängige Modelle anwenden: etwa eine Aufstellung des Familiensystems, warum in dieser Familie so ein schwieriges Problem auftaucht, oder eine systematische Strukturanalyse, um alle Facetten genau zu kennen? Womöglich liegt die Chance darin, den drei Söhnen Lichtenergie zu schicken oder Meditationskreise für sie zu gründen, um sie bei der Lösung dieses Problems zu unterstützen? Möglicherweise bedarf es sogar einer mehrjährigen Psychoanalyse, damit jeder Sohn über dieses traumatische Testament des Vaters hinwegkommt?

Bei den drei Söhnen in der Geschichte kam kein Experte, sondern lediglich ein Pilger auf seinem Kamel vorbei. Der fromme Mann hörte sich kurz den (vermeintlichen) Konflikt an, murmelte etwas von »Das ist ja eine spannende Geschichte, ich habe keine Ahnung, ob dies ein Problem ist, denn wahrnehmen kann ich nur Phänomene«, und damit bot er den dreien freundlich an, ihnen für einige Minuten sein Kamel zu leihen. Etwas irritiert nahmen die jungen Männer das 18. Kamel – und das Wunder geschah: Die Hälfte von 18 Kamelen sind 9, ein Drittel sind 6 und ein Neuntel sind 2 Kamele – und das ergibt zusammen 17 Kamele.

Der fromme Mann bekam sein Kamel gleich zurück. Dank seiner minimalen Intervention wurde zum Glück keine Lösung

»erfunden«, sondern schlichtweg eine schon immer vorhandene »andere« Wirklichkeit bemerkt. Der Pilger hat keinen Gedanken daran verschwendet, in seiner Betrachtung in die Story der drei Söhne einzusteigen. Durch diese Wertfreiheit in seiner Wahrnehmung des gegenwärtigen Augenblicks war es ihm möglich, die drei Söhne zu ihrer inneren Weisheit zu begleiten. Eine Begleitung, die weder löst noch heilt, transformiert oder verändert, sondern durch die Menschen erleben können, dass jedem Problem, jeder Krankheit, jeder Störung, jedem Trauma stets eine mit unserem Gehirn erschaffene Bewertung zugrunde liegt.

»Oh, wie elegant und einfach es ist!«, entfuhr es nun den drei Söhnen. »Hatten wir gerade wirklich ein Problem? Oder waren wir nur nicht in der Lage, wahrzunehmen, kein Problem zu haben?« Allein der Gedanke, wie genial die drei Männer ihr »Problem lösten«, setzt voraus, dass sie ein Problem hatten. Wir wissen lediglich, dass die drei die Komplexität der Situation weiter erhöht hatten, und von einem Moment auf den anderen erkannten sie den Spaß im letzten Willen des Vaters. Ich glaube, sie lachten einfach und ihre Augen leuchteten.

Die Arbeit mit der Quanten-Intelligenz unserer Zellen ist geprägt vom Vertrauen auf das Feld der inneren Weisheit und vom Blick auf das Feld der leuchtenden Augen.

> »Zwei Dinge verleihen der Seele am meisten Kraft:
> Vertrauen auf die Wahrheit
> und Vertrauen auf sich selbst.«
>
> ▶ Lucius Annaeus Seneca

»Die menschliche Intelligenz
hat sich
an das schwache Kerzenlicht gewöhnt
und erträgt es nicht mehr,
in das Licht der Sonne zu blicken.«

▶ Khalil Gibran

»**Wir leben in aufregenden Zeiten,** denn die Wissenschaft ist dabei, alte Mythen zu zerstören und ein grundlegend neues Verständnis der menschlichen Zivilisation zu entwickeln. Die Überzeugung, wir seien störanfällige biochemische Maschinen, die durch unsere Gene gesteuert werden, weicht der Erkenntnis, dass wir machtvolle ›Erschaffer‹ unseres eigenen Lebens und unserer Welt sind.«

▶ Bruce Lipton

Teil 2

Grundlagen
unserer Quanten-Intelligenz

– Hintergründe verstehen –

»Nächste Woche trete ich meine Stelle als ›Herr Doktor‹ auf der ersten Station der Entbindungsklinik im Allgemeinen Krankenhaus von Wien an. Ich war entsetzt, als ich vom Prozentsatz der Patienten hörte, die in dieser Klinik sterben. In diesem Monat starben dort sage und schreibe 36 von 208 Müttern, alle an Kindbettfieber.

Ein Kind zur Welt zu bringen

ist genauso gefährlich wie eine Lungenentzündung ersten Grades.«

▶ Aus dem Tagebuch von Ignaz Semmelweis, Juli 1846

1. Wir sind ein Meisterwerk unserer Zellen – Zellbiologische Grundlagen

Paradigmenwandel – von der äußeren zur inneren Hygiene

Der österreichisch-ungarische Arzt Ignaz Semmelweis arbeitete Mitte des 19. Jahrhunderts als Gynäkologe und Geburtshelfer in der »geburtshilflichen Klinik« des Allgemeinen Krankenhauses in Wien, einem der bedeutendsten und größten Krankenhäuser der Zeit, in dem Fortschritt und medizinische Forschung eine ganz bedeutende Rolle spielten.

In einer der Abteilungen waren Ärzte tätig, hier wurden auch Medizinstudenten ausgebildet, während eine andere Abteilung den Hebammen und Hebammenschülerinnen anvertraut war.

In der ärztlichen Abteilung betrug die Sterblichkeitsrate der Mütter bei der Geburt, insbesondere infolge von Kindbettfieber, 10 bis 15 Prozent (in manchen Kliniken sogar 30 Prozent); in der Abteilung der Hebammen lag sie bei »nur« 3 Prozent.

Die große Differenz der Sterblichkeitsraten ließ Semmelweis keine Ruhe. Wie konnte es möglich sein, dass ausgerechnet in der fachlich viel qualifizierteren Abteilung die Sterblichkeitsrate so signifikant höher war? Tatsächlich erregte Semmelweis schon großen Unmut bei Kollegen und Chefärzten, indem er den Fokus der Aufmerksamkeit auf diesen Missstand richtete.

Alle Versuche, sämtliche Vorgänge anzugleichen, blieben erfolglos; die Sterblichkeitsrate stieg weiter an. Erst als Dr. Semmelweis die Theorie aufstellte, es könne einen Zusammenhang zwischen der intensiv betriebenen Forschung im Leichen-Seziersaal einerseits und der Mütter-Sterblichkeit andererseits geben, kam er der Sache näher. Er vermutete, die Ursache des Kindbettfiebers seien die »Leichenteilchen«, die über die untersuchenden Hände der Ärzte in das Blutgefäßsystem der Frauen gelangten, und setzte durch, dass sich seine Kollegen ihre Hände mit einer Chlorkalklösung »desinfizierten«. Die Sterblichkeitsquote ging schlagartig zurück! Die Vorstellung, es könne Infektionen durch Keime geben, war bis dahin jenseits jedes Vorstellungsvermögens gewesen, und so wurde Semmelweis zu einem Vorkämpfer der Antisepsis. In seinem Tagebuch schrieb er erschüttert: »Nur Gott weiß, wie viele Patienten wegen mir vor der Zeit ins Grab gesunken sind.« Können Sie ahnen, welche Empörung Semmelweis damit bei seinen Kollegen und dem Fachpublikum auslöste? Es grenzte an Beleidigung, die Ärzteschaft ohne wissenschaftlichen Beweis so vorzuführen.

Ignaz Semmelweis gewann seine Resultate auf der Basis strenger Überlegungen und einer großen Anzahl von Experimenten. Die »Daten« Tausender Patientinnen in monatelangen Vergleichszeiträumen waren im Grunde ein schlagender Beweis. Ihm fehlten lediglich wissenschaftliche Erklärungsmodelle für die beobachteten Phänomene. Um diese Erklärungen zu entdecken, mussten noch über 50 Jahre vergehen.

Seinem 500 Seiten umfassenden Werk blieb jeglicher Erfolg versagt, weil Hygiene etwas völlig Unwissenschaftliches sei und damit nicht nur reine Zeitverschwendung, sondern unvereinbar mit dem klaren wissenschaftlichen Verständnis von Krankheitsursachen. Man glaubte lieber an Witterungsverhältnisse und Vorerkrankungen als Ursache des Kindbettfiebers. Der Plan einer groß angelegten Langzeitstudie wurde von der Klinikleitung und dem Ministerium abgelehnt. Heute spricht man in der Wissenschafts- und Innovationsforschung vom »Semmelweis-Effekt«: Demzufolge werden grundlegende Innovationen und Paradigmenwechsel in unserem gängigen Wissenschaftsverständnis über Jahrzehnte verhindert.

Wie »rein« gehen wir mit unseren Gedanken und Emotionen im Jetzt um? Wir wissen nicht, wie viele Millionen Menschen die wissenschaftliche Ablehnung der Erkenntnisse von Semmelweis das Leben kostete. Allerdings können wir uns vor Augen führen, dass das Wissen um die Zusammenhänge hinsichtlich äußerer Krankenhaus-Hygiene vorhanden war; es passte lediglich nicht ins Denkmodell von Medizinprofessoren, Verwaltungsbeamten der Gesundheitsbehörden sowie Politikern der Regierung. Deswegen wurde das vorhandene Wissen totgeschwiegen. Die Thesen von Semmelweis waren ja »bloß« aus genauen Beobachtungen der Zusammenhänge entstanden.

> **Wir stehen heute im Bereich unserer inneren Hygiene – unserer mentalen, emotionalen Hygiene in unserem ständigen Jetzt – vor einem ähnlichen Paradigmenwandel wie Semmelweis vor über 150 Jahren im Bereich der »äußeren« Hygiene.**

Wenn die Wirklichkeit und das Bild der Wirklichkeit nicht zusammenpassen – »Pech« für die betroffenen Menschen! Semmelweis war bei Weitem nicht der Einzige seiner Zeit, der um die Bedeutung der Hygiene wusste. Trotzdem übersteigt die Zahl der durch wissenschaftliche Ignoranz gestorbenen Frauen um ein Mehrfaches die Zahl der Mordfälle der gleichen Epoche. Es scheint, als könnte es manchmal schon tödlich enden, dem gegenwärtigen Stand der Wissenschaft zu vertrauen.

Wenn wir uns heute rein hypothetisch einmal vorstellen, über Nacht geschähe ein Wunder und alle Menschen lebten gemäß dem inneren Wachstumsmodus und wären gesund: Wer würde es als Erstes bemerken? Ich denke, all diejenigen, die vom wahrgenommenen Defizit und der Krankheit leben – im mittlerweile größten Wirtschaftszweig der Welt … Offenbar erschaffen wir uns all unsere inneren Wirklichkeiten und damit auch die Phänomene, die wir als Krankheiten bewerten, in jedem Moment mit unseren eigenen unbewussten Überzeugungen.

Wir sehen am Beispiel von Ignaz Semmelweis: Auch wenn etwas noch nicht naturwissenschaftlich erkannt und verstanden wird, bedeutet dies keineswegs, dass es nicht wahr sei. Wir brauchen uns nur die Geschichte der Wissenschaft anzuschauen, um unzählige Phänomene vom Typ Semmelweis zu finden und über deren allzu häufige fatale Folgen für Millionen von Menschen den Atem anzuhalten. Vieles, was heute wissenschaftlich selbstverständlich ist, war vor hundert Jahren noch unwissenschaftliche Utopie, Hokuspokus oder Hexerei.

Wir nehmen es als selbstverständlich hin, dass beispielsweise der Stand der Medizin, Psychologie oder Neurowissenschaften vor fünfzig oder hundert Jahren als veraltet gilt, vergessen jedoch, daraus die logische Folge abzuleiten, dass der heutige Stand in fünfzig Jahren genauso bewertet werden wird.

Der Zellbiologe Bruce Lipton ist infolge seiner Lehrzeit an medizinischen Fakultäten zu dem Schluss gelangt, dass die »normalen« Nebenwirkungen von Medikationen, Heilbehandlungen und Therapien heute zu den häufigsten – jedoch als »gottgegeben« angenommenen – Todesursachen der hoch technisierten Kultur gehören. Im Mittelpunkt steht jeweils der gegenwärtige Forschungsstand, der exakt das herrschende Weltbild und Paradigma widerspiegelt, mit dem die Wissenschaft unsere Wirklichkeit als »objektive Wahrheit« zu beschreiben versucht. Neil Postman, Professor an der New York University, brachte schon vor einigen Jahrzehnten unser wissenschaftliches Verständnis von Wahrheit scharfsinnig auf den Punkt: »Wahrheit‹ ist so etwas wie ein kulturelles Vorurteil.«

Wenn wir aus der Vergangenheit eines lernen können, dann dies: Heute können wir (wie jede Generation der sogenannten »Moderne«) über frühere Paradigmen – auch über die wissenschaftlichen –, das heißt über die Versuche, Modelle der Wirklichkeit zu erschaffen, nur müde lächeln.

Wissenschaftler wissen zur Genüge von solchen »Weltbilderschütternden« Entdeckungen zu berichten:

»Ich war als nukleuszentrierter Biologe ausgebildet worden, ebenso wie Kopernikus als erdzentrierter Astronom ausgebildet worden war. Daher war es für mich ein Schock, als ich erkannte, dass der Nukleus mit seinen Genen nicht die Zelle programmiert. Die Daten werden durch die Rezeptoren in die Zelle bzw. in den Computer eingegeben. Die Rezeptoren entsprechen also der Tastatur der Zelle. Sie lösen einen Reiz auf die Effektorproteine der Membran aus, den Prozessor. Die Prozessor-Proteine setzen die Umweltinformationen dann in das Verhalten der Zelle um.«

▶ Bruce Lipton

Die amerikanische Chemieprofessorin Candace Pert bietet ein weiteres hervorragendes Beispiel für die Veränderung konventioneller Denkmodelle in der Wissenschaft. Sie ist eine der Mitbegründerinnen der Psychoimmunologie, einem neuen Wissenschaftsbereich, in dem die Trennung zwischen Geist und Körper aufgehoben wird – eine Trennung, welche die Naturwissenschaft, ausgehend von René Descartes, seit dem 17. Jahrhundert prägte und leider noch heute beeinflusst. Aus Candace Perts Buch »Moleküle der Gefühle« (Seite 476 f.) habe ich dazu die folgende Passage gewählt:

»Ursprünglich waren wir Wissenschaftler der Meinung, der Fluss der Neuropeptide und Rezeptoren werde von bestimmten Gehirnzentren aus gesteuert – dem frontalen Kortex, dem Hypothalamus, der Amygdala. Das passt in unser reduktionistisches Modell und entspricht der Auffassung, dass Gedanken und Gefühle das Produkt neuronaler Aktivität sind, dass der Anstoß vom Gehirn ausgeht, dem Sitz des Bewusstseins. Dann haben die Laborexperimente von mir und meinen Kollegen jedoch gezeigt, dass der Fluss dieser chemischen Stoffe von vielen Stellen in den verschiedenen Systemen – Immun- und Nervensystem, endokrinem und gastrointestinalem System – gleichzeitig angeregt wird und dass diese Stellen Knotenpunkte einer gewaltigen inneren Datenautobahn auf molekularer Ebene sind. Folglich mussten wir davon ausgehen, dass Intelligenz weit über das ganze System verstreut ist und nicht nur in einer Richtung nach den Gesetzen von Ursache und Wirkung Einfluss nimmt, wie es angenommen wurde, als man das Gehirn noch für den Alleinherrscher hielt.
Wenn also der Fluss unserer Moleküle nicht vom Gehirn gesteuert wird und wenn das Gehirn nur ein Knotenpunkt unter anderen ist, drängt sich

natürlich die Frage auf: Woher kommt die Intelligenz, die Information, die unseren Körpergeist regiert? Wir wissen, dass Information eine unendliche Fähigkeit zur Expansion und Zunahme hat und dass sie nicht an die Gesetze von Zeit und Ort, Materie und Energie gebunden ist. Folglich kann sie nicht zur materiellen Welt gehören, die wir mit unseren Sinnen wahrnehmen, sondern muss in einem eigenen Reich existieren, das wir mit dem Gefühl, dem Geist, der Seele wahrnehmen – einem Inforeich! Dieser Ausdruck sagt mir am meisten zu, weil er wissenschaftlich klingt, doch andere meinen die gleiche Sache, wenn sie von Intelligenzfeld, eingeborener Intelligenz oder Weisheit des Körpers sprechen.«

Wir stehen heute an der Schwelle zu einer ganz neuen Vorstellung menschlicher Intelligenz. Doch all unsere begrenzenden Vorstellungen stehen der Wahrnehmung unserer selbst in unserer wirklichen Größe entgegen. Beispielsweise glauben wir heute kulturell an einen von unseren Bewertungsmodellen losgelöst existierenden Intelligenz-Quotienten (IQ).

»Was bedeutet es, von jemandem zu sagen, er habe einen IQ von 126? In den Gehirnen der Menschen gibt es keine Zahlen. Intelligenz besitzt keine Quantität und keine Ausdehnung, es sei denn, wir glauben, es verhält sich so. Und warum glauben wir dies? Weil unseren Denkwerkzeugen die unausgesprochene Idee innewohnt, dass der Geist so beschaffen sei.«

▶ Neil Postman

Information und Intelligenz sind nicht an die Gesetze von Zeit und Ort, Materie und Energie gebunden.

Im Klartext heißt das: Alle wissenschaftlichen Modelle sind vereinfachte Darstellungen. In jedem Lebewesen ist ein außerordentlich komplexes System am Wirken, das unsere alltäglichen Erfahrungen im Umgang mit Komplexität milliardenfach übersteigt. Und so sind auch wir ein System von unbeschreiblicher Intelligenz. Wir stehen erst am Anfang einer Entdeckungsreise: geradewegs hin zu der Fülle in unserem Inneren, also zu dem, was uns selbst in unserer ganzen Größe ausmacht.

Erst wenn unser Herz plötzlich stolpert und nicht wie gewohnt schlägt oder unsere Verdauungsorgane nicht die passenden Stoffe im richtigen Moment aussondern, beginnen wir zu erahnen, welch eine unglaubliche Intelligenz all unsere Körperfunktionen so perfekt und präzise bewerkstelligt hat. Doch wer ist diese Intelligenz, wenn nicht wir selbst? Wir sind eingeladen, uns selbst in einem viel größeren Licht und mit deutlich mehr Macht und Fähigkeiten zu erfahren, als wir es bislang gewohnt sind.

■ Wer bin ich? ■

Gedankenverloren saß ich einmal am Strand und fragte einen Wassertropfen: »Wer bist du?«
Und der Tropfen antwortete mir: »Ich bin das Meer!«

Da fragte ich mich, wie groß erlauben wir uns eigentlich uns selbst wahrzunehmen und uns selbst zum Ausdruck zu bringen?
In der Metapher des Wassertropfens würden mir die meisten Menschen wohl antworten: »Ich bin H_2O, das ist eine chemische Verbindung aus den Elementen Sauerstoff (O) und Wasserstoff (H).«

Können Sie den Unterschied wahrnehmen, der den Unterschied ausmacht?
Welches Bild tragen wir von uns selbst in uns?
Erlauben wir uns, uns selbst in ganzer Größe zu definieren?

Haben wir uns vielleicht mit der heute vorherrschenden Philosophie der Materialität in ein inneres Gefängnis gesperrt?

Bruce Lipton und
die Vision der Freiheit

Bruce Lipton, den ich inzwischen wegen seiner Bedeutung für meinen Erkenntnisweg mehrmals erwähnt habe, war Professor für Zellbiologie an der medizinischen Fakultät der Stanford University und ist heute als Referent und Autor weltweit bekannt. Anhand zahlreicher Versuche mit einzelnen Zellen sowie komplexen Zellverbänden, die er im Lauf seiner langjährigen Forschungen durchführte, gelangte er zu erstaunlichen wissenschaftlichen Erkenntnissen über die biologischen und chemischen Funktionen unseres Körpers: Jeder Gedanke und jedes Gefühl entsteht primär durch unsere unbewussten Grundüberzeugungen und wirkt bis in jede einzelne unserer 50 Billionen Zellen hinein!

Das bedeutet: Wir sind unseren Genen nicht ausgeliefert! Für Bruce Lipton sind Gene nichts weiter als die molekulare »Blaupause«, der Entwurf eines Körpers, der dem Aufbau von Zellen, Knochen, Gewebe und Organen zugrunde liegt. Unsere Gedanken und Gefühle, geprägt durch individuelle Überzeugungen, informieren jedoch die Zellen und sind damit letztendlich für die Art und Weise des Lebens dieser Zellen verantwortlich. Damit widerlegt Lipton die These, Menschen würden nur durch ihre Gene geformt und die Gene würden auf ihr Leben und Sterben einen essenziellen Einfluss nehmen.

> **Unser Leben wird nicht von unseren Genen bestimmt, sondern durch unsere unbewussten Überzeugungen, die uns auf Umweltreize reagieren lassen.**

Wir befinden uns also durch unsere Gedanken und Emotionen permanent in einem interaktiven Prozess mit unseren 50 Billionen Zellen, in denen unsere Überzeugungen abgespeichert sind. Wir sind ein Meisterwerk intelligenter Informationsverarbeitung, nehmen allerdings die Genialität unserer zellulären Intelligenz im konventionellen Prozess unserer sensorischen Betrachtung nicht wahr. Über unsere zelluläre Intelligenz sind wir die Mit-Erschaffer dieses Wunders, das wir »Leben« nennen. Uns steht beträchtlich mehr Intelligenz zur Verfügung, als wir bisher dachten – eine Intelligenz, mit der wir selbst unsere Gesundheit beeinflussen können: Im ständigen Jetzt schaffen wir in uns ein »Milieu«, das förderlich oder hinderlich ist, Gesundheit zu erleben. Es gilt, unsere Aufmerksamkeit auf unseren Wachstumsmodus im Jetzt zu richten, statt irgendwelchen Zielen hinterherzurennen.

»Beide, Gene und Umwelt, wirken zusammen. Aus der Umwelt kommende oder durch die Seele erzeugte Signale versetzen den Organismus in die Lage, sich – durch Regulation der Genaktivität – sowohl an sich ändernde Umweltbedingungen als auch an sich verändernde zwischenmenschliche Beziehungen anzupassen. Nur ein sehr kleiner Teil (ein bis zwei Prozent) der heute in der Medizin vorkommenden Erkrankungen ist durch Veränderungen der Gene selbst (durch so genannte Mutationen) verursacht. (...) Bei den meisten großen Volkskrankheiten haben wir eine Situation, wo gesundheitsschädliche, durch Lebensstile verursachte Signale so lange Gene regulieren bzw. fehlregulieren, bis eine Gesundheitsstörung eingetreten ist.«

▶ Aus: Joachim Bauer, »Das Gedächtnis des Körpers«, Seite 22 f.

Wenn im Organismus eine Gen-Wirkung benötigt wird, so wird dieses Gen durch ein Signal aus der Umgebung und nicht aus dem Gen selbst heraus aktiviert. Wir können dies mit dem Gebrauch einer Fernbedienung für unseren DVD-Player vergleichen: Die Fernbedienung kontrolliert und steuert nicht selbstständig den DVD-Player, sondern wir sind die Steuerfrauen und -männer, indem wir die Fernbedienung betätigen. Ohne unsere Information von außen macht die Fernbedienung überhaupt nichts, denn sie kann sich nicht selbst kontrollieren. So ist es die Information in unseren Zellen – wir können es auch »Geist« nennen –, mit der wir unseren Körper steuern.

»An dieser Stelle möchte ich nur noch einmal die Lehren der magischen Membran wiederholen: Die Kontrolle über unser Leben wird im Augenblick unserer Empfängnis nicht einem genetischen Würfelspiel überlassen, sondern in unsere eigenen Hände gelegt. Wir können unsere eigene Biologie steuern, so wie ich dieses Textprogramm steuere. Wir haben die Macht, die Daten zu bestimmen, die wir in unseren Biocomputer eingeben, so wie wir wählen können, welche Worte wir tippen. Wenn wir begreifen, wie die IMP's [Integrated Mechanisms Programs] die Biologie steuern, dann werden wir zu Meistern unseres Schicksals.«

▶ Bruce Lipton

Freiheit ist demnach ein grundlegendes Prinzip der Schöpfung, das wir in jedem Moment der Wahrnehmung in uns erleben können. Schöpfung ist überhaupt nichts Abgeschlossenes, sondern ein fortwährender Prozess, an dem wir in jedem Augenblick mitwirken. Wir erschaffen unsere innere Wirklichkeit im ständigen Jetzt! Was wir als Geist auf der einen Seite und als Körper auf der anderen Seite wahrnehmen, ist in lebenden Systemen untrennbar miteinander verschmolzen. Zu sagen, sie seien »verbunden«, ist genau genommen falsch, weil es impliziert, es handle sich bei Geist und Materie um zwei getrennte Einheiten. Geist und Materie können wir als zwei komplementäre Informationen eines Ganzen betrachten – wie zwei Seiten einer Medaille. Die Materie, unsere Zellen, die wir dank der Newton'schen Physik wiegen und messen können, unterliegt gleichzeitig allen Charakteristika quantenphysikalischer Systeme. Und sobald wir beginnen, uns selbst – zumindest auch – als multizelluläre Wesen zu definieren, und lernen, die codierte Sprache unserer Zellen zu verstehen, können wir einen Zugang zur Wahrnehmung der zwei Wirklichkeitsebenen in uns bekommen: einer Ebene, die mit den Modellen der Newton'schen Physik dargestellt wird, und einer Ebene, die mit quantenphysikalischen Modellen beschrieben werden kann. Doch erst die Einheit beider Ebenen entspricht dem, was wir als unsere Lebenswirklichkeit wahrnehmen können. Es geht also um unser gesamtes inneres

Erleben hinsichtlich Gesundheit, Körper, Beziehungen, Freunde, Verwandte, Lebenspartner, Arbeit, Freude, Stärke, Liebe.

Wir sind keine standardisierten Bio-Roboter, die sich wie eine Maschine einheitlich behandeln lassen. Jeder Mensch hat im Zusammenspiel seiner Zellen mit Geist und Emotionen die Fähigkeit zu einer individuellen Selbstregulation. Doch um diese Kompetenz endlich zu nutzen, ist zuerst eine tiefe Überzeugung von der eigenen Autonomie erforderlich. Wir müssen uns von der Rolle der »Patienten« verabschieden, sonst sind wir gemäß dem lateinischen Wort die »passiv Leidenden« und »geduldig Ertragenden«. Auch alle Helfer (Ärzte, Heilpraktiker etc.) erschaffen genau diese Wirklichkeit, indem sie ihre Kunden »Patienten« nennen und deren Daten in der Patientendatei, in der Kartei der Leidenden, sammeln. Der Begriff »Klient« ist im Übrigen nicht viel besser; er leitet sich etymologisch vom lateinischen »cliens« ab, was »der Schutzbefohlene, der Hörige« bedeutet.

> Was außen – in einer von uns scheinbar getrennten Realität – geschieht, ist weniger entscheidend als unser inneres Erleben dieser äußeren Welt.

Fragen Sie sich soeben, ob Sie eine Chance haben, endlich aus dem Teufelskreis auszusteigen, sich stets aufs Neue einen Mangel zu erschaffen?

Aus der Perspektive unserer Quanten-Intelligenz beginnt es mit einem neuen Rollenverständnis. Alles Wissen, alle Information ist in jedem Menschen jederzeit vorhanden. Jeder Mensch trägt die Fähigkeit zur Autonomie im Feld des Heilseins in sich und jeder kann mit der Wahrnehmung der Information im Jetzt die Verbindung mit diesem Heilsein selbst empfinden. Daher arbeite ich beispielsweise weder mit »Patienten« noch mit »Klienten«, sondern immer mit einem »Partner« bzw. einer »Partnerin«.

> Als machtvolle Wesen besitzen wir die Freiheit, uns zu entscheiden, ob wir tatsächlich eine Wirklichkeit erschaffen wollen, in der wir Leidende oder Hörige sind.

Quanten-Intelligenz erleben

Geld oder Nicht-Geld, das ist hier die Frage

Hans kommt in einem Coaching auf seine Geldprobleme zu sprechen. Aus der Haltung des Nicht-Wissens heraus frage ich ihn, was er denn wahrnimmt, das ihn wissen lässt, Geldprobleme zu haben. Er erzählt, was am Vorabend beim Kontrollieren seiner Kontoauszüge konkret in ihm geschehen ist: wie er augenblicklich erschrak und jetzt die Angst wahrnimmt. Hans erlebte, wie er quasi »automatisch« diese Angst wurde und alle weiteren Reaktionen aus dieser Angst heraus gestaltete. Er hatte daher natürlich nicht seine ganze Hirnkapazität zur Verfügung, sodass sein Verhalten einem alten Muster folgte. Doch genau diese alten Muster hatten ihn an diese Stelle geführt. Dank seiner Achtsamkeit auf diesen Moment konnte er sie wahrnehmen.

Nun lässt Hans die Szene in seinem Kopf alternativ abspielen: Er sieht seinen Kontoauszug, erschrickt, und augenblicklich steigt »natürlich« wieder Angst auf. In diesem Moment hält er inne und nimmt seine inneren Befürchtungen wahr: »Was werden andere über mich sagen, wenn ich kein Geld habe?«, und: »Ich genüge nicht den Anforderungen, die das Leben an mich stellt.«

Ich war im Vertrauen, denn im Partner taucht immer ein Hinweis auf die Programmierung auf, die zu diesem »Erfolg« der inneren Reaktion gehört. In allem liegen auch Hinweise auf das Feld der leuchtenden Augen: Bei Hans waren es die befähigenden Überzeugungen »Ich kann« und »Ich bin das Beste wert, was das Leben zu bieten hat«.

Interessiert Sie noch, wie es mit Hans weiterging? Äußerlich veränderte sich finanziell erst mal gar nichts. Doch Hans wurde zunehmend klar, in was für einem Beruf sein Herz aufgeht. Binnen zwei Jahren baute er ein neues Geschäft in einer ganz anderen Sparte auf, das mittlerweile floriert. Und Geld kommt ihm als Frage überhaupt nicht mehr in den Sinn.

Der binäre Code unserer Zellen

Bruce Lipton wurde aufgrund seiner Studien über Einzeller auf die grundlegende Bedeutung des Wachstums- und Schutzzustandes aufmerksam. Jede unserer Zellen macht entweder auf, wenn sie Nährstoffe wahrnimmt, oder zu, wenn es um Schutz geht. Diese Mechanismen braucht jede Zelle und jeder aus dem Zusammenspiel einzelner Zellen bestehende Organismus, um zu (über-) leben. Jeden Tag nutzen sich in unserem Körper Milliarden von Zellen ab und werden ersetzt. Zum Beispiel wird die gesamte zelluläre Innenseite der Darmwand alle 72 Stunden ausgetauscht. Die meisten unserer Zellen sterben innerhalb einiger Wochen oder Monate ab und werden erneuert. Auf der Wirklichkeit unserer Zellebene befinden wir uns in einem ständigen Werden und Vergehen, ohne es mit unseren Sinnen zu erfassen. Dieser uns prägende elementare Prozess wird in unserer alltäglichen Wahrnehmung sorgsam ausgeklammert.

> Wachstum oder Schutz ist das binäre Prinzip unserer inneren Informationssteuerung. Diese entgegengesetzten Bewegungen – das Öffnen oder Schließen der Zellen – sind die beiden fundamentalen zellulären Reaktionen auf die Wahrnehmung von Umweltreizen.

Je stärker wir dem »Hirngeplapper« Aufmerksamkeit schenken, umso mehr entfernen wir uns von unserem eigentlichen Sein. Lassen Sie uns also den Fokus der Aufmerksamkeit verstärkt auf die Informationen unserer zellulären Wirklichkeit richten, die uns überwiegend ausmacht.

Wie wir gerade erfahren haben, liegt ein grundlegendes Prinzip unserer Zellen in ihrer binären Organisation. Alles ist auf der Grundinformation »Wachstum« oder »Schutz« aufgebaut. Jede einzelne Zelle macht entweder auf oder zu.

> Wir nehmen die elementaren Prozesse unseres zellulären Seins nicht wahr. Stattdessen beschäftigen wir uns mit irgendwelchen Geschichten, die unser Sprachzentrum in der linken Gehirnhälfte erschafft und die wir für die Wirklichkeit halten.

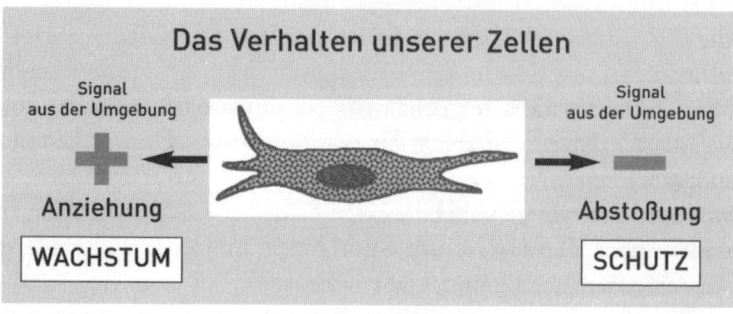

▶ Abbildung nach Bruce Lipton,
mit freundlicher Genehmigung

Die binäre Organisation unserer Zellen gleicht strukturell dem Prinzip in der Welt unserer Computer: Eins oder Null. Wie wir später noch sehen werden, scheint unser ganzes Universum in der Quantenwirklichkeit auf Eins und Null binär aufgebaut zu sein. Die Schutzreaktion einzelner Zellen, aber auch ganzer Organismen auf die Wahrnehmung von Umweltinformationen ist eine fundamentale Verhaltensweise, die ein Organismus zum Überleben braucht: Brüllt das Raubtier im Gebüsch, ist es von Anbeginn der Menschheit wichtig gewesen, sich zu schützen, um zu überleben. Wohlgemerkt: um zu überleben! Wir könnten unseren körpereigenen Schutzzustand auch als unseren »Überlebensmodus« bezeichnen. Wir brauchen ihn, um entsprechend zu handeln, bevor uns der Löwe packt und fressen will. Und wie sehen die Löwen unserer Kultur aus?

> Verkleidet als Straßenverkehr, E-Mail-Flut, Beziehungen, unser Job, ja zuweilen sogar als Freizeitaktivität, scheint das hungrige Raubtier in unserer Umweltwahrnehmung beinahe hinter jeder Ecke zu lauern.

Für einen Menschen, der vor einem Löwen flüchten muss, ist es nicht sinnvoll, Energie in Wachstum zu investieren. Es gilt, das eigene Überleben zu sichern. Sämtliche Energie ist vonnöten, um vor dem Löwen zu fliehen oder um ihn anzugreifen. Das heißt, die Fokussierung der Energien zugunsten der Schutzreaktion geht immer auf Kosten des Wachstums. Dabei wird alle Energie abgezogen, die nicht zur Erhaltung der Organe und Gewebe notwendig ist. Eine Schutzreaktion erfordert so viel Energie wie nur möglich. Eine Verarbeitung von Nährstoffen ist quasi unwichtig, weil alle Energie gebraucht wird, um der erwarteten Gefahr zu entkommen. Der Herzschlag wird erhöht, Libido und Verdauung werden reduziert, die Blutgefäße erweitert.

Beim Wachstumsprozess indessen findet ein offener Austausch zwischen dem Organismus und seiner Umgebung statt: Nahrung wird aufgenommen, Abfallprodukte werden ausgeschieden, Nährstoffe werden verarbeitet und in Energie umgewandelt.

Darum ist eine längere Unterbindung des Wachstumsprozesses so schwächend für den gesamten Organismus. Im Wachstumsprozess wird nicht nur Energie verbraucht, sondern auch produziert. Wird die Schutzhaltung über längere Zeit aufrechterhalten, wird die Produktion von lebenserhaltender Energie blockiert.

Das heißt, je länger wir uns im Schutzmodus aufhalten, desto stärker leidet unsere Lebensenergie darunter. Man kann die eigenen Wachstumsprozesse, die eigene Lebensenergie, sogar so weit unterbinden, dass man sich im wahrsten Sinne des Wortes zu Tode fürchtet.

Wollen wir mehr als »nur« überleben, brauchen wir unseren inneren Wachstumsmodus, auch als ausgereifte Erwachsene. Zellerneuerung ist ausschließlich im Wachstumsmodus möglich. Des Weiteren stehen uns unsere ganze Hirnkapazität, unsere Kreativität und unsere Intuition nur in unserem inneren Wachstumsmodus zur Verfügung.

Wollen wir also unser gesamtes Potenzial wirklich leben und die Verbindung zu der unseren Zellen innewohnenden Intelligenz wahrnehmen, gilt es, unsere gesamte Achtsamkeit darauf zu richten.

> **Unser Wachstumsmodus ist die Grundvoraussetzung, um die Verbindung zu der unseren Zellen innewohnenden Intelligenz wahrzunehmen.**

»Um intelligentes Verhalten zu zeigen, braucht die Zelle eine funktionierende Membran mit Rezeptoren (Wahrnehmung) und Effektoren (Handlung). Diese Proteinkomplexe sind die grundlegenden Einheiten der zellulären Intelligenz.«

▶ Bruce Lipton

Stress – biochemischer Auslöser des Schutzmodus unserer Zellen

Wenn wir uns in unserem inneren Wachstumsmodus befinden, richtet die uns innewohnende Intelligenz unsere Energie vorwiegend auf Vorgänge des autonomen Nervensystems; dazu gehören die wichtigen Bereiche unseres Körpers, die für Wachstum und Energieaufbau notwendig sind, wie Herz, Lunge, unsere Verdauungsorgane und das Nerven- und Fortpflanzungssystem. Sobald jedoch unsere zentrale Intelligenz Wahrnehmungen im Außen als bedrohlich bewertet, aktiviert sie die sogenannte »HPA-Achse« (hypothalamo-hypophyseo-adrenokortikale Achse). Wohlgemerkt: Es werden *Wahrnehmungen* als bedrohlich *bewertet!* (Auf diese innere Bewertung gehen wir gleich ausführlicher ein.)

Beginnen wir zunächst mit der HPA-Achse: Sie reguliert Stresshormone wie Adrenalin und Kortisol. Durch die Aktivierung wird die Verbindung zwischen den Hirnhälften – im Corpus Callosum – auf »Stand-by« gestellt; das Blut und die Energie des Körpers dienen vorübergehend nur den Muskeln und Knochen. Das Gehirn arbeitet mit alten »Programmen«, alles ist auf Kampf oder Flucht eingestellt. Wir »laufen« im überlebenswichtigen Schutzmodus unseres Zellsystems. Durch die Aktivierung unseres äußeren Schutzsystems in einer als »bedrohlich« wahrgenommenen Situation wird nun so ganz nebenbei auch das innere Schutzsystem, unser Immunsystem, auf »Stand-by« gesetzt. Erst wenn unsere zentrale Intelligenz die Information »Entwarnung« ans übrige Zellsystem schickt, kann sich langsam wieder der innere Wachstumsmodus einstellen. Langsam heißt, dass die Kortisol- und Noradrenalin-Werte auch noch sechs Stunden später erhöht sein können. So riskiert man selbst bei wenigen stressigen Erlebnissen pro Tag über einen längeren Zeitraum, einen dauerhaft erhöhten Stresshormonspiegel zu bekommen. Ein dauernd erhöhter Kortisolspiegel wiederum löst einen Gewöhnungseffekt aus. Das heißt, unser Gehirn veranlasst den Körper, auch dann noch mehr Kortisol zu produzieren, wenn gar kein Stress mehr wahrgenommen wird. Unsere innere Wirklichkeit ist nun vom Kampf- oder Fluchtreflex geprägt, und unser innerer Zustand ist auf bloßes Funktionieren reduziert, sodass kaum noch Energie für unseren Wachstumsmodus übrig ist. Wir erleben damit zunehmend unseren Schutzmodus als unseren »Normalzustand«.

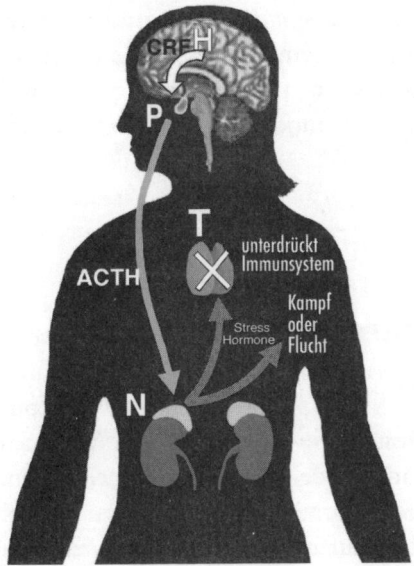

H – Hypothalamus
P – Hypophyse
T – Thymus
N – Nebenniere

▶ Aus: Bruce Lipton, »Intelligente Zellen«, S. 147,
  mit freundlicher Genehmigung

Könnte das auch der Grund sein, warum wir im Kollektiv generell so anfällig sind für Infektionen, beispielsweise eine Grippe? Obwohl wir doch ebenfalls kollektiv davon überzeugt sind, dass allein die von außen kommenden Bedrohungen, Gott oder die Gene schuld an unserer Infektanfälligkeit sind. Für unsere Behandlungsindustrie ist unser Denken wundervoll; sie nutzt es für ihre Begründung, warum Schutzimpfungen heute absolut unerlässlich seien. Es ist ein Teufelskreis, den wir wirtschaftlich als »Kostenexplosion im Gesundheitswesen« bezeichnen und der aus der Perspektive unserer Quanten-Intelligenz ein teurer Luxus ist, den wir uns gesellschaftlich leisten.

Sie kennen inzwischen meine Argumentation: Glücklicherweise können wir die Erkenntnis zu unseren Gunsten nutzen. Wir können uns entscheiden, unsere Geschichten zu stoppen. Eine »normale« Adrenalinausschüttung dauert nur 90 Sekunden – doch wir wiederbeleben unser Adrenalin quasi permanent, indem wir unsere Geschichten beharrlich wiederholen. Je öfter wir von unseren gewohnten inneren Lamentos Abstand nehmen und mehr und mehr Achtsamkeit auf die reine Information legen, desto leichter fällt es uns, die Hinweise zu erkennen. Nun beginnen wir spielerisch und leicht, im Feld unserer inneren Weisheit und unserer leuchtenden Augen zu sein.

Existiert Stress wirklich?

Bei allem, was wir nun über Zellbiologie wissen, drängt sich unweigerlich die Frage auf, ob Stress jenseits unserer inneren Wahrnehmung überhaupt existiert. Können wir – genau genommen – Stress wahrnehmen, oder sind es vielmehr mentale, emotionale und körperliche Phänomene, deren Bewertung uns veranlasst, sie in die Schublade »Stress« zu stecken? Ich meine, in unserer Kultur haben wir bisher nicht gelernt, zwischen Wahrnehmung und Bewertung präzise zu differenzieren. Dazu hat sicherlich grundlegend beigetragen, dass seit den 1940er-Jahren die Wirkung dieser Phänomene zunehmend biochemisch und elektrisch gemessen werden kann. Ursprünglich stammt der Begriff »Stress« aus der Newton'schen Physik und bezeichnete einen Druck, durch den Metall verformt werden kann. Der aus Österreich stammende kanadische Arzt Hans Selye transferierte den Begriff »Stress« aus der Physik, um zu beschreiben, wie Stress im Gewebe des Körpers Veränderungen auf Zellebene hervorruft. Seither hat der Begriff seinen nun über siebzigjährigen Siegeszug angetreten.

Alles ist stressbehaftet: Unsere Arbeit, unsere Beziehungen, unsere Gesundheit – rundum: unser Leben in diesen modernen Zeiten ist Stress. Scheinbar sind wir dem Außen ausgeliefert, und das erklärt, warum es uns so schlecht geht. In vielen Publikationen wird Stress gleichsam als untrennbarer Nebeneffekt unserer modernen Wohlstandsgesellschaft geschildert. Dazu gibt es reichlich gut gemeinte Literatur und jede Menge Kursangebote für den besseren Umgang mit Stress.

Die Kernaussage unseres vorherrschenden Kultur-Mythos ist: Wir sind Opfer äußerer Umstände. Auf diese Weise wird die gesellschaftliche Trance noch verstärkt, an etwas von uns Unabhängiges im Außen zu glauben, das an unserem Ergehen schuld sei. Wie wäre es, wenn wir diesen Abhängigkeits-Albtraum möglichst schnell in ethnologische Museen verbannen würden? Anstatt zu üben, wie wir besser mit Stress umgehen können, sollten wir lernen, im Paradigma der Quanten-Intelligenz den Fokus auf die reine Information zu lenken, damit wir immer mehr Zeitanteile in unserem inneren Wachstumsmodus verbringen können.

Die Aussage, dass wir uns Stress selbst erschaffen, scheint allerdings bis heute für viele aus einer völlig anderen Welt zu sein. Sehen Sie, was passiert, wenn Sie sich jetzt 500 unbearbeitete E-Mails in Ihrer Mailbox vorstellen? Zunächst sind 500 E-Mails erkennbar nur jede Menge Information in Bits und Bytes. Erst Ihre Wahrnehmung mit allen Gedanken und Emotionen kann diese 500 E-Mails zu Stress machen. Dennoch haben die Mails primär nichts mit den in Ihnen ablaufenden biochemischen Reaktionen zu tun. Es ist Ihr eigenes System, welches die Reaktion und damit Ihre innere Wirklichkeit erschafft. Wer aber ist denn Ihr System, wenn nicht Sie selbst? Sie sind doch dieses Zusammenspiel aus 50 Billionen Zellen, die ständig am Werden und Vergehen sind. Sie selbst sind dieses biochemische, auf Informationen aufbauende Meisterwerk.

Stellen Sie sich zwei Menschen im gleichen Job vor mit jeweils 500 unbearbeiteten E-Mails. Der eine ist von sich und seiner Leistung innerlich felsenfest überzeugt, während der andere in der inneren Wirklichkeit lebt, für diesen Job unfähig und vollkommen unzureichend zu sein. Welche Wirkung wird die gleiche Information in beiden auslösen?

Höchstpersönlich der Meister oder die Meisterin dieses Werks zu sein, unabhängig davon, was im Außen gespielt wird – das erscheint mir unsere Hauptaufgabe im Leben zu sein. Im ständigen Jetzt bestimmt diese Meisterschaft die Qualität unseres Lebens.

Stress existiert nicht im Außen, sondern nur durch unseren Wahrnehmungsprozess. Deswegen können wir dieser Chimäre – und damit uns selbst – die Freiheit schenken.

Stress als brisanter Hinweis

Bruce Lipton zeigt auf, dass über 95 Prozent unserer Krankheiten auf Stressreaktionen in unserem Körper beruhen. Das müssen wir uns erst mal auf der Zunge zergehen lassen …

»Medikamentenkonsum verschafft uns eine Art Ferien
für unser Wohlergehen.«

▶ Bruce Lipton

■ Prof. Klaus Dörner über die »Gesundheitsfalle« ■

»Die zunehmende Überantwortung der Gesundheit an die Wirtschaft (…) zwingt zur Erschließung immer neuer Märkte. Das Ziel muss letztlich die Umwandlung aller Gesunden in Kranke sein, also in Menschen, die sich möglichst lebenslang sowohl chemisch-physikalisch als auch psychisch für behandlungsbedürftig halten, um ›gesund leben‹ zu können. (…) Wo partout keine Bedürfnisse sind, muss man solche künstlich herstellen, was mit entsprechenden Werbestrategien auch gelingt: ›An ill for every pill‹.«

Unsere Art, über unsere Wahrnehmung Informationen zu verarbeiten, löst Reaktionen in uns aus, die Krankheiten verursachen! Natürlich könnten wir uns bereits an dieser Stelle fragen, ob wir eventuell einen deutlichen Überhang an Nachrichten über uns ergehen lassen, die wir als »schlecht« bewerten. Und mit einer Spur Ironie können wir dann sagen, die gute Nachricht sei es, dass 95 Prozent unserer Krankheiten stets mit perfekter Genauigkeit unseren unbewussten Überzeugungen entsprechen. Wir erschaffen in unserem Gesamtsystem aus Geist und Materie immer einen »Erfolg«! Unser bewusster Verstand kann diesen »Erfolg« lediglich nicht recht begreifen. Wenn Sie sich aber vorstellen, dass seit Menschengedenken in uns andere Wege der inneren Informationsverarbeitung vorhanden sind und wir diese Wege lediglich zu entdecken brauchen, um sie zu nutzen, könnte das eine lebensverändernde Vorstellung sein.

> **Fast alle unsere Krankheiten beruhen darauf, dass wir in unserer Kultur auf äußere Ereignisse mit inneren biochemischen »Programmen« reagieren, durch die wir uns dauerhaft krank machen.**

Um es bildhaft zu machen, kehren wir zu den 500 E-Mails zurück. Angenommen, in mir ist die Grundüberzeugung »Ich bin wertlos« aktiv und ich bewerte diese E-Mails als beruflich extrem wichtig, dann wird sicherlich erneut das Gefühl »Ich bin wertlos« in mir entstehen und stellt damit eine erfolgreiche Bestätigung meiner Überzeugung dar. Ich habe die Einladung angenommen, anstatt die reine Information als Hinweis auf das Feld meiner leuchtenden Augen zu verstehen. Die Chance liegt nun darin, die Story beiseite zu lassen und den Hinweisen mit der Frage zu begegnen: »Wie könnten meine Augen zu diesem Thema ins Leuchten kommen?« Mögliche befähigende Antworten dazu sind: »Ich bin wertvoll – unabhängig von meiner Leistung!«, oder: »Ich bin kompetent und sorge jederzeit gut für mich!«, oder: »Ich bin wertvoll, auch wenn ich delegiere oder um Unterstützung bitte!«, oder: »Ich bin ein Geschenk für die Welt!«. Sobald die Überzeugung dann mit einer *Q!* Verbindung aktiviert ist (siehe Teil 3, Kapitel 5), können sofort die Resonanz des Herzens, das Leuchten der Augen und damit eine Veränderung wahrgenommen werden.

Das ist die wirklich gute Nachricht und im Kern auch meine Erfahrung als Jugendlicher: »Wir sind jederzeit frei und können wählen!« Dies ist übrigens ebenfalls eine schöne Befähigung.

Die 500 unbearbeiteten E-Mails bestehen vorerst unverändert, doch gleichzeitig kann ich auf einmal auswählen, wie ich mit dem Thema umgehen werde.

Im Wachstumsmodus fliegt unser Ballon

Mit unserem zellulären Gesamtsystem verarbeiten wir ca. 20 Millionen Bits pro Sekunde an Informationen. Davon nehmen wir gerade einmal 20 bis 40 Bits pro Sekunde bewusst wahr. Die »restlichen« 19,999… Millionen Bits pro Sekunde werden jedoch ebenfalls von uns verarbeitet, und zwar mit der uns nicht bewussten Voreinstellung in der zellulären Intelligenz unseres Körpers. Im Klartext macht damit unser bewusster Verstand nicht mal *ein* Prozent des Ganzen aus und dennoch identifizieren wir uns zu beinahe hundert Prozent über ihn. Erlauben Sie sich hier für einen Moment, genauer hinzuspüren. Es geht hier um Sie, denn Ihre innere Weisheit, Ihre Quanten-Intelligenz macht Sie zu 99 Prozent aus. Darin liegt Ihre Chance. Glauben Sie mir, Sie sind viel mehr, als Sie sich vorstellen können.

Die unbewusste Intelligenz unserer Zellen ist unsere Quanten-Intelligenz. Sie arbeitet mit Voreinstellungen und Überzeugungen, um effizient die ungeheure Datenmenge zu bewältigen.

Unser Unbewusstes kann bis zu 20 Millionen äußerer Reize pro Sekunde verarbeiten. Bruce Lipton veranschaulicht den Unterschied zwischen der ungleichen Geschwindigkeit der Informationsverarbeitung von bewusstem Denken einerseits und unserem Unbewussten andererseits anhand eines Pixel-Punktes sowie eines Bildes aus 20 Millionen Pixel-Punkten:

▶ Aus: Bruce Lipton, »Intelligente Zellen«, S. 166,
mit freundlicher Genehmigung

In unserem Bewusstsein erfahren wir in jedem Augenblick diese Voreinstellungen und Grundüberzeugungen über unsere Gedan-

Q!

> Jeder Gedanke und jedes Gefühl ist zunächst nur Information. Auf dieser Ebene unserer Wahrnehmung gibt es weder »Positiv« noch »Negativ«.

ken und Gefühle. Unsere Chance liegt darin, unsere Gedanken und Gefühle wahrzunehmen, ohne sie sofort mit unserem Verstand zu schubladieren, zu etikettieren und zu bewerten.

Noch einmal: Jeder Gedanke, jedes Gefühl führt uns entweder in den Wachstumsmodus oder in den Schutzmodus. In unserem Wachstumsmodus bekommen wir Kraft und sind verbunden mit unserem gesamten Potenzial; im Schutzmodus verlieren wir Kraft und Energie und fühlen uns von uns selbst getrennt. Information in Form von Gedanken und Gefühlen ist entweder befähigend oder einschränkend – eben binär organisiert: Eins oder Null. Oder wenn wir uns als Metapher ein Elektrogerät vorstellen: »on« oder »off«. Bei »on = Eins« fließt Strom, und bei »off = Null« fließt kein Strom. Übertragen auf unser Zellsystem heißt das: Eine Überzeugung kann »on« oder »off« sein, und ein Gefühl löst »on« oder »off« aus.

An dieser Stelle geht es darum, die reine Information wahrzunehmen – eine Aufgabe, bei der uns unser bewusster Verstand wenig hilfreich ist, da er Überzeugungen und Gefühle in Sekundenschnelle bewertet. Um nun nur die reine Information wahrnehmen zu können, verwenden wir im *Institut für Quanten!ntelligenz®*

> Sie werden schnell erkennen, dass Sie selbst Experte für Ihr Zellsystem sind, wenn Sie bereit sind und sich dafür entscheiden.

den in Teil 3, Kapitel 4 beschriebenen Muskeltest; dabei begleiten wir Sie jedoch ausschließlich bei Ihrer Kommunikation mit dem Feld Ihrer inneren Weisheit.

Der Muskeltest zeigt Ihnen, welche Überzeugung in Ihrem System »on« oder »off« ist und ob Sie sich im Wachstums- oder im Schutzmodus befinden.

Es ist ganz einfach: Denken Sie nicht nach, sondern nehmen Sie über Ihren Körper wahr! Außerdem werden Sie in Ihrem Wachstumsmodus Ihre innere Kohärenz mit Ihrem Herzen sowie das

Leuchten Ihrer Augen erleben. Sie werden feststellen: Es fühlt sich vollkommen anders an.

Erinnern Sie sich einmal an eine Situation, in der Sie so leicht und beschwingt waren, dass Sie durch und durch wussten: »Ich fühle mich wundervoll!« Wo im Körper spüren Sie dieses Gefühl? Wie fühlt es sich genau an? Diese Körperempfindungen entstehen aus der inneren Informationsverarbeitung der Intelligenz unserer Zellen. Erinnern Sie sich bitte kurz daran: 19,999... Millionen Bits pro Sekunde ist die Prozessorleistung unserer Quanten-Intelligenz. In jedem Moment unserer Wahrnehmung erschaffen wir uns unsere innere Wirklichkeit im Wachstums- oder im Schutzmodus. Aus der Perspektive unserer Zellen ist das unsere einzige Wirklichkeit.

Das amerikanische HeartMath-Institut hat zur Messung dessen, was der Institutsgründer Doc Childre »HeartMath®« (deutsch: HerzIntelligenz®) bezeichnet, eine sehr eindrückliche Software entwickelt, die man relativ günstig auf jedem PC oder Laptop installieren kann. Über einen elektronischen Hautsensor verbindet man sich – hardwaremäßig – mit dem PC: Auf dem Bildschirm erscheint dann eine Kurve der Herzvariabilität.

Seit etlichen Jahren setze ich diese Kurve leicht abgewandelt mit Partnern für die Verdeutlichung ihres inneren Wachstums- und Schutzmodus ein. Ich bitte sie, an etwas Schönes zu denken, ein Erlebnis, dessen Erinnerungen ihre Augen zum Leuchten bringen – vielleicht ein Zusammensein mit einem geliebten Menschen an einem wundervollen Platz.

In dem Moment, in dem sich die Wahrnehmung auf die schönen Erinnerungen richtet, erscheint vor uns auf dem Bildschirm eine gleichmäßige Wellenkurve. Allein der Gedanke an das Erlebnis und die damit einhergehenden Gefühle reichen aus, um im Jetzt unsere innere Wirklichkeit zu erschaffen und zu erleben. Und dieses wundervolle Erleben können wir für einige Minuten einfach genießen. Viele Menschen kennen das Phänomen, beispielsweise wenn sie frisch verliebt sind. Der geliebte Mensch braucht gerade gar nicht da zu sein; allein der Gedanke an ihn verändert unseren

Herzschlag, lässt unsere Durchblutung stärker werden und bringt unsere Augen zum Leuchten.

Nun nehmen wir einen großen imaginären Schwamm und »wischen« unsere schönen, angenehmen Gedanken erst mal weg. Im nächsten Schritt laden wir Erinnerungen an einen emotional belastenden Streit oder ein angstauslösendes Ereignis ein – egal ob es gestern oder vor Jahrzehnten war. Plötzlich wird die Kurve vor uns auf dem Bildschirm spitz und zackig.

Ein besonderes »Zuckerl« stellt dabei zusätzlich die Erinnerung an einen Satz dar, der uns mitten ins Herz getroffen hat. Sätze wie: »Du bist ja überhaupt nichts wert«, »Du bist eine unattraktive Alte geworden«, »Du bist ein alter Schlappschwanz«, »Du bist nicht mehr mein Sohn«, »Sie sind der unfähigste Mitarbeiter« etc. Sobald so ein Satz zurück ins Gedächtnis gerufen wird, schlägt die Kurve noch spitzer nach unten aus und verfärbt sich rot.

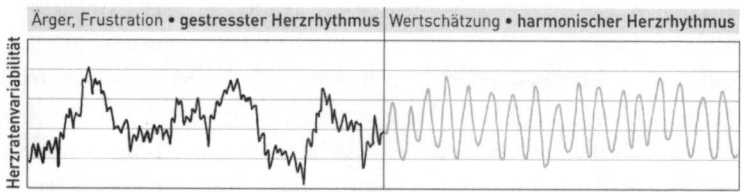

▶ Gezeichnete Nachbildung von Kurven der Herzvariabilität (die hier schwarze Kurve wird in der Software rot angezeigt, die hellgraue ist im Original hellblau); siehe auch Childre/Cryer: Vom Chaos zur Kohärenz.

An diesen beiden sehr unterschiedlichen Kurven, mit denen die HeartMath-Software gelungen unsere innere Wirklichkeit sichtbar macht, erkennen wir, wie wir diese innere Realität nur mittels unserer Gedanken und Emotionen im Jetzt erschaffen.

Was ich an dieser genialen Software besonders liebe: Sie schenkt uns zusätzlich ein Bild für unsere visuelle Vorstellungskraft. Per Knopfdruck lässt sich die Kurve auf ein Computerspiel umstellen;

anstelle der Kurve erscheint dann vor uns ein herrliches Bergpanorama mit einem schönen bunten Heißluftballon, der entweder auf einer grünen Wiese steht oder am blauen Himmel fliegt (bzw. »fährt« – wie es die Ballonfahrer nennen). Im Gegensatz zu konventionellen Computerspielen haben wir jedoch keinen Joystick in der Hand, sondern einen Hautsensor, zum Beispiel an unserer Fingerkuppe oder am Ohrläppchen.

Bei sämtlichen einschränkenden Gedanken und damit einhergehenden Emotionen (Gram, Verzweiflung, Kummer etc.) steht der Ballon, wohingegen er bei allen befähigenden Gedanken und Emotionen, die Ihr

> **Wenn du von der Sonne sprichst und sie in deinem Herzen spürst, dann scheint sie.**

Herz zum Schwingen und Ihre Augen ins Leuchten bringen, sanft durch den Himmel gleitet. Diese Metapher befähigt jeden Menschen, ganz leicht zu erkennen, ob er sich in seinem inneren Wachstumsmodus befindet. Fragen Sie sich doch heute: »Wie viele Stunden ist mein Ballon geflogen und wie viele Stunden ist er gestanden?«

Sollte es so etwas wie Erleuchtung geben, dann besteht sie schlicht darin, unseren inneren Ballon fliegen zu lassen, egal was sich im Außen vermeintlich ereignet. Es ist die gelebte Freiheit, uns stets für unseren Wachstumsmodus entscheiden zu können.

Achtsamkeit – die Brücke zu unseren 50 Billionen molekularer Genies

Achtsam mit unserem Körper umzugehen und mit den 50 Billionen molekularer Genies zu kommunizieren, sind wir nicht gewohnt. So scheint es beinahe logisch, dass wir nicht hören, was sie als komplexes System benötigen. Die Signale unseres Autos sind deutlich leichter zu beachten; wir würden nie auf die Idee kom-

Sind wir so begeistert von der riesigen Industrie, die wir rund ums Thema »Krankheit« erschaffen haben, dass wir freiwillig alle Signale unseres Systems überhören oder sogar eigenhändig beiseite schieben?

men, die aufleuchtenden Hinweislämpchen einfach zu ignorieren, herauszudrehen oder etwas zu überkleben, damit wir nicht sehen, dass das Auto Öl, Benzin oder einen Wartungsservice braucht.

Die Informationen, die wir über unsere Gedanken und Gefühle erhalten, sind zwar manchmal subtil, doch wir beachten sie hauptsächlich deshalb nicht, weil wir nachhaltig gelernt haben, was »man« macht oder insbesondere nicht macht. Dieses »man« steht für unsere Gesellschaft und hat uns gemeinsam eine dicke Fassade bauen lassen, die nur mit Achtsamkeit wieder abgebaut werden kann.

Nehmen wir nochmals das Beispiel »Ich bin wertlos«. Dieser Mensch sieht sich, seine Umwelt und sein Leben ausgehend von dieser Grundüberzeugung. Zum einen liegt seine Konzentration auf der Bestätigung dieser Überzeugung – weshalb er Anerkennung und Wertschätzung nur geringfügig wahrnehmen wird, geschweige denn annehmen kann. Zum anderen wird er ein Spezialist dafür sein, was »man« macht, wenn »man wertlos ist«, und dazu gehören sicherlich auch Attribute, die für »jedermann« positiv belegt sind, wie Bescheidenheit, Zurückhaltung oder Geduld. Damit schließt er selbst die Tür und macht sich zum Gefangenen seiner eigenen Überzeugungen. Sein Blick wandert wie durch Gitterstäbe nach draußen und er bemerkt nicht, dass er ihn nur auf sich selbst lenken müsste, um sich als seinen machtvollen Mittelpunkt zu erkennen.

Konkret heißt das, sich regelmäßig die Frage zu stellen: »Fliegt mein Ballon oder steht er, wenn ich bin, wie ›man‹ sein sollte?« Und sollte der Ballon stehen: »Wodurch würden meine Augen ins Leuchten kommen und gleichzeitig mein Ballon fliegen?«
Mögliche Überzeugungen könnten wie folgt lauten: »Ich vereine Geduld und Zielstrebigkeit und weiß genau, wann ich die eine

oder andere Fähigkeit zum Ausdruck bringen kann und will!«, oder: »Ich bin liebenswert zielstrebig!«, oder: »Ich erlaube mir, jederzeit anders zu sein und Neues auszuprobieren!«, oder: »Mein Wert liegt in meiner vollkommenen Ganzheit!«

Unsere Zellen reagieren zwar spontan auf Sinneswahrnehmungen, doch sobald wir lernen, achtsam mit uns zu sein, können wir die Verarbeitung der eingehenden Informationen selber steuern.

Das spontane Reagieren können wir auch als »Überzeugungseffekt« bezeichnen. Wir erschaffen uns über unseren Wahrnehmungsprozess unsere innere Wirklichkeit aufgrund unserer Überzeugungen. Sobald wir es uns erlauben, dass sich unser Wahrnehmungsprozess aus unserem Wachstumsmodus heraus entfalten kann, können wir erkennen, dass Friede, Freude, Glück und Liebe als neuronale Schaltkreise immer in uns vorhanden und zugänglich sind. Zur Erinnerung: Wir haben die Wahlfreiheit, und Freiheit scheint ein grundlegendes Prinzip der Natur zu sein! Möglicherweise ist dies genau unser großer kosmischer Auftrag? Wir dürfen unsere innere Freiheit im Jetzt erkennen und leben!

»Unsere Überzeugungen sind wie die Filter vor einer Kamera – sie verändern unseren Blick auf die Welt, und unsere Biologie passt sich diesem Blick an. Wenn wir wirklich anerkennen, dass unsere Überzeugungen derart mächtig sind, haben wir den Schlüssel zur Freiheit gefunden.«

▶ Bruce Lipton

Heilsein erleben

**Übung 2: Der uns innewohnenden Weisheit gewahr sein –
»Das Wunder ist einfach da«**

Ganz bequem, richtig angenehm mache ich es mir jetzt. Ich atme tief weit aus … und weiter … und weiter … und schließe die Augen.

Neugierig lenke ich meine Aufmerksamkeit auf die Atmung. Mein Atem durchströmt alle meine Zellen. Ich bin wach, und gleichzeitig gönne ich mir, den Augenblick in verspielter Gelassenheit und in Leichtigkeit zu erleben. Ich genieße mich – jetzt. Mit jeder Ausatmung lasse ich mehr und mehr los. Es ist schön, nur zu atmen und die eigene Atmung bewusst wahrzunehmen. Heiterkeit und Freude begleiten mich.

Jeder Gedanke, der gedacht werden will, und jede Emotion, die gefühlt werden will, ist eingeladen. Sie sind meine Begleiter. Jetzt erlaube ich mir, alle Begleiter wahrzunehmen. Alles ist reine Information, einfach Information – sie ist, wie sie ist. Alles ist genau richtig.

Ich atme weiter ruhig und entspannt aus – ich gönne es mir, ruhig und entspannt zu sein.

Ich erlaube mir, wahrzunehmen, wohin mich die Information führt. Alles ist reine Information, einfach Information – sie ist, wie sie ist. Alles ist genau richtig. Ich erinnere mich daran, frei zu sein. Das Feld der unendlichen Möglichkeiten steht mir zur Verfügung.

Im Feld der Möglichkeiten gönne ich es mir, die meinem Körper innewohnende Weisheit wahrzunehmen. Ja, ich bin die Weisheit meines Körpers. Ich bin auch alle meine Zellen. Ich bin auch mein Körper. In mir ist eine unermessliche Fülle. Ich bin Fülle und ich bin mir dieser Fülle bewusst – und es ist einfach schön, zu sein.

Meine Aufmerksamkeit ist leicht und locker auf meine innere Weisheit gerichtet. Ich sehe mit den Augen meiner inneren Weisheit. Ich erlebe mein Heilsein. Ich bin heil und ich lächle ganz entspannt – ganz ruhig und entspannt lächle ich.

Jetzt lenke ich meine Aufmerksamkeit auf einen besonderen Morgen – einen wundervollen Morgen … Ich liege entspannt in meinem Bett und lächle. Dieser Morgen ist anders. Ich atme entspannt aus … Ist dieser Morgen anders – oder bin ich anders? Ich nehme mich und meine Umgebung anders wahr. Ja, es ist meine Wahrnehmung, die sich verändert hat. Ich sehe, höre und spüre in mir eine Veränderung meiner Wahrnehmung. Es ist ein Wunder geschehen – ja, über Nacht ist ein Wunder geschehen. Ganz friedlich liege ich in meinem Bett und atme aus … und lasse los … und atme ein … und Freude steigt einfach auf.

Nun kann ich deutlich ein Bild erkennen. Ein Bild, das mich wissen lässt, dass für mich ein Wunder geschehen ist. Ich sehe Details in meinem Bild, und ich sehe Farben … Und falls ich gerade gar kein Bild sehen kann, macht das gar nichts. Dann stelle ich mir einfach vor, was für ein Bild ich sehen würde, wenn ich eines sehen könnte. Ich sehe – genieße – und atme …

Jetzt kann ich auf einmal ganz klar hören. Ich höre, was andere Menschen wohlwollend über mich sagen. Andere Menschen nehmen mich wohlwollend und anerkennend wahr. Es ist ein Wunder geschehen! Es ist schön, es zu hören. Ja, das sprechen die Menschen über mich, auch wenn sie gar nichts von meinem Wunder wissen.

Nun kann ich auf einmal deutlich ein Gefühl in mir wahrnehmen – ein wundervolles und angenehmes Gefühl. Es lässt mich wissen: Ja, über Nacht ist ein Wunder geschehen! Ich kenne das Gefühl und ich erinnere mich voller Freude an eine Situation, in der ich es schon einmal erlebt habe … Und ich atme. Ich spüre das Gefühl in meinem ganzen Körper – wunderbar und so angenehm. Und eine Stelle meines Körpers fühlt sich ganz besonders an, noch angenehmer. Ich spüre die Temperatur. Ich spüre, wie es sich anfühlt, wenn ich es berühre. Ich spüre die Form meines Gefühls in mir … Alles ist einfach, wunderbar und klar.

Ich stelle mir vor, ich bin über Nacht zum glücklichsten Menschen geworden. Woran werde ich es in meinem Leben erkennen?

Ich stelle mir vor, ich bin über Nacht mit tiefem innerem Frieden erfüllt. Woran werde ich es in meinem Leben erkennen?
Ich stelle mir vor, ich bin mir über Nacht meiner wirklichen Natur gewahr geworden. Woran werde ich es in meinem Leben erkennen?
Ich atme und lächle, nehme einfach wahr. Alles darf sein – ich darf sein – ich bin. Ich bin gewahr, was in mir ist, und ich lächle entspannt – ganz ruhig und entspannt lächle ich.
Ich atme und lächle über das Glück. Ich bin das Glück. Ich erlebe Freiheit. Informationen kommen und gehen. Informationen ziehen über meinen inneren Himmel wie Wolken. Ich genieße das Schauspiel. Glück – Frieden – meine wahre Natur – im Raum der unendlichen Möglichkeiten. Ich bin mir bewusst. Leere und Information – beides ist in mir. Und ich lächle über dieses Wunderwerk: Ich bin …! Ich atme und ich lächle – im Feld des Leuchtens meiner Augen.

Nun atme ich kraftvoll ein und spüre wieder, was ist: in mir, im Raum, der mich umgibt, im Universum. Und ich atme nochmals tief ein. Ich habe alle Zeit und spüre, was ist. Ich öffne die Augen, lächle und nehme mich im Jetzt wahr.

Manchmal ist nun die richtige Zeit für eine Tasse Tee oder einen Espresso, um zu genießen und um weiterhin zu lächeln.

»Es gibt Wichtigeres im Leben,
als beständig dessen Geschwindigkeit zu erhöhen.«

▶ Mahatma Gandhi

Der Überzeugungseffekt

Die schöne Metapher Bruce Liptons, dass unsere Überzeugungen beim Wahrnehmen der äußeren Realität wie die Filter vor einer Kamera wirken, greift nur insoweit etwas zu kurz, als sie das Bestehen einer vom Betrachter unabhängigen äußeren Realität, die »fotografiert wird«, voraussetzt. Gibt es aber überhaupt eine vom Betrachter oder von der Beobachtung losgelöste Realität? (Mit dieser Frage werden wir uns in den nächsten zwei Kapiteln genauer beschäftigen.)

Lassen Sie uns den Blick auf ein Phänomen richten, das als »Placebo-Effekt« bekannt ist. In einem Artikel des Nachrichtenmagazins »Focus« vom 13.12.2010 wird unter der Überschrift »Falsche Pillen – echte Heilung« die Oberärztin Ulrike Bingel des Klinikums Hamburg-Eppendorf zitiert: »Die Placebo-Reaktion ist neurobiologisch messbar.« Und Manfred Schedlowski, Leiter des Instituts für Medizinische Psychologie in Essen, ergänzt: »Placebo ist das, was sich im Kopf abspielt.« Denn mittlerweile kann unsere moderne Medizintechnik die Wirkung des sogenannten Placebo-Effekts auf Kernspintomografie-Bildern sichtbar machen. Und was man messen kann, existiert – so lautet unser gängiges Weltverständnis.

Doch was ist der Placebo-Effekt eigentlich? Weil es dazu keine klare allgemeine Antwort gibt, lohnt ein kurzer Ausflug in die Geschichte des Begriffs:

Das Wort stammt aus dem Mittelalter und wurde als ein Synonym für »Einschmeichler« – mit heutigen Worten könnte man sagen: für »gutes Marketing« – verwendet. Es geht auf den katholischen Ritus der Totenmesse zurück, die mit Psalm 116, Vers 9 – »Placebo Domino« (»Ich werde dem Herrn gefallen«) begann. Doch mit »Placebo Domino« war vom heiligen Hieronymus im vierten Jahrhundert das hebräische Bibel-Original schlichtweg falsch ins Lateinische übersetzt worden. Die richtige Übersetzung lautet – übertragen ins Deutsche: »Ich werde vor den Herrn treten.« Und dieser Übersetzungsfehler führte dazu, dass über Jahrhunderte hinweg die ersten beiden Worte der Totenmesse »Placebo Domino« hießen. Speziell für eine Totenfeier engagierte Trauergäste, die nur die Aufgabe hatten, den Toten in der Feier zu verherrlichen, wurden zu »Placebos«. Man könnte also sagen, sie machten Werbung für den Toten. So gesehen wäre in unserer heutigen Kultur alle Form von Werbung ein typisches Placebo.

> **Alle Heilbehandlungen, die Menschen gerne machten und die ihnen spürbar guttaten, waren demnach über Jahrhunderte Placebos.**

Bis ins 18. Jahrhundert wurde Placebo als eine unter mehreren möglichen medizinischen Behandlungsmethoden angesehen.

Seit dem frühen 19. Jahrhundert veränderte sich der Gebrauch des Begriffs radikal und wurde zunehmend für alle Behandlungen verwendet, die nichts bewirkten, aber den Patienten immerhin beruhigten. Ab etwa 1930 wurden Placebos über die aufkommenden klinischen Studien zur Wirksamkeit neuer Medikamente en vogue. Allerdings wurde der Begriff damit leider zum Synonym für Zuckerpillen, deren Wirkungen allenfalls »Einbildung« seien.

Dieser kurze Ausflug in die Geschichte des Begriffs zeigt, wie die nicht ganz perfekten Hebräisch-Kenntnisse eines heiligen Mannes vor mehr als eineinhalb Jahrtausenden bis heute in unserem Verständnis der Wirklichkeit eine durchaus bedeutende Rolle spielen können. Wir sehen, wie irreführend der Begriff »Placebo« in unserem heutigen Kontext ist. Deswegen schlägt Bruce Lipton vor, stattdessen besser vom »Überzeugungseffekt« zu sprechen:

»Ich selbst nenne es den Überzeugungseffekt, um zu betonen, dass unsere Überzeugungen eine Wirkung auf unser Verhalten und unseren Körper haben – seien sie nun zutreffend oder unzutreffend. Ich begrüße den Überzeugungseffekt als einen erstaunlichen Beweis für die Heilkraft des Körper-Geist-Systems. Für die Schulmedizin grenzt der ›eingebildete‹ Placebo-Effekt jedoch an Quacksalberei oder sie führen ihn auf schwache, leicht beeinflussbare Patienten zurück. In den medizinischen Fakultäten wird er rasch abgehandelt, damit man sich den ›wirksamen‹ Heilmethoden der modernen Medizin zuwenden kann – den Medikamenten und den Operationen. Ich halte das für einen kapitalen Fehler. Der Placebo-Effekt sollte in der medizinischen Ausbildung eine wesentliche Rolle spielen. Ich meine, man sollte den Ärzten beibringen, die Macht unserer inneren Ressourcen zu erkennen. Sie sollten die Kraft des Geistes nicht als etwas ansehen, das weniger wirksam ist als Chemikalien und Skalpelle. Es wäre sinnvoll, wenn sie ihre Überzeugung aufgeben, dass der Körper mit all seinen Teilen im Grunde genommen dumm ist und wir unsere Gesundheit nur mit äußerer Hilfe aufrechterhalten können.«

Der Überzeugungseffekt bedeutet also: Sobald wir einem Ritual oder einem Glauben eine »wirkliche Bedeutung« in unserem Inneren geben, erfahren wir in unserem Körper-Geist-System nachhaltige Veränderungen. Das Ritual kann eine Zuckerpille sein, eine Salbe mit oder ohne Verum (d.h. »wirkliche« Inhaltsstoffe), eine echte oder eine nur vorgetäuschte Operation oder eine im Brustton der Überzeugung von einem anerkannten Experten empfohlene Wunderpille aus der Weltraumforschung. Ob dann die Wunderpille zufällig verwechselt wird, spielt letztlich für die Wirkung keine Rolle.

Auf der anderen Seite kursiert die Kunde von einem berühmten Fall: Ein Mann wurde versehentlich über Nacht in einem Kühlwagen eingeschlossen und am nächsten Morgen tot aufgefunden. Er hatte seine letzten Stunden auf Zetteln dokumentiert und war dann an Erfrierungen gestorben. Was der Mann eben nicht wusste: Die Kühlaggregate waren außer Funktion gewesen! Er war von dem vermeintlichen Frost im Raum so felsenfest überzeugt, dass es ihn das Leben kostete.

Ein weiteres Beispiel beschreibt, wie Patienten in den USA einer »echten« – und andere Patienten einer vorgetäuschten – arthroskopischen Meniskusoperation unterzogen wurden. Die Erfolgsquoten wichen nicht signifikant voneinander ab!

In den letzten Jahren haben wissenschaftliche Studien zunehmend gezeigt, dass die sogenannten »Placebo-Effekte« teilweise haushoch den Verum-Effekten überlegen sein können.

Zu fast allen Krankheiten finden wir heute Studien, die gemäß unserem konventionellen Weltbild verblüffende Resultate haben, und sie alle sprechen für den Überzeugungseffekt.

Harald Walach, Professor an der Universität von Northampton, meint dazu:

»Wenn Menschen, die laut offizieller Diagnostik chronisch krank und nicht heilbar sind und darauf eingestellt, ihr Leben lang Präparat xyz von der Firma ABC einzunehmen, plötzlich merken, mit ein bisschen Homöopathie, einer soliden Umstellung ihrer Ernährung, einem regelmäßigen Programm zur Stressverarbeitung und Entspannung, mit Gewichtsreduktion und meinethalben einer beeindruckenden Placebotherapie sind sie frei von Symptomen und können ihre Medikamente absetzen – wenn das geschieht, dann wird eine fundamentale Wirklichkeit in Frage gestellt.«

Genau diese fundamentale Wirklichkeit können wir mit unserer eigenen Quanten-Intelligenz beeinflussen. Wir haben eine Macht in uns, deren Ausmaß wir bisher nur erahnen. Stellen Sie sich vor, was alles im Feld unserer unendlichen Möglichkeiten machbar ist, wenn wir uns durch die Macht unserer Überzeugungen sogar erfrorene Zehen – oder noch »Ernsteres« – erschaffen können. Und welch ein Segen wäre es, wenn wir diese in uns liegende Macht auf eine konstruktive, lebensförderliche Art und Weise nutzen würden!

Entscheidend sind bei dieser Veränderung der Wirklichkeiten die richtigen Fragen, denn wir bekommen – wie wir in der Quantenphysik sehen werden – immer nur Antworten auf Fragen, die wir auch stellen.

Erlauben Sie sich, neue Fragen zu stellen. Es hat sich durchaus bewährt, Stichpunkte zu notieren, solange die Fragen noch neu und ungewohnt sind: »Was kann ich tatsächlich an Phänomenen (in mir) wahrnehmen?«, »Was wünsche ich mir jetzt, um meine Augen zum Leuchten zu bringen?« Hin und wieder ist es auch höchst erstaunlich, was die Frage »Was passiert, wenn die Situation oder das Empfinden noch zehn bis hundert Mal schlimmer würde?« ans Licht bringt.

Wie schaffen wir es also, die Macht unserer Quanten-Intelligenz in uns wahrzunehmen? Und wie können wir in Verbindung mit dieser Macht unser eigenes Selbstbild neu gestalten?

Sie wissen ja: Einer Antwort auf diese Schlüsselfragen steht nichts mehr im Wege, als Lösung oder Heilung von einem als Wirklichkeit wahrgenommenen Mangel zu suchen und uns mit unserem Selbstbild als Patienten, als geduldig und passiv Leidende, abzufinden.

Wir sind mittels unserer Überzeugungen und mit unserer Wahrnehmung im Jetzt die Schöpfer unserer inneren Wirklichkeit. Unsere mentale Einstellung zu uns und zum Leben, unsere Erwartungshaltung, die Fähigkeit, aktiv die eigene Lebensweise (beispielsweise die Ernährungsgewohnheiten) zu ändern, die aktive Auseinandersetzung mit unserer Wahrnehmung – all das sind entscheidende Einflussfaktoren, die unsere unbewussten Überzeugungen widerspiegeln. Wir sind in der Lage, diesen Prozess zunehmend bewusster im Jetzt zu gestalten. Die Macht in uns möchte wahrgenommen werden, doch dies geschieht »lediglich« jenseits all unserer Storys.

> **Q!**
> Liebe »versteht« man nur, wenn man nichts sagt.

»(Die) Gefühlsmoleküle (steuern) jedes System unseres Körpers und (…) dieses (ist) in Wahrheit ein Beweis für die Intelligenz des Körpergeistes (…), eine Intelligenz, die die Weisheit besitzt, nach Wohlbefinden zu streben, und die prinzipiell in der Lage ist, uns Krankheiten auch ohne jeden Hightech-Aufwand vom Leib zu halten, auf den wir uns heute so gerne verlassen.«

▶ Candace Pert

»Was unbegreiflich ist,
ist darum nicht weniger wirklich.«

▶ Blaise Pascal

2. Am Anfang steht die Information – Quantenphysikalische Grundlagen

Willkommen in der Newton'schen Physik

Ende des 19. Jahrhunderts schienen sich alle Experten der Physik und alle Wissenschaftler einig zu sein: Die Physik stehe kurz vor dem Ende aller Erforschungen und Begründungen! Ein scheinbar mechanisch funktionierendes Universum voll glanzvoller Perfektion war angeblich entdeckt und nahezu vollständig beschrieben. Für die Natur aller Dinge konnten geeignete mathematische Gleichungen und Erklärungsmodelle gefunden werden, und auf diesem Verständnis basieren bis heute (fast) alle abgeleiteten Wissenschaftskonzepte.

»Begriffe, welche sich bei der Ordnung der Dinge als nützlich erwiesen haben, erlangen über uns leicht eine solche Autorität, dass wir ihren irdischen Ursprung vergessen und sie als unabänderliche Gegebenheiten hinnehmen.«

▶ Albert Einstein

Die als »klassische Physik« bekannte Lehre bildet bis heute eine wichtige Basis für die Arbeit der Ingenieure und wurde von dem britischen Physiker Isaac Newton im 17. und 18. Jahrhundert begründet. Newton legte die Begriffe »absoluter Raum« und »absolute Zeit« fest, um die Bewegungen von Objekten mathematisch zu beschreiben. Unseren dreidimensionalen Eindruck von uns und der Welt erachtete er als unabhängig von uns existierend. Damit definierte er unsere Wahrnehmung als die Wirklichkeit! Dementsprechend dachte man damals, kurz vor Beginn des 20. Jahrhunderts, im Reich der Wissenschaften sei alles perfekt – bis auf ein oder zwei noch nicht erklärbare Wölkchen am Horizont.

Doch ausgerechnet aus einem dieser physikalischen Wölkchen, die noch keiner Erklärung zugänglich waren, erwuchsen die Anfänge einer grundlegend neuen Weltsicht. Bedauerlicherweise sind die neuen Erkenntnisse in den aus der Physik abgeleiteten Wissenschaften – wie Biologie, Medizin und Sozialwissenschaften – bis heute nicht angekommen.

»Mir war klar, dass die Quantenphysik für die Biologie eine wichtige Rolle spielt und dass die Biologen einen schweren Irrtum begehen, indem sie die Gesetze der Quantenphysik ignorieren. Schließlich ist die Physik die Grundlage aller Naturwissenschaften, doch wir Biologen halten uns immer noch an das altmodische, wenn auch recht geordnet strukturierte Newtonsche Weltbild.«

▶ Bruce Lipton

Der Begriff »Quantenphysik« hat sich seit einem berühmten Vortrag von Max Planck über »Das Weltbild der neuen Physik« (1929) eingeprägt. Dreißig Jahre zuvor hatte Planck selbst den Begriff des »Quantums« (lateinisch: »Menge«) eingeführt, um eine mathematische Erklärung der Wärmeabstrahlung zu begründen. Jahrelang versuchte er, ohne die Annahme von Quanten auszukommen, um die »unbehaglichen« Konsequenzen für die Physik bzw. in der subatomaren Welt zu vermeiden. Er sprach davon, die Existenz von Quanten sei aus einem »Akt der Verzweiflung« entstanden, denn das Verhalten der kleinsten Teilchen stellte die bis dahin als gesichert geltenden Erkenntnisse der klassischen Physik im Bereich der festen Materie völlig auf den Kopf.

Deswegen wurde Max Planck auch anfänglich für sein Konzept der »Quanten« von allen namhaften Wissenschaftlern ignoriert, belächelt und – wie stets bei grundlegenden Entdeckungen – von manchen sogar bekämpft.

In der Konsequenz wurde die klassische Physik dadurch zum Spezialfall der Quantenphysik und gilt scheinbar immer nur dann, wenn es sich um feste Materie handelt.

Mit anderen Worten: Die Newton'sche Physik hat überall dort ihre Berechtigung, wo vereinfachte, mechanische Sonderbedingungen gelten. Damit erklärt sie wundervoll ein ansehnliches Spektrum dessen, was wir heute als »Fortschritt« und »Zivilisation« bezeichnen, wie Hochhäuser, Autos und Flugzeuge, und sie umfasst damit fast alles, was geradezu der Inbegriff unserer materiellen Wünsche ist. Überall dagegen, wo komplexere Zusammenhänge lebender Systeme im Vordergrund stehen, liefert die Quantenphysik vollkommen veränderte Sichtweisen auf die Welt und deren Wirklichkeit.

Wirklichkeit – was ist das?

Bei all den bisherigen Überlegungen stoßen wir immer wieder auf die Frage, was denn nun die Wirklichkeit ist. Gibt es überhaupt eine lokale, von uns, unserer Wahrnehmung und unserer Beobachtung unabhängige Wirklichkeit? Kann unsere übliche Vorstellung, die Welt besitze ihre Eigenschaften losgelöst von unserer Beobachtung, stimmen?

Um Antworten darauf zu finden, tauchen wir ein in die spannende Welt der modernen Physik, in der die allerkleinsten Teilchen, die uns und unser Universum ausmachen, erstaunliche Verhaltensweisen aufzeigen. Alle mathematischen Vorhersagen der Quantenphysik wurden bis ins Detail im Experiment bestätigt. Sie bietet uns damit eine außergewöhnlich präzise Naturbeschreibung und viele exakte Hinweise darauf, was die Wirklichkeit ist oder sein könnte.

Der Versuch, Wirklichkeit zu verstehen und zu beschreiben, dürfte wohl auf eine fast so lange Tradition zurückgreifen können wie die Geschichte der Menschheit. Jeder dieser Versuche kann rein erkenntnistheoretisch immer nur als Annäherung dienen: Das Verstehen und die Beschreibung einer Wirklichkeit kann nie die Wirklichkeit selbst sein, sondern entspricht im Idealfall einem möglichst exakten Bild von ihr. Doch ein Bild bleibt immer ein Bild und ist damit eine visuelle Metapher.

Und welcher Metaphern bedienen wir uns heute, um unsere Wirklichkeit zu verstehen? Vor allem in den vergangenen drei Jahrhunderten kam die Verwendung wissenschaftlicher Metaphern zunehmend in Mode, wobei diese sich grundsätzlich auf Erkenntnisse der Newton'schen Physik stützten. Gemäß dieser klassischen Physik existiert eine von uns losgelöste objektive Realität, in der alle Vorgänge kontinuierlich ablaufen und in der das Prinzip der Kausalität uneingeschränkte Gültigkeit besitzt. Auf diese Weise ist das Kausalitäts-Denken – es gibt eine Ursache und eine Wirkung – bis heute ein fester Bestandteil unseres selbstverständlichen Weltbildes.

Demgegenüber zählt es zu den größten Herausforderungen der Quantenphysik – also der Physik der allerkleinsten, elementarsten Bausteine von uns selbst sowie der Gegenstände, die wir vor uns haben –, uns klarzumachen, dass wir uns von vertrauten Alltagserfahrungen verabschieden können. Diesbezüglich vor allem von der Vorstellung, dass die Wirklichkeit, wie wir sie wahrnehmen, unabhängig von uns existiere.

»Subjekt und Objekt sind nur Eines. Man kann nicht sagen, die Schranke zwischen ihnen sei unter dem Ansturm neuester physikalischer Erfahrungen gefallen, denn diese Schranke gibt es gar nicht. (…) Wir dürfen ruhig sagen, dass die Welt aus Bewusstseinselementen besteht.«

▶ Erwin Schrödinger

»Es gibt keine Materie an sich.«

▶ Max Planck

Und Anton Zeilinger von der Universität Wien, einer der bedeutendsten zeitgenössischen Quantenphysiker, ergänzt:

»Wir alle gehen davon aus, dass die Welt mit ihren Eigenschaften ›da draußen‹ eben genau so existiert, wie sie unabhängig von uns existiert. Wir spazieren durch diese Welt, sehen dies, hören das, fühlen jenes und sammeln auf diese Weise Information über diese Welt. Im Sinn der klassischen Physik und auch in unserem Alltagsweltbild ist die Wirklichkeit zuerst, die Information über diese Wirklichkeit hingegen eben etwas Abgeleitetes, etwas Sekundäres. Aber vielleicht ist es auch umgekehrt. Alles, was wir haben, ist die Information, sind unsere Sinneseindrücke, sind Antworten auf Fragen, die wir stellen. Die Wirklichkeit kommt danach. Sie ist daraus abgeleitet, abhängig von der Information, die wir erhalten. Wir können unsere Grundidee also noch radikaler formulieren, da es offenbar keinen Unterschied zwischen Wirklichkeit und Information geben kann: ›Information ist der Urstoff des Universums.‹«

> Eine festgelegte Wirklichkeit gibt es nicht, denn jede Wirklichkeit beruht auf Information sowie der Art und Weise, wie diese verarbeitet wird.

Quanten – die vermutlich kleinsten Informanten der Welt

Der Begriff »Quantum« (bzw. im Plural: »Quanten«) wird in unserer alltäglichen Umgangssprache für die Beschreibung von etwas vermeintlich sehr Großem verwendet: So sprechen heute beispielsweise Politiker oder Wirtschaftsweise gerne davon, Quantensprünge erreicht zu haben, und wollen uns damit vermitteln, es handle sich um etwas höchst Bedeutsames. Berater bewerben ihre Dienstleistung ebenfalls, indem sie ihren Klienten Quantensprünge versprechen.

In Wahrheit ist ein Quantum dagegen ein fundamentaler Bestandteil von allem – unter anderem von allem, was wir »Materie« nennen –, der zu klein ist, um wirklich messbar zu sein. Ein Quantensprung ist also eine denkbar winzige Veränderung, die spontan abläuft und nicht beeinflusst werden kann.

Dennoch besteht unser ganzes Universum und damit auch jedes Lebewesen und wir selbst auf der elementarsten Ebene aus genau diesen Quanten, und somit funktionieren wir auf dieser Ebene auch nach den Gesetzmäßigkeiten der Quanten. Keines dieser grundsätzlichen Bestandteile weist selbst irgendeine Form von Intelligenz auf, und doch folgen sie einer Intelligenz oder einem Intelligenzfeld, das in einer ganz anderen Form mit Komplexität und Wirklichkeit umgehen kann als die uns wohlbekannte kognitive Intelligenz. Auf der Ebene der Quanten ist alles Information, und diese folgt ihren eigenen intelligenten Gesetzmäßigkeiten, jenseits von Ursache und Wirkung. Dabei tragen die Quanten keineswegs selbst eine Information, sondern sie nehmen Information auf.

»Wenn Information nicht an die Grenzen von Raum und Zeit, Materie und Energie gebunden ist, dann gehört sie offenbar einer ganz anderen Sphäre als dem konkreten, greifbaren Bereich, der für uns die ›Wirklichkeit‹ ist. Da Information in Gestalt der biochemischen Stoffe des Gefühls alle Systeme des Körpers kontrolliert, müssen unsere Gefühle also auch aus der Sphäre jenseits des physikalischen Bereichs kommen. So scheint sich die Informationstheorie mit der östlichen Philosophie zu verbinden und den Schluss nahezulegen, dass der Geist, das Bewusstsein, das aus Information gemacht ist, vor dem physikalischen Bereich existiert, dass Letzterer sekundär und nur ein äußerer Ausdruck unseres Bewusstseins ist. Obwohl damit eine Position umrissen ist, die mein wissenschaftlicher Verstand als äußerst radikal empfindet, beginne ich doch zu verstehen, dass sich eine solche Auffassung ohne Schwierigkeit mit meiner wissenschaftlichen Tätigkeit vereinbaren lässt.«

▶ Candace Pert

Insbesondere durch diese Erkenntnisse fand seit den 1980er-Jahren innerhalb der Quantenphysik eine weitere bahnbrechende Veränderung statt: Die Energie-Metapher wurde zur Informations-Metapher. Für unser Verständnis physischer und psychischer Prozesse ergibt dies einen ganz entscheidenden Unterschied, denn die Dynamik offener, fließender Systeme kann mit der Informations-Metapher ganz anders beschrieben werden als mit der alten Energie-Metapher, die den Fokus auf Kraft, Kontrolle und Zielerreichung setzt.

Allein in unserem Körper verarbeiten wir in jedem Moment und unabhängig davon, ob wir meditieren, wachen, schlafen oder träumen, eine unermesslich große Menge an Information in atemberaubender Geschwindigkeit. Sowohl hinsichtlich der Menge als auch der Geschwindigkeit sind wir mit unserer Informationsverarbeitung dem Internet mit all seinen Servern weit überlegen. Die Quantenphysik liefert uns mit der Metapher der Information als Erklärungsmodell der Wirklichkeit einen völlig veränderten Rahmen für das Verständnis unserer selbst und der Welt. Information ist nicht an die engen Grenzen von Materie und Energie gebunden, weil sie jenseits von Raum und Zeit ist. Und alle Information ist quantisiert: Eins oder Null, Ja oder Nein. Später werden wir sehen, welchen Unterschied es ausmacht, wenn wir uns von der Enge, die uns Materie und Energie vorgeben, verabschieden und unsere Achtsamkeit und Wahrnehmung präzise und ausschließlich der Information des Augenblicks widmen.

> **An die Stelle des Denkens in Kausalitäten tritt ein Denken in Möglichkeiten.**

»Kein Phänomen ist ein Phänomen,
außer es ist ein beobachtetes Phänomen.«

▶ Niels Bohr

Eine entscheidende Erkenntnis der Quantenphysik: Ohne Beobachtung gibt es keine Phänomene.

Wir haben uns daran gewöhnt, die Welt in klassische Objekte und Quantenobjekte aufzuteilen, und wir sind fest davon überzeugt, dass die Makroebene anderen Gesetzmäßigkeiten als die Mikroebene gehorcht. Den vermeintlichen Paradoxien der Quantenphysik kann man so ganz geschickt aus dem Weg gehen und sich mit den mechanischen Erklärungen materieller Objekte begnügen. Jedoch sind unsere physischen und psychischen Vorgänge keine Dinge, sondern eben fließende Prozesse. Gleichwohl beruht unser grundlegendes Verständnis von Krankheiten, Problemen, Lösungen, Gedanken und Emotionen noch ganz auf dem klassischen Newton'schen Weltbild eines lokalen, vom Beobachter losgelösten Realismus. Auf dieser alten Metapher unserer Wirklichkeit als reine Materialität gründen nach wie vor unsere Medizin und unsere Sozialwissenschaften. Erst durch Hinzufügen der neuen Metaphern kann sich das konkrete Tun auch auf der Ausführungsebene verändern.

»Zusammenfassend kann man sagen:
Das Universum scheint ohne einen Beobachter
nicht zu existieren.«

▶ Fred Alan Wolf

Die Revolution der Erklärungsmodelle

Um die neuen Erklärungsmodelle der Wirklichkeit und die daraus folgende Arbeitsweise mit der Wirklichkeit besser verstehen zu können, wollen wir fünf wesentliche Prinzipien der Quantenphysik näher betrachten.

1. Jenseits von Ursache und Wirkung

In der Newton'schen Physik, in der es um das Verhalten von fester Materie geht, gilt es als unumstößliche Gesetzmäßigkeit, dass sich bei Wiederholung eines Versuchs unter gleichen Bedingungen stets das gleiche Ergebnis zeigt. Dabei sprechen wir von Kausalität. Das kausale Geschehen ist in unserer Wahrnehmung völlig unabhängig vom Vorgang der Beobachtung oder Messung. Daher erleben wir auch im Alltag unsere Welt genau so, wie wenn bei mechanischen Systemen etwas kaputtgeht: Wir suchen die Ursache und tauschen das defekte Teil aus. Doch lebende Wesen sind keine mechanischen Systeme.

Nehmen wir als Beispiel eine nicht funktionierende Uhr: Wir suchen die Ursache und stoßen auf ein schadhaftes Zahnrädchen. Indem wir es austauschen, ist die Ursache geklärt und das Problem behoben. Auf der Ebene der Materie geht es also schematisch ganz genau darum: Problem erkennen – Situation analysieren – Diagnose stellen – Störung »behandeln«. Und dort funktioniert dies auch fantastisch. Sobald wir allerdings die Ebene der greifbaren Objekte verlassen und uns auf die Quanten-Ebene unserer Informationsmoleküle – der Gedanken, Emotionen und unbewussten Überzeugungen – begeben, zeigen uns quantenphysikalische Experimente, dass es mehr als nur *ein* mögliches Ergebnis gibt. Welches Resultat konkret eintritt, hat keine Ursache und ist nicht vorhersagbar. Kausalität, also Ursache und Wirkung, sind auf der Quanten-Ebene nicht vorhanden.

Q!

> Zufall ist die Freiheit der Natur, in keiner Weise festgelegt zu sein, bis ein Ereignis eintritt.

Damit erhält der Begriff des »Zufalls« in der modernen Ausprägung der Quantenphysik als Informationswissenschaft eine ganz neue Bedeutung: Zufall ist die Freiheit der Natur, in keiner Weise festgelegt zu sein, bis ein einzelnes Ereignis eintritt.

Das Feld der Möglichkeiten ist immer offen, sofern wir die Freiheit der Natur nicht von vornherein einengen.

»Albert Einstein war offenbar zeit seines Lebens unglücklich über die neue Rolle des Zufalls in der Quantenphysik. Er drückte dies dadurch aus, indem er betonte: ›Gott würfelt nicht!‹ Niels Bohr gab ihm damals zur Antwort, er möge doch endlich aufhören, dem Herrgott Vorschriften zu machen. Aus unserer neuen Sicht der Quantenphysik als einer Wissenschaft der Information – als einer Wissenschaft dessen, was grundsätzlich gewusst werden kann – folgt dagegen eine sehr natürliche Erklärung des Zufalls. Und es folgt ferner daraus, dass dieser Zufall notwendig und unvermeidbar ist und nicht, wie Einstein hoffte, vermieden werden kann.«

▶ Anton Zeilinger

Demgegenüber ist das sogenannte »Gesetz der Resonanz«, das in den letzten dreißig Jahren zunehmend in Mode gekommen ist, nichts anderes, als die Freiheit der Natur auf eine subtile Weise durch Kraft und Kontrolle einengen zu wollen. Genauso die neue Sitte, »für etwas« zu meditieren – selbst wenn es havarierte Ölplattformen oder Kernkraftwerke sind.

In Verbindung mit unserer Quanten-Intelligenz können wir unser Leben in der Freiheit leben, die Autonomie der Natur nicht einzuengen. In dem Wissen, »es ist, wie es ist«, bietet das ständige Jetzt nicht mehr und nicht weniger als eine Einladung, den Augenblick in unserem Wachstumsmodus zu verbringen.

Dies anerkennend können wir sehr wohl meditieren – doch im Mittelpunkt wird Absichtslosigkeit stehen. Gleichzeitig werden wir dennoch mit hoher Wahrscheinlichkeit feststellen, dass die äußeren Angebote der Natur zunehmend gemäß unserem inneren Wachstumsmodus ausfallen werden!

> Aus unserem Wachstumsmodus heraus können wir uns Moment für Moment überraschen lassen, was die Freiheit der Natur uns bietet.

2. Superposition und Kohärenz

Jedes Quantensystem kann in der gleichzeitigen Überlagerung verschiedener Zustände existieren. Diese Möglichkeit, dass gleichzeitig »Eins *und* Null« bestehen können, wird als »Superposition« bezeichnet. Das heißt, jedes Quantenteilchen ist vor einer Messung »Eins *und* Null« und wird erst im Moment der Messung zu »Eins *oder* Null«. Nur durch den Vorgang der Beobachtung wird aus der Superposition eine »Realität« ausgewählt.

Wenn wir uns vorstellen, im subatomaren Bereich unserer Gedanken, Gefühle und unbewussten Überzeugungen besteht ebenfalls ein Superpositionsprinzip, dann wird im Moment unserer Wahrnehmung im Jetzt aus der Superposition der Überlagerung verschiedener Zustände *eine(!)* innere Wirklichkeit ausgewählt. Oder anders ausgedrückt: Wir erschaffen aus der Superposition heraus *eine* – bzw. konkreter: *unsere* – innere Wirklichkeit. Der amerikanische Physiker David Bohm sprach in diesem Zusammenhang schon vor mehr als 50 Jahren von einem allem innewohnenden »Quantenpotenzial«.

Superpositionen hängen außerdem mit dem Schwingungsverhalten der Teilchen zusammen. Quantenphysikalische Wellen, die regelmäßig schwingen und in einer fes-

> Eins und Null existieren gleichzeitig. Durch die Beobachtung kann jedoch nur Eins ODER Null zur beobachteten Wirklichkeit werden. Außerdem wird mit der Messung bzw. Beobachtung die gleichzeitige Überlagerung, die Superposition, »vergessen«.

ten Beziehung zueinander stehen, verstärken sich entweder gegenseitig oder löschen sich aus. In der Fachsprache der Quantenphysik wird dann von »destruktiver Interferenz« (gegenseitige Aufhebung der Wellen) oder »konstruktiver Interferenz« (Verstärkung) gesprochen. Sofern die Wellen in einer festen Weise miteinander schwingen, entstehen kohärente Wellen oder vollständige Kohärenz. Im Fall der gegenseitigen Aufhebung entsteht dagegen Dekohärenz.

Für die Superposition von Quantenteilchen ist es ausschlaggebend, dass die Teilchen in einer kohärenten Beziehung miteinander stehen. Die Kohärenz und damit die Superposition der Teilchen, in der alle Möglichkeiten offen sind, geht in dem Moment verloren, in dem Informationen über das System in die Umgebung gelangen. Das ist beispielsweise der Fall, wenn ein Beobachter hinzukommt.

Nun können wir fragen, in welcher kohärenten bzw. dekohärenten Schwingung sich unsere 50 Billionen Zellen – und deren Bestandteile, wie Atome und subatomare Teilchen – zueinander befinden. Wir kommen zurück zum Grundmodus unserer Zellen: Eins oder Null, Wachstum oder Schutz. In dem Moment, in dem wir uns für unseren Wachstumsmodus entscheiden, erschaffen wir im Moment des Jetzt eine solche Kohärenz. Im Schutzmodus entsteht Dekohärenz im elektromagnetischen Bereich unserer Zellen. In der alltäglichen Praxis der Quanten-Intelligenz erkennen wir, wie wichtig es ist, uns immer wieder an das Superpositionsprinzip zu erinnern.

In unseren alltäglichen Wahrnehmungsprozessen haben wir es bis jetzt weder gelernt noch sind wir es gewohnt, achtsam zu sein.

> **Im Paradigma der Quanten-Intelligenz gilt es, die eigene Achtsamkeit auf das reine Informationsfeld zu lenken, und damit geht es um die Wahrnehmung der stets vorhandenen Superposition.**

3. Messung der »Realitäten«

In der Newton'schen Physik kann alles, was wir als feste Materie wahrnehmen, exakt gemessen werden, unabhängig davon, von wem, wie und wo die Messung durchgeführt wird. Auf dieser grundlegenden Erfahrung mit der Welt fester Materie baut sich unsere Wahrnehmung der äußeren Realitäten auf: Alles existiert völlig unabhängig vom Beobachter und der Messung.

Unsere kleinsten Teilchen hingegen zeigen uns ganz andere Gesetzmäßigkeiten auf: Wie wir gerade beim Superpositionsprinzip gesehen haben, hat zunächst jeder Gegenstand scheinbar unendliche Möglichkeiten. Auf ein Ergebnis festgelegt ist er erst infolge einer Messung oder Beobachtung. Und vom Beobachter unabhängige Realitäten gibt es nur so lange, wie sie nicht beobachtet werden. Diese typischen Quantencharakteristika führen selbst Wissenschaftler an die Grenzen des »Wissens«.

Aufgrund unserer Erfahrungen mit fester Materie, wo es ja scheinbar genau so funktioniert, sind wir von der »Objektivität« unseres Vorgehens als allgemeines Lebensgesetz überzeugt.

Doch quantenphysikalische Erkenntnisse zeigen uns deutlich, dass dies ein Irrtum ist. Bei Elementarteilchen gibt es nicht einmal Bewegung unabhängig vom Beobachter! Der Eindruck der Bewegtheit setzt einen Ortswechsel, ein vergleichendes Gedächtnis sowie die Orte, zu denen der Beobachter die beobachteten Objekte in Beziehung setzt, voraus. Ohne ein Bezugssystem, das den Dingen Eigenschaften wie Richtung und Geschwindigkeit verleiht, kann es die Eigenschaften nicht geben.

> Sobald wir beginnen, Phänomene zu benennen, sind sie nicht mehr das, was sie sind, sondern das, was wir aus ihnen machen.

»Die Bahn eines Teilchens entsteht erst dadurch, dass wir es beobachten.«

▶ Werner Heisenberg

Sobald wir den Informationen unsere absichtslose Aufmerksamkeit schenken, ohne jegliches Interesse daran, sie mit unserem Verstand zu benennen, können wir eine andere, jedoch ständig in uns existierende Ebene wahrnehmen. Das mag passiv klingen, ist aber ein höchst aktiver Zustand, geprägt von einer rezeptiv wahrnehmenden Energie. Aktiv und zugleich rezeptiv wahrnehmend, anstelle von aktiv und gestaltend. Es geht um das »Nichts« jenseits der Materie: Information, die noch keine Gestalt angenommen hat.

>>»Das Nichts lässt sich nicht
>>zu einem Objekt unseres Wissens machen.«

> ▶ Eckart Tolle

4. Quantenverschränkung und Nicht-Lokalität

Den Begriff der »Verschränkung« bzw. »Quantenverschränkung« (englisch: »Quantum Entrainment«) erfand Erwin Schrödinger im Jahr 1935, um ein kurz zuvor entdecktes Phänomen zu beschreiben: Zwei Quantenobjekte, zum Beispiel zwei Photonen, können über Hunderte von Kilometern »verschränkt« – oder anders ausgedrückt: trotz räumlicher Trennung im »Einssein« verbunden – sein. Sobald bei einem von zwei verschränkten Quantenobjekten der Ladungszustand gemessen wird, legt dies im Jetzt der Messung auch den Ladungszustand des anderen Quantenobjekts fest; wird die Polarisation eines Photons gemessen, kann diese Messung augenblicklich die Polarisation des anderen Photons bestimmen. Diesbezüglich spricht man auch von instantaner, also sofortiger Fernwirkung zwischen verschränkten Teilchen.

»Beobachtung eines der beiden Teilchen beeinflusst sofort, das heißt mit beliebig großer Geschwindigkeit, den Zustand des anderen. Albert

Einstein mochte dies nicht und bezeichnete es als ›spukhafte Fernwirkung‹. Er hoffte, dass die Physiker einen Weg finden könnten, der diesen Spuk wieder aus der Welt schafft. Erwin Schrödinger dagegen akzeptierte diese Verschränkung als etwas ganz Wesentliches. Er meint, dass sie uns zwingt, von allen unseren lieb gewordenen Vorstellungen, wie die Welt beschaffen ist, Abschied zu nehmen.«

▶ Anton Zeilinger

Das Phänomen der Fernwirkung machen wir uns im *Institut für Quanten!ntelligenz*® zunutze, denn es ermöglicht uns beispielsweise, mit Menschen zu arbeiten, die nicht anwesend sein können. Außerdem ist die Fernwirkung für die Arbeit mit Tieren, Firmen und Systemen hilfreich, und sie erlaubt es uns, die Hinweise auf unsere Beziehung zu verschiedensten Energien zu erfassen.

Wer hier zu Recht an Aufstellungsarbeit oder bekannte therapeutische Ansätze – wie Quanten-Heilung – denkt, dem sei der Unterschied hinsichtlich der Einstellung und Herangehensweise erklärt:

Q! bedeutet: Im Hier und Jetzt die Information zu erkennen (anhand der individuellen schwächenden Überzeugungen bzw. mithilfe des Muskeltests) und ohne das »Drumherum« der (Lebens-)Geschichte direkt in das Feld der leuchtenden Augen, das heißt der kraftvollen Befähigungen, zu gelangen – leicht, schnell und präzise!

Q! bedeutet: Loslassen der konventionellen Vorstellungen von Ursache und Wirkung, Problem und Lösung oder Krankheit und Heilung. Denn erst durch diese Verknüpfungen wird im alten Denken immer wieder aufs Neue die implizierte Grundannahme eines Mangels als objektive Wirklichkeit erschaffen.

> **Lösung ist nicht denkbar, ohne damit ein Problem zu kreieren, und Heilung ist nicht vorstellbar, ohne dadurch gleichzeitig Krankheit zu erschaffen.**

5. Der Tunneleffekt

In der Newton'schen Physik kann ein Gegenstand (wie eine Kugel oder ein Ball) einen »Potenzialwall«, also ein Hindernis (etwa einen Berg), nur überwinden, wenn die Gesamtenergie des Gegenstands größer ist als die potenzielle Energie des Hindernisses.

Auf der quantenphysikalischen Ebene kommt es dagegen nicht auf die Gesamtenergie eines Teilchens an, da Teilchen das Hindernis »durchtunneln« können.

Existiert dann überhaupt ein Hindernis? Existiert Widerstand? In der folgenden Abbildung ist ein Teilchen dargestellt, das sich zu Anfang in Zustand 1 befindet. Um zu Zustand 2 zu gelangen, müsste es gemäß den Prinzipien der klassischen Physik erst über den Berg steigen; dafür würde es einen hohen Energieaufwand (5 Energieeinheiten) und Zeit benötigen.

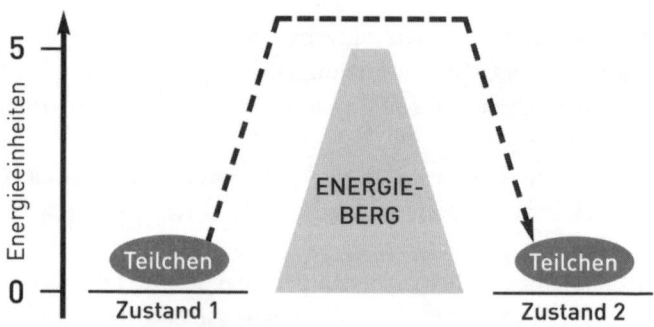

Klassischer Weg:
Das Teilchen kommt über den Energieberg,
falls es die Arbeit von 5 Energieeinheiten aufbringt.

▶ Klassisches Weltbild für Veränderungen
(Newton'sche Physik)

Dieser Weg entspricht im übertragenen Sinn der Überzeugung, auf die viele Menschen noch fixiert sind: Es sei viel Zeit und Energie (Anstrengung!) erforderlich, um einen Zustand zu verändern bzw. ein Ziel zu erreichen. Damit verbunden ist auch die Vorstellung, immer wieder neue Anläufe zu benötigen oder sogar zurückzufallen, wenn nicht hart und konsequent genug auf das Ziel hingearbeitet wird (Sisyphos-Effekt).

Gemäß den Erkenntnissen der Quantenphysik besteht jedoch bei einem Teilchen immer die gewisse Wahrscheinlichkeit, dass es spontan im Zustand 2 erscheint, als habe es den Berg »durchtunnelt« – ohne Energie- und Zeitaufwand (siehe die folgende Abbildung)!

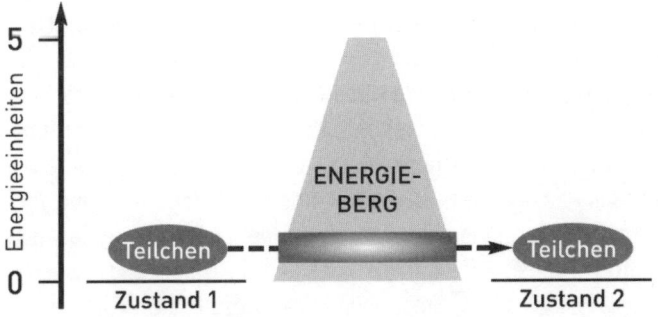

Quantenphysik:
Das Teilchen erscheint spontan ohne Energieaufwand auf der anderen Seite des Energiebergs: Es hat den Berg scheinbar »durchtunnelt«.

▶ Quantenphysikalisches Weltbild für Veränderungen

Während einer *Q!* Verbindung findet dergleichen auch im quantenphysikalischen Prozess unseres Zellsystems statt. Mit dem richtigen Impuls erleben wir die andere Wirklichkeit ganz einfach und leicht – selbst wenn es sich um ein Thema handelt, von dem wir früher dachten, die gewünschte Veränderung benötige viel Arbeit. So wie es sich mir darstellt, ist lediglich ein »Wahrnehmungsvermögen« für das Feld der Möglichkeiten erforderlich.

Mit dem Tunneleffekt lässt sich anschaulich verdeutlichen, wie unsere gängigen psychologischen Konzepte, in denen beispielsweise »Widerstand« für etwas von der Beobachtung Unabhängiges gehalten wird, auf der Newton'schen Physik aufbauen – obwohl diese im Hinblick auf unsere Gedanken und Emotionen unzutreffend ist.

■ Das Missverständnis vom »Widerstand« ■

Im Credo mancher heute sehr populären Lehren ist nur zu gerne unser innerer Widerstand der Schuldige, sobald etwas nicht so funktioniert, wie es sollte.

Doch existieren Widerstände überhaupt? Oder existieren sie nur ganz selbstverständlich, weil das Konzept »Widerstand« für uns eine gewohnte Wirklichkeit ist, an die wir glauben? Könnte es nicht sein, dass jenseits unseres Glaubens und der Bewertung von wahrnehmbaren inneren Phänomenen (beispielsweise Gedanken, Gefühlen oder Körperempfindungen) gar kein Widerstand existiert? Unsere Gedanken und Emotionen folgen Gesetzmäßigkeiten einer mittels der Quantenphysik beobachteten Wirklichkeit und nicht den Gesetzen, denen große Körper in der Newton'schen Physik gehorchen. In der Quantenphysik erklärt der sogenannte »Tunneleffekt«, dass alle Teilchen ein Hindernis passieren können, als wäre es ein Tunnel.

Womöglich ist Widerstand das Konzept eines Beobachters, der noch keinen Zugang gefunden hat.

Sobald wir alles als reine Information sehen, können wir in allem wichtige Hinweise erkennen, und jede Information kann uns darauf hinweisen, mit dem Feld des Leuchtens unserer Augen im Jetzt in Verbindung zu treten.

Spüren Sie bitte einmal den beiden unterschiedlichen Möglichkeiten nach, was sie in Ihnen auslösen:

- »Du bist im Widerstand. So können wir nicht weiterarbeiten!«
- »Wir haben scheinbar gerade nicht den Zugang zur jetzt relevanten Information. Hast du Lust, dich mit mir auf die Entdeckungsreise zu dieser Information zu machen?«

Beide Varianten spiegeln lediglich das unterschiedliche Konzept des Begleiters von »der Wirklichkeit« wider. Und dieses Konzept erschafft seinerseits die Wirklichkeit – ganz mühelos.

Zusammenfassung der Erklärungsmodelle

Auf diese fünf grundlegenden Prinzipien kommen wir im Praxisteil bei der konkreten Anwendung der *Q!* Verbindungen zurück:

1. Freiheit im Feld der Möglichkeiten, jenseits von Ursache und Wirkung: Die Natur ist nicht festgelegt!

2. Superposition und Kohärenz: Mit der Wahrnehmung einer inneren Einschränkung existiert bereits gleichzeitig eine entsprechende innere Befähigung.

3. Durch Beobachtung, Benennung und kognitive Schubladierung erschaffen wir eine innere Wirklichkeit.

4. Fernwirkung: Information ist infolge von Quantenverschränkung nicht an Raum und Zeit gebunden.

5. Tunneleffekt: Wir sind jederzeit in der Lage, die »andere Wirklichkeit« instantan, also im selben Moment, wahrzunehmen. (Vermeintlicher) Widerstand ist das Konstrukt des Beobachters, der noch keinen Zugang gefunden hat.

Der Schlüssel zur konkreten Anwendung liegt darin, uns von der alten Energie-Metapher zu verabschieden und unsere Aufmerksamkeit ausschließlich auf die Information im Jetzt zu richten. Viele Phänomene, die in der frühen Quantenphysik mit ihrem klassischen Augenmerk auf Energie noch als »verrückt« angesehen wurden, erklären sich durch den heutigen Fokus auf die Informations-Metapher. Daniel M. Greenberger von der City University of New York meint dazu lapidar: »Einstein sagte, die Welt kann nicht so verrückt sein. Heute wissen wir, die Welt ist so verrückt.« Die moderne Quantenphysik zeigt uns mit ihren revolutionären Erklärungsmodellen, dass die Welt, wie wir sie wahrnehmen, nur eine von verschiedenen Möglichkeiten ist. Höchstwahrscheinlich existiert eine Welt jenseits unserer Wahrnehmungen, nur können wir nichts über ihre Beschaffenheit sagen.

> **Im Anfang steht die Information, und im ständigen Jetzt sind wir im Prozess unserer Wahrnehmung ein aktiver Teil des permanenten Schöpfungsprozesses.**

»In der Tat zählt es zu den größten Herausforderungen der Quantenphysik, uns von den vertrauten Gewohnheiten unserer Alltagserfahrung zu verabschieden.«

▶ Anton Zeilinger

3. Die Genialität der Wahrnehmung – Grundlagen unseres Wissens

Virtuelle Wirklichkeit

Wie wir gerade gesehen haben, steht Information am Anfang des ständigen Schöpfungsprozesses. Doch was bedeutet das – über die Quantenphysik hinaus – für unser Verständnis von Wahrnehmung, Wirklichkeit, Wissen und Erkenntnis? Wenn uns ein Gedanke kommt, dass wir irgendetwas tun, nicht tun oder verändern sollten – was lässt uns dann wissen, dass er »wahr« ist?

Mit der Frage gelangen wir zu dem Punkt, wie unser Wissen von einer »Wirklichkeit« entsteht. Wir haben bereits gesehen: Jede feste Materie – und damit auch jede unserer Zellen – besteht im Innersten aus Information, sonst nichts. Information bedeutet auf der Ebene der Bits, also der kleinsten Einheit, mit der nur zwei Zustände übertragen werden: Binär, Eins oder Null. Ja oder Nein. Wachstum oder Schutz. Diese kleinsten Dateneinheiten werden zu Information, sobald ein Beobachter sie in der Aufmerksamkeit des Augenblicks zu »verstehen« imstande ist. Die scheinbare Wirklichkeit, mit der wir uns geistig umgeben, ist zumindest auch unsere eigene Schöpfung. Ob und was diese scheinbare Wirklichkeit jenseits der von uns als Beobachter vorgenommenen Interpretation sein mag, bleibt unserem Erkennen und Wissen verborgen.

Und doch scheint das Fundament des heute gängigen Verständnisses unserer Welt der unerschütterliche Glaube zu sein, unsere Sinneswahrnehmungen seien der direkte Weg, die Unwiderlegbarkeit zu erfahren. Wir setzen in unserer Vorstellung der Welt die Existenz einer von uns und unseren Sinnen unabhängig bestehenden Wirklichkeit voraus.

Wie wir im Weiteren sehen werden, sind es nicht nur die quantenphysikalischen Erkenntnisse, die dieses Weltbild inzwischen geradewegs in die Geschichtsbücher eingehen und quasi ad acta legen lassen sollten. Stattdessen verfestigen all die unglaublichen Mess- und Analysemethoden unserer heutigen Kultur permanent die alten Überzeugungen: Hier sehen wir ja schwarz auf weiß, was gemessen wird, und halten diese Resultate für die »objektive Wahrheit«.

Nur: Auf welcher Grundprämisse beruhen sämtliche noch so ausgefeilten wissenschaftlichen oder unwissenschaftlichen Mess- und Analysemethoden? Auf der Annahme, dass eine von uns losgelöste objektive Wirklichkeit besteht, die wir mit unseren Sinnen und den auf unseren Sinnen aufbauenden Messmethoden wahrnehmen können. Die Begriffe »Wirklichkeit« und »Objektivität« scheinen dabei seit Jahrhunderten in Stein gemeißelte Gesetze zu sein.

Nichtsdestoweniger können wir sowohl aus philosophischen als mittlerweile auch aus naturwissenschaftlichen Erkenntnissen ein Verständnis dafür bekommen, dass wir einfach nicht wissen können, ob die Konzepte von Wirklichkeit und Objektivität ohne unsere Bewertungen überhaupt bestehen. In den letzten Jahrzehnten hat sich neben den Forschungsarbeiten der Quantenphysik insbesondere in den Kognitions- und Neurowissenschaften ergeben, dass alles, was wir wahrnehmen, auf unseren eigenen Konstruktionen einer vermeintlichen Wirklichkeit beruht. Unser Wahrnehmungsprozess ist die Benutzerschnittstelle zwischen den Informationen, die wir als außerhalb von uns auffassen, sowie den Informationen, die wir als innerhalb von uns erleben. Um eine Metapher aus der Computertechnologie zu verwenden: Über unser »User-Interface« (Benutzerschnittstelle) erschaffen wir aus der schier unendlichen Information, die uns umgibt, unsere eigene virtuelle Wirklichkeit.

> **Was wir wahrnehmen, ist nicht eine Wirklichkeit, sondern eine virtuelle Simulation, die wir für die Wirklichkeit halten. Allein unsere Bewertung macht sie zu einem Problem.**

Unsere inneren Wahrnehmungsprozessoren arbeiten allerdings so schnell und überzeugend, dass wir gar nicht auf die Idee kommen, selbst die Schöpfer der von uns als wahr erlebten Wirklichkeit zu sein. Jegliche Überzeugungen, die Welt um uns herum bestehe objektiv und unabhängig von unseren Bewertungen, sind das direkte Ergebnis der außerordentlichen Brillanz und Effizienz, mit der wir diesen Erschaffungsprozess gestalten.

Einer der führenden Forscher auf diesem Gebiet ist Donald D. Hoffman, Professor für Kognitionswissenschaft, Philosophie und Computerwissenschaften an der University of California in Irvine. Leicht verständlich bringt er die Erkenntnisse auf den Punkt, indem er schlichtweg jeden Menschen – zumindest im Bereich seiner Verarbeitung von Wahrnehmung – für ein Genie hält:

»Sie sind ein kreatives Genie. Ihr kreativer Genius ist so vollkommen, dass er Ihnen und anderen geradezu mühelos erscheint. Die Spitzenleistungen der heutigen Supercomputer werden von ihm sogar noch übertroffen. Um es wahrzunehmen, brauchen Sie nur Ihre Augen zu öffnen. Dies könnte wie das Mantra einer neuen Therapie oder wie ein Spruch eines Glückskeks klingen. Stattdessen ist es die begründete Schlussfolgerung von Forschern aus dem Gebiet naturwissenschaftlicher Erkenntnis. Während Sie etwas sehen, läuft nicht ein geistloser Prozess in Ihnen ab, wie es sich die Behavioristen während des 20. Jahrhunderts überwiegend dachten, sondern ein ausgeklügelter Prozess des Konstruierens von Wirklichkeit, deren Feinheiten wir überhaupt gerade zu verstehen beginnen.«

Das Leiden in unserer Kultur besteht in der konsequenten Verwechslung unserer Bewertungen und unserer momentanen Wahrnehmung. Präzise können wir nur Phänomene wahrnehmen; dank der Genialität unseres Gehirns bewerten wir die Phänomene aber instantan und halten dann diese Bewertungen für die Wirklichkeit.

Die schöne heile Welt

Im Alltag machen wir viele Erfahrungen, die uns diese Erkenntnisse leicht nachvollziehen lassen: Beispielsweise nehmen wir mit unseren Sinnen die Erde, von ein paar Hügeln und Gebirgen abgesehen, als flach wahr. Tatsächlich aber wissen wir, dass unsere Sinneswahrnehmung nicht mit der Wirklichkeit übereinstimmt, denn je nach der Perspektive eines außerirdischen Beobachters steht ein Teil der Erdbevölkerung ständig mit dem Kopf nach unten auf der Erde. Wir könnten vermutlich endlos diskutieren, ob wir mit dem Kopf nach oben oder nach unten auf der Erde stehen. Es gibt weder ein Richtig noch ein Falsch, denn sofern mehrere Beobachter von unterschiedlichsten Planeten uns sehen, ist sowohl die eine wie die andere Wahrheit zutreffend.

> **Ist unser Konzept, dass es eine Wahrheit gibt, schlichtweg hinfällig?**

Bewegen wir uns ständig in einem Feld unbegrenzter Möglichkeiten, jenseits unserer sensorischen Eindrücke und weitab der auf unserer Wahrnehmung beruhenden Konzepte von Richtig und Falsch? Beschäftigen Sie sich ein wenig mit dieser Frage und lassen Sie uns gemeinsam einen kleinen Abstecher in unsere heutige heile Welt unternehmen: die heile Welt, in der es für alle Probleme, Störungen und Krankheiten eindeutige Wahrheiten, unumstößliche Diagnosen und ganz selbstverständliche Wirklichkeiten gibt, hinsichtlich derer wir uns nur an die unterschiedlichsten Experten wenden müssen, um Lösung, Transformation oder Heilung zu erfahren. Kurzum: Heute existieren genügend Variationen über die archaischen Themen Errettung, Befreiung und Erlösung.

> »Man sollte niemals zu einem Arzt gehen,
> ohne zu wissen, was dessen Lieblingsdiagnose ist.«
>
> ▶ Henry Fielding

146

Neben dem gerade erwähnten berühmten Beispiel, unsere runde Erde als flach wahrzunehmen, kennen wir unzählige weitere Beispiele. So genießen wir Sonnenauf- und Sonnenuntergänge und lieben es, die damit einhergehenden romantischen Stimmungen mit anderen zu teilen. Zuweilen ist es eben schön, sich gemeinsam an den gleichen illusionären Sinneseindrücken zu erfreuen, auch wenn das nur mit Lebewesen möglich ist, die über einen identischen Sinnesapparat verfügen. Und das, obwohl wir wissen, dass die Wahrnehmung eines Sonnenuntergangs eine Täuschung ist: Die Sonne geht bekanntlich weder auf noch unter; sie strahlt einfach. Es ist unser Planet Erde, der sich mit hoher Geschwindigkeit dreht – und wir mit ihm. Nur nehmen wir den Spin, die Drehung, nicht bewusst wahr.

Oder erinnern Sie sich einmal an das Erleben einer herrlich klaren, mondlosen Nacht, in der Sie den scheinbar endlosen Sternenhimmel bewunderten. Spüren Sie für einige Atemzüge in Ihre Erinnerung und in das, was sie in Ihnen auslöst. Bei vielen Menschen fangen nun augenblicklich die Augen zu leuchten an. Obwohl etliche der Sterne, die Sie gesehen haben, längst nicht mehr existieren, sondern längst verglüht sind, nehmen wir das Licht ihrer früheren Existenz wahr. Im Moment unserer Beobachtung existieren sie für uns, und erfahrene Seeleute können dank ihrer geübten Wahrnehmung sogar die Navigation an ihnen ausrichten.

> »Wenn einer eine Blume liebt,
> die es nur ein einziges Mal gibt
> auf allen Millionen und Millionen Sternen,
> dann genügt es ihm völlig, dass er zu ihnen hinaufschaut,
> um glücklich zu sein.«

> ▶ Antoine de Saint-Exupéry

Wir wissen um all diese Phänomene und kennen etliche physikalische Erklärungen dafür. Dennoch ändern diese Erklärungen nichts an der Tatsache, dass sie relativ willkürlich sind und zumeist wenig mit einer von unseren Sinnen losgelösten Realität zu tun haben. Bei allen Sinneswahrnehmungen, über die wir mit Leichtigkeit biochemische Botenstoffe produzieren, deren Folge wir in unserem Zellsystem aufbauend erleben – wie beispielsweise Freude, Glück, Frieden oder Liebe –, ist der illusionäre Charakter dieser Eindrücke durchaus unterstützend und aufbauend.

Doch was machen wir in all den anderen Momenten unseres Lebens? In den Augenblicken unseres ständigen Jetzt, in denen wir Probleme, Störungen, Krankheiten etc. bemerken? Die Zeitspannen, in denen wir dies tun, scheinen in unserer Kultur ständig zuzunehmen. Etwa 80 Prozent unserer westlichen Bevölkerung konsumieren täglich ein oder mehrere Medikamente. Würden diese Hunderte Millionen von Menschen das wirklich tun, wenn sie sich nicht als krank einschätzen würden und ihre kulturelle Umgebung diese Bewertung nicht einhellig als Wirklichkeit teilen würde?

> »Die Prophezeiung des Ereignisses
> führt zum Ereignis der Prophezeiung.«

▶ Aus: Paul Watzlawick, »Anleitung zum Unglücklichsein«

■ »Gift trinken« ■

»Jeden Tag reinigen wir unsere Körper mit antibakteriellen Seifen und unsere Häuser mit antibakteriellen Reinigungsmitteln. So meinen wir, uns gegen die allgegenwärtigen bösen Keime in unserer Umgebung zu schützen. Damit wir nicht vergessen, wie empfindlich wir gegenüber invasiven Organismen sind, ermahnt uns die Werbung, unsere Welt mit einem fluorhaltigen Karieskiller zu desinfizieren und unsere Münder mit jenem meisterhaften Saubermacher zu reinigen ... oder war es anders herum? Das

Gesundheitsministerium und die Medien warnen uns ständig vor drohenden Gefährdungen wie der letzten Grippewelle, AIDS und irgendwelchen Seuchen, die von Mücken, Vögeln oder Schweinen übertragen werden.
Warum lassen wir uns von diesen Voraussagen verängstigen? Weil wir darauf programmiert wurden, die Abwehrfähigkeiten unseres Körpers als schwach zu erachten.«

▶ Bruce Lipton

Es ist scheinbar unser heutiges Lebensverständnis, möglichst guter Stammkunde von Leistungsanbietern zu sein, die mehr oder weniger erfolgreiche Heilungsversprechen abgeben. Wir nehmen es als selbstverständlich hin, dass unser ganzes Leben pathologisiert wird: Schwangerschaft als der Beginn neuen Lebens ist für werdende Mütter heute gleichbedeutend damit, sich am besten sofort in die Hände eines Spezialisten für Frauenheilkunde, also eines »Experten« für Krankheit, zu begeben. Geburten finden – von wenigen Ausnahmen abgesehen – in *Kranken*häusern statt. Vor-Sorge-Untersuchungen und Impfungen werden mittlerweile als völlig normal angesehen. Spätestens als Vierzigjähriger gehört man zu einer der unzähligen »Risikogruppen« der Krankheitsindustrie. Alt zu sein ist beinahe identisch damit, in Siechtum und Schwäche als Pflegefall dahinzuvegetieren, und unser Tod wird fast selbstverständlich in Spitälern und Krankenhäusern endlos hinausgezögert. Auf diese Weise stellen wir der besagten Heilungs- und Krankheitsindustrie – man möchte meinen: mit Begeisterung – eine unglaublich lange Zeitspanne unseres Lebens zur Verfügung. Dr. Marcus Riedenberg brachte es in seiner Zeit als Herausgeber der Fachzeitschrift »Clinical Pharmacology and Therapeutics« auf den Nenner: »Je mehr die Menschen sich mit einer Krankheit beschäftigen, desto größer ist die Wahrscheinlichkeit, dass sie deswegen einen Arzt aufsuchen und der Medikamentenabsatz steigt.« Diese Lebenseinstellung verschlingt so ganz nebenbei – zugunsten der Investoren der Krankheitsindustrie – den bisher höchsten Beitrag am Bruttosozialprodukt in der Geschichte der Menschheit. Doch wir erbringen diese monetären Opfer äußerst bereitwillig, da wir darauf konditioniert sind, Heilung nahezu wie ein Götzenbild anzubeten. In dieser (genau betrachtet) gar nicht so »schönen neuen heilen Welt« erscheint es noch als etwas Ungewohntes, den Fokus unserer Wahrnehmung weg von Heilung auf unser Heilsein im gegenwärtigen Augenblick zu richten.

Als Jugendlicher konnte ich in der Meditation die Erfahrung mit der mir innewohnenden Macht machen; natürlich gibt es auch andere geeignete Methoden. Wir können erleben, wie wir selbst in jedem Augenblick aus unseren Grundüberzeugungen unsere eigene innere Wirklichkeit kreieren. Höchst bedauerlich ist es allerdings, wenn wir diese innere Wirklichkeit für die von uns losgelöste Realität halten. Mit jedem weiteren Beobachter, der mit mir die Grundannahme eines Mangels, eines Problems, einer Krankheit oder einer Störung teilt, verfestigen wir auf diese Weise gemeinsam den Mangel als tatsächliche Wahrheit. Um Heilsein zu erfahren, muss ich dann wiederum mit hohem Aufwand daran arbeiten, den Mangel zu beheben, obwohl wir diesen doch zuvor erst miteinander erschaffen haben. Ist das nicht ein perfektes Perpetuum mobile?

> **Krank zu sein, gilt heute als »normal«. Gerade die Überzeugung, es sei ganz normal, heilungsbedürftig zu sein, scheint das »schlimmste Übel« zu sein, an dem wir leiden.**

Gesundheit mutet so an, als müssten wir sie uns hart erarbeiten und als wäre es absolut ausgeschlossen, sie ohne professionelle Unterstützung aus den unendlichen Katalogen der Heilungsanbieter einfach so erfahren zu können. Der erfahrene Arzt und scharfsinnige Kritiker unseres heutigen »Gesundheitswesens« Prof. Klaus Dörner bringt es wie folgt auf den Punkt: »Zumindest ist es schwer, bei dem großen Geschäft der ›Enteignung der Gesundheit‹ nicht mitzumachen, jemanden nicht aus einem Gesunden in einen therapiebedürftigen Kranken umzuwandeln.«

»Wenn heute überhaupt etwas auf dem Altar steht, angebetet und mit allerlei schweißtreibenden Sühneopfern bedacht wird, so ist es die Gesundheit. Unsere Vorfahren bauten Kathedralen, wir bauen Kliniken.«

▶ Manfred Lütz

■ **Prof. Klaus Dörner**
über das heutige Traumata-Geschäft ■

»Inzwischen hat die Psychotrauma-Therapie den imperialistischen Anspruch, möglichst alle menschlichen Krisen und Schicksalsschläge durch Traumatisierung (frühes Gewalterlebnls, Missbrauch, Misshandlung) zu erklären und zu therapieren. Auch hiervon können wenige profitieren, während die meisten durch potenziell lebenslängliche punktuelle Aufmerksamkeitsfixierung auf das Ereignis, das sie zum Opfer gemacht hatte, Schaden nehmen; selbstvergessenes Weggegebensein ist fortan erschwert. Bei jeder Katastrophe sind heute Opfer wie Helfer den öffentlichkeitswirksamen oder verstehenswütigen Psychoattacken der Experten zwangsweise, weil wehrlos, ausgesetzt. Dass jemand einen wirklich schweren Schicksalsschlag am liebsten allein oder mit seinen Nächsten durchleiden will, ist von den Traumaexperten als ungesund entlarvt. Die Medien achten darauf, dass niemand ohne Therapeut bleibt. Inzwischen habe ich etliche Briefe von Katastrophenhilfe-Profis, die sich für meine Trauma-Skepsis bedanken: ›Unser Job ist schon hart genug; aber jetzt können wir unsere Arbeit kaum noch tun, seit Scharen von Trauma-Therapeuten uns dabei im Nacken sitzen und keine Ruhe geben, bis wir – möglichst medienwirksam – unsere eigene Traumatisierung bekennen, egal wie es uns wirklich geht; und wer dagegen was sagt, ist überall unten durch!‹ Wenn man das liest, ahnt man, warum die offizielle Diagnose ›posttraumatische Belastungsstörung‹ in der Inzucht der amerikanischen Vietnam-Veteranen-Hospitäler entstanden ist.«

Grundlagen unseres Wahrnehmens

Diese schöne heile Welt, die zu erschaffen wir als das »Normale« erleben, basiert auf der Verarbeitung unserer Wahrnehmungen. Lassen Sie uns damit einen kleinen Exkurs unternehmen, wie in uns dieses Wahrgenommene entsteht und wie mit unseren inneren Prozessen der Informationsverarbeitung nicht nur in der Krankheitsindustrie, sondern generell in unseren Medien und im Produktmarketing geschickt gearbeitet wird.

Das ganze Universum – und mittendrin wir selbst und damit jede unserer Zellen – bewegt sich in einem Meer aus Frequenzen. Töne, Licht und alle Arten von Strahlung sind nur Beispiele für unterschiedliche Frequenzen, mit denen wir täglich leben. Auch unsere Gedanken und Emotionen haben eine mit modernster Elektronik messbare Frequenz, und da jeder Mensch aus 50 Billionen Zellen besteht, sind wir auf der elementarsten Ebene unserer Grundbestandteile fließend. Alles ist unterschiedlich aus Molekülen gebaut und doch im Detail aus Elektronen, Protonen und Neutronen zusammengesetzt, die einen scheinbar sehr komplexen Tanz vollführen. Jedes kleinste Teilchen ist zunächst reine Information, umgeben von einem unendlichen Meer elektromagnetischer Felder. Wir schwimmen in diesem Frequenzen-Meer, indem wir Schwimmer und Welle gleichzeitig sind.

Ausschließlich in unserem Gehirn erschaffen wir ständig aufs Neue eine Selbstwahrnehmung, durch die wir uns als strukturiert, fest und getrennt von anderen und der uns umgebenden Molekularstruktur definieren. Unsere Körpersensoren lassen uns im scheinbaren Außen Dinge wahrnehmen, die uns erst mittels der Übersetzung unseres neuronalen Informationscodes als Wirklichkeit erscheinen.

»Jedes unserer sensorischen Systeme besteht aus einer komplexen Kaskade von zwischengeschalteten Neuronen, die sensorische Information von der Empfangsebene in die verschiedenen Bereiche des Gehirns weiterreicht. Jede Zellgruppe in dieser Kaskade verändert oder optimiert die sensorische Information und gibt sie dann weiter an die nächsten Zellen im System, die ebenfalls die Botschaft definieren und verfeinern. Erst wenn die sensorische Information die höhere Ebene des Großhirns erreicht hat, werden wir uns des von außen einwirkenden Reizes bewusst.«

▶ Jill B. Taylor

In diesem ständigen Prozess unserer Verarbeitung von Impulsen versetzen wir uns in die Lage, bestimmte Bündel von Molekülen als Erkennungsmerkmale zu begreifen. So ist etwa unser Sehfeld in Milliarden kleinster Pixelpunkte aufgeteilt, die alle aus Atomen und Molekülen zusammengesetzt sind. Bewegungen dieser Atomteilchen werden von unseren Netzhautzellen erkannt und im Gehirn zu komplexen Bildern zusammengefügt. Auch Farben bestehen beispielsweise nicht per se, sondern wir erschaffen sie in uns mittels unserer Sinnesverarbeitung. Licht, das wir ganz selbstverständlich sehen, ist nur deshalb für uns sichtbar, weil der optische Sinneseindruck unseres Gehirns mit unseren Augen auf diese bestimmten Frequenzen und Schwingungen eingestellt ist. Lichtwellen schwingen beispielsweise 10^{14} Mal pro Sekunde.

Während wir Bilder im Fernseher sehen, erschaffen wir aus den Millionen von Pixeln in unserem Gehirn die »Wirklichkeit«; Fernsehen ist damit rein technisch erschaffene Illusion, die genau auf unsere Wahrnehmungssensoren abgestimmt ist. Die hohe Manipulationswirkung des Mediums »Fernsehen«, die von den Programm-Machern so geschickt genutzt wird, entsteht ganz einfach durch unseren inneren Verarbeitungsprozess.

Das Interessanteste an dieser Information: Es ist erst zweitrangig, welche Filme wir ansehen, denn grundsätzlich erschaffen wir mit der Verwendung des Fernsehers als Medium in unserem Alltag Wirklichkeiten, die uns andere vorgeben: In uns entstehen Gedanken und Gefühle – was zunehmend zu einem Leben aus zweiter Hand führt. Besonders für das Fernsehen gilt: Vergessen Sie die Storys, die Nachrichteninhalte, die Filme – das Medium

Fernsehen an sich ist die Botschaft! Alle Inhalte werden zur Unterhaltung, vor allem sogenannte »Nachrichten«. Stellen Sie sich mal vor, Sie wären der Chefredakteur eines renommierten Fernsehsenders. Nach welchen Kriterien würden Sie das Programm zusammenstellen? Was ist das übergeordnete Ziel, das Sie verfolgen müssen? Richtig, es geht um Einschaltquoten, denn was Sie servieren, soll möglichst oft konsumiert werden. Deswegen gibt es in einer genau ausgeklügelten Taktfolge Blut, Schweiß, Tränen und eine Prise Freude. Durch die Flut an Informationen in rasender Bilderabfolge entsteht eine Sogwirkung, auch Sucht genannt, damit wir morgen wieder einschalten. So holen wir uns freiwillig jeden Tag emotional unterlegte Bilder des »Grauens« in unsere eigenen vier Wände. Und jeder findet dies gut und wichtig, denn wir müssen doch wenigstens wissen, warum wir Angst haben und wer an allem schuld ist. Außerdem bestätigen wir uns damit die Wirklichkeit oder Überzeugung einer schlechten Welt voller Schurken.

»Die ›Tagesnachrichten‹ sind ein Produkt unserer technischen Phantasie; sie sind im wahrsten Sinne des Wortes Medienereignis. Wir beschäftigen uns mit Bruchstücken von Ereignissen aus aller Welt, weil wir über eine Vielzahl Medien verfügen, die sich ihrer Form nach zum Austausch bruchstückhafter Botschaften eignen. (…) Das ›Neue vom Tage‹ gibt es nicht ohne ein Medium, das seine Form schafft.«

▶ Neil Postman

Meine Empfehlung an Sie lautet: Sofern Sie gerne mehr und mehr Ihre eigene Information im Jetzt in sich vernehmen möchten, schalten Sie mal Ihren Fernseher ab. Spüren Sie den Unterschied zwischen Ihrer eigenen inneren Wirklichkeit einerseits und einer geformten inneren Wirklichkeit durch beliebige Bilder sowie bruchstückhafte Informationen und Reizüberflutung andererseits. Der griechische Philosoph Epiktet fasste vor bald 2000 Jahren das menschliche Phänomen, das von der heutigen Medienindustrie so geschickt zur Manipulation der öffentlichen Meinung genutzt wird, zusammen: »Nicht das, was geschieht, verstört den Menschen, sondern ihre Meinung darüber.« Auf unsere heutige Medienindustrie übertragen heißt das: Nicht das zu einer Katastrophe gemachte Ereignis verstört uns, sondern was unsere Medien darüber berichten. Die Berichterstattung und das Konzept der Nachrichten »verstört« uns. Es ist die Meldung, nicht das Ereignis, um das es geht!

> Unsere individuelle Wahrnehmung einer vermeintlichen Außenwelt und unsere Beziehung dazu sind nicht mehr und nicht weniger als die Folge multidimensionaler neurologischer Schaltkreise.

Die Säulen der Erkenntnis

Im Prozess der Verarbeitung unserer Wahrnehmungen können wir mit unseren Ohren aus den Bündeln von Molekülen bestimmte Frequenzen hören. Andere Lebewesen – zum Beispiel Hunde – vernehmen andere Frequenzen. Doch dank unserer strukturell identisch aufgebauten Gehirne bzw. unserer identischen Systeme genialer molekularer Informationsgewinnung können wir Menschen uns darüber gegenseitig austauschen – was das Gefühl einer »objektiv« bestehenden Welt um uns herum verstärkt. Dennoch wird in diesem Kapitel zunehmend klar, dass die Empfindungen von Menschen nicht zu 100 Prozent deckungsgleich sind. Unsere Sinne sind unterschiedlich ausgeprägt, wir haben verschiedene Überzeugungen und unsere Wahrnehmung ist beeinflussbar.

»Wenn man zwei Stunden lang mit einem Mädchen zusammensitzt, meint man, es wäre eine Minute. Sitzt man jedoch eine Minute auf einem heißen Ofen, meint man, es wären zwei Stunden. Das ist Relativität.«

▶ Albert Einstein

Stellen Sie sich einmal vor, einer Ihrer Freunde hätte im Gehirn die Körpersensoren eines anderen Lebewesens, beispielsweise einer Biene. Sie könnten sich nicht mehr über eine gemeinsame Wahrheit austauschen, nicht einmal über die Schönheit und Farbenpracht einer Blume. Nicht das Außen, sondern unsere identische innere »Software«, unsere strukturell gleich aufgebauten Antennen, erschaffen in uns eine Vorstellung, es gebe eine unumstößliche Wahrheit. Doch schon anhand des nächsten Beispiels wird deutlich, dass wir nicht wissen, ob und wie diese Farben jenseits unseres inneren Vorgangs existieren: Ein Workshop-Teilnehmer bat mich vor einiger Zeit um ein »richtiges« Hand-out, weil sein Blatt unbedruckt sei. Tatsächlich handelte es sich um rotes Papier, das mit schwarzer Schrift bedruckt war. Als Einziger in der Gruppe konnte er die Schrift nicht sehen. Nur mal angenommen, es wäre umgekehrt und fast alle Menschen hätten seine visuelle Sensorik: Dann würden wir all diejenigen, die Schwarz auf Rot sehen könnten, für verrückt erklären oder glauben, sie seien mit übersinnlichen Fähigkeiten begnadet.

Der gebürtige Österreicher Heinz von Foerster, Professor für Biophysik, war in den späten 1940er-Jahren einer der Mitbegründer der Kybernetik in USA. 1998 antwortete er in einem Interview auf die Frage, ob unsere Sinne denn keine naturgetreuen Abbilder der Wirklichkeit seien:

»Genau; was sie erregt, können wir nie wissen; wir wissen nur, was uns unsere Sinne aus diesen Erregungen vorzaubern. An der Pforte der Erkenntnis werden die vermeintlichen Boten der Welt ihrer besonderen Eigenschaften entblößt. In diesem Zusammenhang ist heute auch von der undifferenzierten Codierung von Reizen die Rede. Es gibt einen Reiz oder eine Störung, das ist alles, was eine Nervenzelle mitteilt; aber die Ursache dieser Störung ist unklar, sie wird nicht spezifisch kodiert. Man könnte beispielsweise die Faser eines Sehnervs mit einem Tröpfchen Essigsäure reizen – und würde womöglich einen farbigen Lichtklecks wahrnehmen. Oder man könnte eine Geschmackspapille mit ein paar Volt über eine

Elektrode stimulieren; und man würde vielleicht den Geschmack von Essig empfinden. Vor dem Hintergrund dieser Beobachtungen, die in jedem Lehrbuch der Physiologie zu finden sind, ist es geradezu grotesk und unsinnig, von einer Abbildung der Außenwelt in der Innenwelt zu sprechen: Essig wird ein Farbklecks, Elektrizität zu Essig!«

Wenig später führte Heinz von Foerster weiter aus:

»Sehen Sie, es ist ein unglaubliches Wunder, das hier stattfindet. Alles lebt, alles spielt Musik, man sieht Farben, erfährt Wärme oder Kälte, riecht Blumen oder Abgase, erlebt eine Vielzahl von Empfindungen. Aber all dies sind konstruierte Relationen, sie kommen nicht von außen, sie entstehen im Inneren. Wenn man so will, ist die physikalische Ursache des Hörens von Musik, dass einige Moleküle in der Luft ein bisschen langsamer und andere ein bisschen schneller auf das Trommelfell platzen. Das nennt man dann Musik. Die Farbwahrnehmung entsteht in der Retina; einzelne Zellgruppen errechnen hier, wie ich sagen würde, die Farbe. Was von der Außenwelt ins Innere gelangt, sind elektromagnetische Wellen, die auf der Retina einen Reiz auslösen und im Falle von bestimmten Konfigurationen zur Farbwahrnehmung führen.«

Darüber hinaus erschaffen wir uns in unserem Gehirn ein Ich und identifizieren uns damit, ebenso mit den vielen Geschichten, die im »Story-Bereich« unseres Gehirns entstehen und die wir aus Gewohnheit für die absolute Wahrheit halten. Selbst wenn sich diese Geschichten facettenreich in verschiedenen Lebensbereichen wiederholen, erlauben wir uns nicht, endlich Beobachter dieser ganzen Storys in uns zu werden. Wir könnten auf diese Weise zunehmend aktiv an den Prozessen der Realitätserschaffung in uns teilhaben.

Indem wir unsere selbst kreierten Geschichten glauben, erfahren wir häufig das Leben wie eine »hängen gebliebene, stotternde« Schallplatte. Leider verpassen wir es noch zu oft, spätestens bei der dritten Wiederholung die Platte zu wechseln.

Abschied von der Hörigkeit

In den Bereichen Werbung und Marketing geben Konzerne Milliarden aus, um diesen physiologischen Aspekt unseres Nervensystems systematisch für die ganz alltägliche, von uns als »normal« empfundene Manipulation zu nutzen. Der Münchner Unternehmensberater Hans-Georg Häusel gehört zu den Spezialisten des »Neuromarketings«. Er erklärt den Marketingverantwortlichen der Konzerne in seinem Buch »Brain Skript« unumwunden:

»Das Bewusstsein des Kunden erfindet nachträglich eine Geschichte, die sein unbewusstes Verhalten erklärt. (…) Dem Konsumenten ist nicht bewusst, dass viele Informationen aus seiner Außenwelt, beispielsweise durch Werbung, extrem auf sein Verhalten Einfluss nehmen. Das Problem ist, dass sein Bewusstsein nichts, aber auch gar nichts davon mitbekommt. Wird der Konsument von Marktforschern interviewt, erzählt er im Brustton der Überzeugung, wie überlegt und bewusst er dieses oder jenes Produkt eingekauft hat. Dass sein Bewusstsein im Nachhinein diese Geschichte erfunden hat und dem unbewussten Programm einer anderen Logik gehorchte, bleibt ihm verborgen.«

Und kein Geheimnis: Der »Konsument«, der im Fokus der Milliardenindustrie Marketing steht, sind Sie und ich!

Wir sind die Versuchsmäuse des Marketings, die Tag für Tag freiwillig ins Labor gehen. Wundert es Sie da noch, dass die meisten Menschen ihren »Labor-Alltag« eher als Überleben denn als Leben erfahren?

Die Befreiung aus dieser Hörigkeit liegt aber genauso in uns. Wir können im permanenten Jetzt all die Geschichten, die wir für die Wirklichkeit halten, zwar wahrnehmen und doch gleichzeitig unseren Blick auf die darunterliegende Information richten.

Ich erinnere mich gut an meine frühere Kollegin Anita, die sich eines Tages ein BMW-Cabrio kaufte und monatelang von dem

Verkaufsgespräch schwärmte: Dabei sei ihr »bewusst« geworden, wie viel sie arbeite, wie sehr sie sich immer nur um andere kümmere und dass sie dieses Auto jetzt kaufe, weil »sie es sich wert sei, sich etwas Gutes zu tun«. Anita ist natürlich herzlich eingeladen, dieses Auto mit Genuss zu fahren. Allerdings illustriert ihre Geschichte bestens die Theorie von Dr. Häusel: Im Nachhinein erfindet der Konsument mit dem bewussten Verstand eine Geschichte, um die zuvor unbewusst getroffene Kaufentscheidung zu begründen.

Sobald wir die Story-Ebene nur noch als Hinweis auf die innere Wirklichkeit sehen, interessieren mich Überzeugungen wie »Ich bin es mir wert, gut mit mir umzugehen« und »Ich achte auf mich und meine Bedürfnisse« viel mehr als irgendein vermeintlicher Produktwunsch. Übrigens, selbstverständlich »dürfen« wir aus der Freiheit heraus dann auch einen flotten Wagen kaufen ...!

> Indem wir uns aus der Hörigkeit verabschieden und uns selbst in Freude und Würde annehmen, können wir im Jetzt unsere innere Freiheit erfahren. Diese führt uns zu äußerer Freiheit, denn nun nährt sich jeder Wunsch aus unserer Fülle statt aus einem wahrgenommenen Mangel.

Damit schließt sich auch wieder der Kreis zur bereits erwähnten Krankheitsindustrie. Die auf unsere Wahrnehmung abgestimmten subtilen Manipulationsinstrumente von Werbung und Marketing werden natürlich gerne für die Dauer-Erosion unserer Gesundheit eingesetzt, denn dort liegt ein schier unermessliches Marktpotenzial. In den letzten Jahren ist dazu reichlich Literatur auf dem Markt erschienen. Zur Veranschaulichung habe ich ein weiteres Zitat von Klaus Dörner ausgesucht:

»Seit den neunziger Jahren ist erkannt worden, dass die Depression weltweit unzureichend vermarktet wird. Eine Art Rasterfahndung nach bislang unentdeckt gebliebenen Depressiven – wohlgemerkt profitieren auch immer einige von solchen Strategien, die meisten nehmen jedoch durch zusätzliche Etikettierung in ihrer Gesundheit Schaden – hat zum Beispiel in den USA dazu geführt, dass sich von 1987 bis 1997 die Zahl der wegen Depression Behandelten von 1,7 auf 6,3 Millionen fast vervierfacht hat. In einer sorgfältigen Untersuchung wurde herausgefunden, dass für diesen Sprung die aggressive und aufwendige Werbung für Antidepressiva kausal entscheidend war (...). In Deutschland käme für einen ähnlichen Sprung die Vermehrfachung der niedergelassenen Psychotherapeuten kausal in Betracht.«

Sie warten vermutlich schon dringend darauf: Im nächsten Kapitel werden wir sehen, wie wir konkret die Information im Jetzt für den Wachstumsmodus unserer Zellen einsetzen können.

Sisyphos als Kultur-Idol

In dieser kulturell bedingten Wahrnehmung der Wirklichkeit halten wir die aktiv gestaltende Kraft – die »Macher-Energie« – für den einzigen Weg, um Gesundheit, Glück und Erfolg zu erreichen. Wir sind es gewohnt, uns mit viel Willenskraft, Anstrengung und Wissen in dieser Welt zu behaupten. Als Nebenwirkung führt dies jedoch, von uns kommentarlos akzeptiert, zu immer stärkeren Erschöpfungszuständen bzw. zu der übereinstimmenden Bewertung der Phänomene – also der wahrnehmbaren Information – als Krankheit und Problem. Und hier beginnt es wieder von vorne ... Die griechische Sage von Sisyphos, der Tag für Tag einen schweren Stein bergaufwärts wälzt und zusehen muss, wie er doch wieder hinabrollt, ist damit zunehmend zur prägenden Metapher unseres Lebens geworden. Über »Empfänglichkeit« – also unsere rezeptiven Kräfte wie Gegenwärtigkeit und absichtslose Aufmerksamkeit – etwas »sich gestalten lassen« zu können, erscheint in der momentanen Kultur jenseits des Vorstellbaren. Die kulturell-kollektive Überzeugung besagt, Krankheiten sowie Probleme existierten als objektive Wirklichkeit, unabhängig von unserem äußeren Beobachtungsprozess. Deshalb können Heilung, Lösung und Erfolg wiederum nur von außerhalb kommen und sind damit eindeutig erstrebenswerte Ziele, für die sich wie selbstverständlich ein hoher Energieaufwand und reichlich Geldausgaben lohnen. Die wirtschaftlichen Folgen dieser Konstrukte sind – ganz profan – riesige »Lösungs- und Heilungsmärkte« mit dem Fokus auf Leid und Mangel auf der einen Seite und Kostenexplosionen und wahrgenommenes Opfersein auf der anderen Seite der Medaille. Und das »Genialste« daran ist, dass sich die Menschen freiwillig in die Abhängigkeit begeben.

Bei einer Infektion nimmt man gerne ein Antibiotikum; leidet jemand unter Angstzuständen, wird um ein Beruhigungsmittel gebeten, und bei Schlaflosigkeit werden leichtfertig Schlaftabletten geschluckt. Der Alternativmarkt unterscheidet sich im Wesentlichen nur in der Art der Diagnoseerstellung und in der Beschaffenheit der Präparate.

Die gemeinsame Grundannahme, etwas aktiv tun zu müssen, um den objektiv existierenden Mangel zu beseitigen, beherrscht sowohl den etablierten »wissenschaftlichen« Bereich wie auch den vergleichsweise schillernden »esoterischen« Markt. Und wenn ich heute Menschen in unserer westlichen Welt erlebe, die sich beruflich der »Heilung« verschrieben haben, stelle ich außerdem bei aller Unterschiedlichkeit eine weitere Gemeinsamkeit fest: ihre ständige Suche nach »noch besseren« Techniken und »noch optimaleren« Nahrungsergänzungen. Unsere Konsumgesellschaft mit ihrer Schneller-besser-weiter-Trance spiegelt sich auch in den Modetrends von Medizin, Psychologie, Erfolgstechniken und Esoterik wider. Die Grundüberzeugung eines allem zugrunde liegenden Defizits treibt seine Blüten und führt uns auf direktem Wege in die Erschöpfung.

»Wir sind zu dem Glauben erzogen, unser Geist und unser Körper müssten ständig auf Hochtouren arbeiten. Wir glauben, nervliche Anspannung und die daraus resultierenden Adrenalinstöße bewirkten gute Leistungen, und wir halten nur kontrollierte, zielgerichtete Hirnaktivität für produktiv. Doch in Wahrheit ist eine unnötige und zu lange Aktivierung der Kampf-oder-Flucht-Reaktion schädlich für den Körper, und oft sinkt die geistige Produktivität, wenn das Gehirn zu sehr mit gedanklicher Aktivität überladen wird. Daher rate ich meinen Patienten, sich bei der Entspannungsreaktion nicht zu sehr auf mögliche Ergebnisse zu konzentrieren. Diese Absichtslosigkeit hat häufig die wunderbarsten Nebeneffekte …«

▶ Herbert Benson

Quanten-Intelligenz erleben

Entspannt erfolgreich sein

Volker hat seit über 15 Jahren ein Unternehmen mit zahlreichen Mitarbeitern erfolgreich aufgebaut. Hilfreich war dabei das jahrelange Üben zielorientierter Tools eines bekannten Persönlichkeitstrainings, mit dem jeder Mensch in akribischer Kleinarbeit sein eigenes Potenzial erschließt und seine persönlichen Erfolgsprinzipien entdeckt. Wie in vielen Trainings üblich, formulierte Volker konkret seine Vision von einem erfüllten Lebensstil und setzte sie in die Tat um. Er lernte systematisch, seine ganze Energie auf sein Ziel auszurichten, und sein unermüdlicher Einsatz spiegelt sich heute in seinem nicht unerheblichen materiellen Wohlstand wider. Die Frage »War das bereits alles?« ließ ihn allerdings niemals los; außerdem kämpfte er seit Jahren mit einem teils unerträglichen Tinnitus. Um sich behandeln zu lassen, begab er sich in die Obhut der renommiertesten Koryphäen – dafür war ihm weder ein Weg zu weit noch ein Geldbetrag zu hoch. Zielorientiert unternahm er alles Erdenkliche, jedoch ohne echten Erfolg.
Volker war auf der Suche und deswegen auch motiviert, meinen *Q!* Workshop zu besuchen. Die reine Technik-Ebene beeindruckte ihn auch sofort, sodass er sie sehr schnell lernte. Dagegen lag Volkers große Herausforderung darin, seine Ziel-, Lösungs- und

Ergebnisorientierung sowie den permanenten inneren Druck loszulassen. Für ihn war es einfach normal, unablässig im roten Bereich zu sein; deswegen konnte er die innere Anspannung gar nicht spüren. Dazu hatte er die Techniken aus den Erfolgsseminaren so tief verinnerlicht, dass ihm ein reines Wahrnehmen der Information im Jetzt zunächst völlig verschlossen blieb.

Die Macher-Energie kannte er bis zur Erschöpfung. Also war er überzeugt, das Gegenteil davon sei es, die Hände in den Schoß zu legen und gar nichts zu tun. Die rezeptiv empfangene Energie des Nicht-Tun war ihm völlig fremd und unvorstellbar. Wohlgemerkt: Nicht-Tun ist nicht dasselbe wie nichts tun!

Volker hatte über Jahre Tools gelernt, um »Blei in Gold« zu verwandeln, und war in dieser Kunst weit gekommen. Dennoch war es ihm mit all diesen Tools und der damit einhergehenden Sisyphos-Energie niemals gelungen, sein eigenes »inneres Gold« zu entdecken, um seinem Herzen zu folgen. »Ich bin liebenswert – unabhängig von meiner Leistung«, »Ich darf einfach sein, ohne etwas zu tun« und »Schön, dass es mich gibt« – diese befähigenden Überzeugungen erlaubten es Volker nun, sich selbst und seinen Alltag entspannter zu erleben. Innerhalb kürzester Zeit vernahm Volker häufiger seine innere Stimme und folgte ihr.

Ich weiß nicht, was am Ende mit seinem Tinnitus geschehen ist. Möglicherweise hat ihn Volker einfach vergessen.

■

Ich will, dass die Dinge bleiben, wie sie sind

Bei Teilnehmern meiner Workshops erlebe ich häufig eine latente Angst, ihre Krankheit könne wiederkommen, wenn sie sich als »dank XYZ geheilt« betrachten. Die Wahrnehmung, von »außen« Heilung erfahren zu haben, entfacht den Schwelbrand einschränkender Grundannahmen, passiver Empfänger zu sein. Spezialisten machen etwas an oder mit mir, egal ob die vermeintliche Heilung durch Sandoz, Handauflegen, Matrix Energetics oder modernste Medizintechnik eingetreten ist. Ich wurde Opfer einer Krankheit und mir widerfährt die Gnade der Heilung. Dies lässt regelmäßig Überzeugungen in uns entstehen, wie beispielsweise: »Ich will, dass die Dinge so bleiben, wie sie sind.« Die Wahrnehmung der eigenen Ohnmacht wird erlebt, zementiert und fördert den Prozess der latenten Enteignung unserer Gesundheit. Dies ist natürlich perfekt für die Krankheitsindustrie und auch die vielen kleinen Krankheitsmanufakturen. Jedoch trübt diese Grundannahme die Wahrnehmung des Augenblicks. Das völlige Vertrauen in die eigene Macht will erst bemerkt und verinnerlicht werden. Nicht nur der »Helfer« genießt das gute Gefühl, zu helfen, und lebt schließlich sogar davon. Gemeinsam erschaffen sich der Helfende und der Hilfsbedürftige eine gegenseitige Abhängigkeit.

Dennoch liegt uns und unserem Universum eine unvorstellbare Intelligenz zugrunde. Eine Intelligenz, die wir in ihrer Gänze mit dem Logik-Areal unserer linken Gehirnhälfte wohl nie verstehen, sehr wohl aber mit der Intelligenz unserer Zellen wahrnehmen und erfahren können. Richten wir dabei unsere Aufmerksamkeit auf

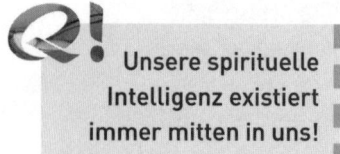

Unsere spirituelle Intelligenz existiert immer mitten in uns!

unsere Spiritualität oder unsere Materialität? Unsere momentane Kultur ist eindeutig auf alles Materielle als alleiniges Wirklichkeitskonstrukt fokussiert. Dennoch können wir das Nichtstoffliche jenseits aller Materie, unsere Existenz als spirituelle Wesen in der materiellen Erscheinung eines Körpers, immer wahrnehmen und erleben. Wir brauchen uns nur dafür zu entscheiden.

Zu allen Zeiten wussten Menschen aus eigener Erfahrung um die Existenz allumfassender kosmischer Intelligenz und waren sich sicher, selbst Teil dieser Intelligenz zu sein. Die meisten von uns haben es nur nie gelernt und sind es deswegen nicht gewohnt, diese Intelligenz wahrzunehmen.

In meiner Jugend habe ich den Zugang in das Feld des Heilseins mitten in mir entdeckt, und im Lauf der Zeit konnte ich das innere Heilsein auch physisch immer bewusster erleben. Aus heutiger Sicht hing das damit zusammen, dass sich mein Blick zunehmend auf den inneren Raum, die Leere, das Nichts richtete, wohingegen mich das Äußere – mit allen damit einhergehenden Gedanken und Gefühlen – immer weniger interessierte und ich meine »Genesung« – ich möchte fast sagen: glücklicherweise – niemandem außerhalb von mir zu verdanken hatte. Mich hat nichts und niemand geheilt. Geholfen haben mir die Menschen, die mein Heilsein gesehen haben. All diejenigen, die mich in meiner Krankheit gesehen haben und heilen wollten, hätten mir allenfalls helfen können, als lebenslänglicher Patient mehr schlecht als recht zu »überleben«.

»Handle stets so,
dass weitere Möglichkeiten entstehen.«

▶ Heinz von Foerster

Unser täglich Adrenalin gib uns heute

Lassen Sie uns zum Thema »Wahrnehmung« ein weiteres Alltagsgeschehen beleuchten. Stellen Sie sich vor, ein großer schwarzer, aggressiv aussehender Hund kommt auf Sie zugelaufen. Wie reagieren Sie? Und wie reagieren andere Menschen, die denselben Hund sehen? Allein die Bewertung, ob der Hund groß oder klein ist, wird bei mehreren Menschen schon verschieden ausfallen. Sieht der Hund wirklich aggressiv aus? Sicher können wir auch diesbezüglich etliche Reaktionsmuster im Moment des Erkennens erleben: Während sich der eine beim Anblick des Hundes freut, mag ein anderer nur leicht erschrecken, ein Dritter den Hund kaum registrieren, ein Vierter in Panik geraten, ja ein Fünfter vielleicht sogar einen plötzlichen Herztod erleiden. Doch wie kommt es zu diesen unterschiedlichen Reaktionen auf den gleichen äußeren Auslöser? Ist es überhaupt ein Hund, den wir da »erkennen«, oder sind es vielmehr unsere Steuerungsmuster, an die wir uns »erinnern«? Worauf bezieht sich unsere Wahrnehmung? Auf den großen Hund im Außen – oder auf unsere Grundüberzeugungen zu dem Bild »Hund« mit allen in uns vorhandenen Informationen?

Quanten-Intelligenz erleben

»Der große schwarze Hund«

Ein guter Freund von mir, rein optisch ein gestandenes Manns-bild, hatte größte Angst, selbst vor kleinsten Hunden. Für ihn war praktisch jeder Hund ein großer schwarzer Hund; schon in weiter Entfernung läuteten bei ihm alle Alarmglocken.

Auf meine Frage, was er denn genau wahrnehme, das ihn wis-sen lässt, dass er Angst hat, antwortete er: »Ich bekomme sofort ein flaues Gefühl im Magen, meist schweißnasse Hände, und am liebsten würde ich weglaufen und mich verstecken. Wenn mög-lich, wechsle ich zum Beispiel sofort die Straßenseite; wenn nicht, verkrampft sich das Gefühl im Magen häufig total.«

Auf meine nächste Frage, ob er sagen könne, wann denn seine Augen ins Leuchten kämen, sagte er strahlend: »Na klar, wenn es einfach keine Hunde mehr geben würde. Das wäre richtig klasse!«

Ist das nicht ein tolles Beispiel? Genau so sind wir! Wir wollen das Außen verändern und wünschen uns störende Dinge einfach weg. Gott sei Dank funktioniert das in der Regel nicht.

Also bat ich meinen Freund, zu überlegen, was ihm guttun und helfen würde, wenn er Hunden begegnet. Möglicherweise kenne er die Phänomene aus einer anderen Lebenssituation, nur viel-leicht nicht so stark.

Er überlegte und bemerkte schnell: »Ja, ich habe die gleichen Erscheinungen, wenn es um wichtige Besprechungen in der Firma geht, und ehrlich gesagt auch bei Auseinandersetzungen mit meiner Frau.« Es war ihm sichtbar unangenehm, als er hinzufügte: »Nur werde ich bei ihr leider sehr schnell laut und sogar aggressiv.« Jetzt fiel es ihm schwer, sich vorzustellen, was wohltuend für ihn wäre, denn die Geschichte mit seiner Frau war ihm äußerst peinlich. Darum fragte ich, ob er Lust habe, zuerst dieses Gefühl, das ihn jetzt plagte, genauer anzusehen. Das fand er eine gute Idee. Wir starteten mit dem Muskeltest, damit er seine innere Wirklichkeit wahrnehmen konnte. Die Einschränkung »Ich bin schuld!« testete mit »Eins«, was weder ihn noch mich überraschte. Ich begleitete ihn mit der «*Q!* Verbindung des inneren Lächelns« (siehe Teil 3, Kapitel 5, Seite 236 f.), und nur wenige Minuten später testete die Einschränkung »Ich bin schuld!« mit »Null«. Sein Lächeln war ein von Herzen kommendes Lachen, das uns beide gleichermaßen berührte und seine Stimmung um 180 Grad wendete.

Ich wiederholte für ihn seine Phänomene/»Symptome«, gab ihm einige Anregungen und erinnerte ihn an die »Achse der Polarität« (siehe Teil 3, Kapitel 2, Seite 199 f.), damit er sich nicht auf seine Einschränkungen konzentrierte, sondern seine Befähigungen spürte, die seine Augen ins Leuchten brachten. Daraufhin formulierte er ganz leicht: »Es ist klasse, einfach ich zu sein!«, und: »Voll Freude zeige ich mich, und ich bringe meine Bedürfnisse liebevoll zum Ausdruck!« Nur wenige Augenblicke später testeten diese beiden Befähigungen mit »Eins«; mein Freund strahlte übers ganze Gesicht und gab nun zu: »Ich bin ehrlich total verblüfft, denn das habe ich absolut nicht erwartet!«

Um das Thema, um dessen willen er mich aufgesucht hatte, dennoch nochmals aufzugreifen, fragte ich, ob er Lust habe, die Information, für die Hunde in seinem Leben stehen, auch noch mit mir als Stellvertreterin zu erleben. Die folgenden zehn Minuten, in denen er mich als Hund betrachten sollte, waren ausgesprochen heiter. Der verbindende Satz, den ich (als Hund) hörte, lautete: »Danke, du bist mir willkommen!«, und meinem Freund galt der Satz: »Schön, dass ich dich zum Lachen bringe!«

Bereits einige Tage später erzählte er mir am Telefon begeistert und erstaunt: »Ich weiß nicht, was du gemacht hast, aber nicht nur Hunde benehmen sich plötzlich anders, sondern insbesondere meine Frau …«

»Ich habe gar nichts gemacht«, sagte ich. »Du hast Kontakt zu deiner inneren Weisheit, und schon darf sich viel mehr ändern, als du dir vorstellen kannst!«

■

Bleiben wir noch einen Moment beim Beispiel »Hund«. Mal angenommen, jemand empfindet also beim Anblick eines Hundes große Angst. Wie wir wissen, wird sein Körper darauf sofort und automatisch mit einer Adrenalin-Ausschüttung reagieren, und damit ist der Schutzmodus ausgelöst. Für das ganze System geht es nun nur noch ums Überleben im Augenblick. Es muss betont werden, dass uns diese außerordentliche Fähigkeit unseres Körpers so auf Gefahr reagieren lässt, damit wir im Augenblick überleben!

Adrenalin ist für den Körper kurzfristig wertvoll und sorgt für viel Energie, um unser Überleben zu sichern. Sobald der Adrenalinspiegel jedoch dauerhaft erhöht ist, ist der Schaden weit größer als der Nutzen.

Für wichtige Zellprozesse, die im gesamten Organismus für Nährstoffzufuhr, Wachstum, Erneuerung und Entgiftung sorgen, wird keine Energie zur Verfügung gestellt. Verweilen wir hier ein wenig, denn Ihnen ist bestimmt klar, dass doch gerade diese Prozesse für Ihre Gesundheit unabdingbar sind, oder?

Erst vor wenigen Jahren gelang es Prof. Elisabeth Gould von der Princeton University, die Zusammenhänge zwischen den Hormonen der Nebennierenrinde – beispielsweise Adrenalin – und der Bildung neuer Hirnzellen (Neurogenese) nachzuweisen. Versuchstiere unter Laborbedingungen befinden sich dauerhaft im Schutzmodus ihrer Zellen: Bestehende Hirnzellen sterben ab und es unterbleibt die Bildung neuer Hirnzellen. Bei Versuchstieren dagegen, die in einer natürlichen Umgebung gehalten werden und darum nicht wissen, dass sie Versuchstiere sind, findet definitiv Neurogenese statt.

Auf den Menschen übertragen, lässt sich heute ein Zusammenhang erkennen, wenn wir die drastische Zunahme von Depressionen und degenerativen Hirnerkrankungen betrachten. Ist dies die Folge eines Dauerschutzmodus?

Christian Mirescu, wissenschaftlicher Mitarbeiter von Elisabeth Gould, bringt dies kurz auf den Punkt: »Wenn ein Gehirn besorgt ist, denkt es nur ans Überleben. Es ist nicht daran interessiert, in neue Zellen für die Zukunft zu investieren.«

Das Gehirn ist jedoch nur »besorgt« aufgrund von körpereigenen Signalen, die wir mit unserem Prozess des Wahrnehmens erschaffen. Plakativ ausgedrückt: Unser ständiger Adrenalinrausch macht uns auf Dauer dumm, depressiv und bewirkt eine Erosion unserer Gesundheit!

Bedauerlicherweise erlebe ich die Mehrheit der Menschen unserer westlichen Zivilisation in einer inneren Welt, in der überwiegend vermeintlich »gefährliche Hunde« auf sie zulaufen. Ihr Wahrnehmungssystem wittert in fast allem eine Gefahr. Von Presse, Funk, Fernsehen, Versicherungen, Banken, Politikern usw. wird dies durchaus gefördert, und so produzieren die Adrenalindrüsen auf Hochtouren, und die Zellgemeinschaften aktivieren permanent alle Reserven, um stets zu Kampf oder Flucht bereit zu sein. Es geht ums blanke Überleben in einer feindlichen Umgebung. Selbst an Orten, die Ruhe und Entspannung versprechen, wie in einem Coffee-Shop, werden uns Action Videos serviert, um einem Adrenalinentzug vorzubeugen.

> Ein sorgenvolles Gehirn ist nur am Überleben interessiert, nicht an der Bildung neuer Zellen für die Zukunft.

Unsere Zellen können die neuronalen Informationen, die sie erhalten, nicht infrage stellen, denn ohne zu beurteilen, führen sie einfach alle Vorgänge mit Präzision und Eifer aus. Sie sind immer im Jetzt und wissen damit nicht, ob ihr Verhalten mittel- oder langfristig lebenserhaltend oder gar lebensvernichtend ist.

> Wenn wir uns auf Zellebene die meiste Zeit in unserem Wachstumsmodus befinden, ist Gesundheit zu 95 Prozent selbstverständlich!

Dauer-Adrenalin als
wünschenswerte kollektive Sucht?

Adrenalin ist also der potente Botenstoff, und es scheint, wir sind in unserer Kultur geradezu süchtig nach diesem so kraftvollen Gefühl. Wir lieben diesen Effekt, denn Stärke ist generell eine wünschenswerte Eigenschaft. Schwäche dagegen lehnen wir kollektiv ab. So verwundert es kaum, dass inzwischen ganze Industrien, Heilslehren und Erfolgstechniken darauf setzen, die Adrenalin-Ausschüttung zusätzlich zu stimulieren. Der Kreislauf ist in Gang gesetzt. Angst steht auf der Tagesordnung, der Adrenalinspiegel ist bereits dauerhaft erhöht, durch den Gewöhnungseffekt werden vom Körper auch in den wichtigen Ruhezeiten große Mengen Adrenalin produziert, und um sich wieder kraftvoll zu fühlen, ist bereits eine immer größere Menge des Kraftstoffs erforderlich. Der Grund dafür liegt auf der Hand.

> **Das durch Adrenalin hervorgerufene positive, kraftvolle Empfinden baut auf dem inneren Schutzmodus der Zellen auf, und somit kann es nur von kurzer Dauer sein.**

Darum liegt es nahe, dass so wenig Menschen Stille ertragen. Sie brauchen immer neue Kicks, müssen immer mehr konsumieren, um sich vermeintlich wahrnehmen und fühlen zu können. Auf diese Weise werden sie zu Gefangenen ihrer selbst in der inneren Adrenalin-Schleife.

Selbst schätzenswerte körperliche Aktivität und Bewegung, die unerlässlich für unser solides Wohlbefinden sind, werden als direkter Weg ins körpereigene »Suchtprogramm Adrenalin« missbraucht. Im Runner's High erlebt der Sportler einen schmerzfreien und geradezu euphorischen Gemütszustand, der ihn körperliche Anstrengung und Schmerzen nicht mehr wahrnehmen lässt und ihm das Gefühl gibt, »ewig« weiterlaufen zu können. Es wird gelaufen bis zum Umfallen. Sogenannte »Ermüdungs-Knochenbrüche« sind heute hingenommene, normale Nebenwirkungen oder sogar en vogue.

Die »World Triathlon Corporation (WTC)« zum Beispiel ist ein kommerzielles Unternehmen, das weltweit verschiedene Mega-Adrenalin-Veranstaltungen organisiert und lizenziert und unter anderem »Ironman« als eingetragene Marke pusht. Weitere Chancen auf Adrenalin-Kicks werden uns nicht nur mittels Action-Hightech-Horrorfilmen, Bühnenshows mit »Tschakka-Schlachtrufen«, Bungee-Jumping, Achtfach-Loopings, sondern auch ganz unauffällig mit Dauerfernsehen, weitergeleiteten »Katastrophen«-Mails oder »geschäftigen« Meditationen geboten. Letztere passen schließlich bestens zu unserer Leistungsgesellschaft.

Melden sich Ihre Sensoren? Denn ja, Sie haben richtig gelesen. Und ja, eine Meditation ist ein absichtsloser Weg in unser inneres Universum und sollte gewinnbringend für den Meditierenden sein. Dieser Gewinn ist unspektakulär, denn es geht einfach darum, dass sich die Zellen im Wachstumsmodus bewegen. Der Meditierende dient sich selbst, er sorgt für sich und die eigene Gesundheit. Er stellt sich auf Platz eins und trägt in sich die Gewissheit, dass er damit seinem gesamten Umfeld den größten Beitrag leisten wird.

Lediglich aus diesem Grund beobachte ich die Heilmeditationen für Ölplattformen, Atomkraftwerke etc. tatsächlich mit Skepsis: Es geht wieder darum, etwas zu leisten, der Welt Gutes zu tun, sie zu retten, jemandem zu helfen oder deswegen selbst einen äußerlichen Gewinn davonzutragen. Diese Antriebsfedern sind anerkannt, doch die Energie dafür wird leider in den meisten Fällen erneut aus dem Schutzmodus bezogen. Das heißt: Die innere Motivation ist Angst statt Liebe.

Entscheidend ist die Frage nach der Information. Achten wir darauf, was die Katastrophenmeldung in uns auslöst, oder springen wir sofort auf die Bewertung einer Situation? Da wir – Sie wissen es bereits – nur Antworten auf Fragen bekommen, die wir stellen, gehen wir gewöhnlich über die Hinweise aus unserem Inneren hinweg und sind damit ausschließlich im Außen beschäftigt. Fragen wir uns an dieser Stelle, was unsere Augen zum Leuchten bringen würde, dann ist die Antwort meist ähnlich wie bei dem großen schwarzen Hund: Sie würden leuchten, wenn es keine Hunde mehr gäbe, also keine Situationen mehr, in denen wir uns ohnmächtig fühlen. Mit der Meditation fühlen wir uns machtvoll und erheben uns über das »Schlechte« dieser Welt. Und es mag sein, wir bestätigen uns damit wieder einmal eine unserer einschränkenden Grundüberzeugungen: »Es existiert das Böse, und die Welt braucht einen Retter.«

Es mag sein, Sie fühlen sich womöglich während einer Meditation ausgesprochen stark oder gut, doch wie sieht es eine Etage tiefer aus? Licht kommt ins Dunkel, wenn wir beginnen, ehrlich mit uns selbst zu sein. Warum hilft der Helfer gerne? Hilft er, weil es gerade notwendig ist? Oder hilft er, weil er sich davon Anerkennung oder ein reines Gewissen verspricht – bis dahin, dass er sich ein gutes Karma zu schaffen hofft oder die eigene Hilflosigkeit nicht spüren möchte?

Denken Sie einen Moment lang an eine Situation, in der jemand etwas Nettes zu Ihnen gesagt hat. Wollte dieser Mensch offensichtlich oder im Nachhinein etwas von Ihnen, oder waren die Worte absichtslos und ehrlich?

Egal was Sie tun – achten Sie darauf, was Sie im tiefsten Inneren motiviert!

Fühlen Sie den Unterschied? Jeder Mensch findet seine Antworten nur in sich – und auch nur auf Fragen, die er sich selbst stellt. Allerdings sind wir es offensichtlich überhaupt nicht gewohnt, die Gefühle und die Antworten, die aus unserem inneren Wachstumsmodus entstehen, präzise wahrzunehmen. Achten Sie auf Ihre innere Motivation, auf Ihre Grundüberzeugungen, denn diese sind Ihre Wegweiser.

Im Übrigen ist es eine sehr gute Gelegenheit, Menschen ganz subtil in eine vollkommene Abhängigkeit zu bringen, wenn diese den Schutzmodus ihrer Zellen als ihren Normalzustand erleben. Früher arbeiteten Diktaturen mit Zensur, Archipel Gulag und Daumenschrauben. Heute wird die gleiche Abhängigkeit und ähnliches Leid noch viel leichter erreicht, weil eine permanente Ausschüttung der Schutzhormone bereits ausreichend ist, um körperliche und psychische Dysfunktionen zu verursachen. Diese Folgen bewerten wir als objektiv bestehende Krankheiten und die zugrunde liegenden einschränkenden Programmierungen und Steuerungsmuster lassen wir einfach weiter bestehen. Herbert Benson, Professor an der Harvard Medical School, brachte dies schon vor etlichen Jahren auf den Punkt:

»Wenn wir unseren Geist mit Negativität und Furcht durchtränken, lösen wir damit den Nocebo-Effekt und die Kampf-oder-Flucht-Reaktion aus, deren schädliche Wirkung auf unseren Körper uns zusätzlich Grund zur Sorge gibt. Wenn wir ein Leben lang Werbespots sehen, in denen Schmerzmittel den Leuten den Tag retten, neigen wir dazu, uns zu sehr auf Schmerzmittel zu verlassen. Das wiederum nährt in uns die Überzeugung, dass wir zur Linderung anderer vermeintlicher oder realer Beschwerden ebenfalls auf Medikamente angewiesen sind.«

Verstehen Sie nun, warum das Problem nicht das Problem ist? Vielleicht ist es eine Strategie in unserer von Ohnmachts-Trancen geprägten Kultur, um von einer anderen Wirklichkeit abzulenken?

Halten Sie mich gerade für einen Verschwörungstheoretiker? Ich kann Ihnen versichern, dass ich weder weiß noch mich dafür interessiere, ob es Geheimorganisationen von Weltenlenkern gibt und welchen Steuerungseinfluss sie haben. Sollte es so eine Wirklichkeit tatsächlich geben, bin ich jedoch davon überzeugt, die Drahtzieher haben die Verschwörungstheorien selbst in die Welt gesetzt. Aus einem schlichten Grund: Diese Theorien eignen sich hervorragend, um Menschen adrenalingeschwängert noch mehr Zeit im inneren Schutzmodus verbringen zu lassen und ihnen sogar das Gefühl zu vermitteln, einen Energy-Drink für Geist und Seele konsumiert zu haben.

Zusammenfassung

»Die Evolution des limbischen Systems erzeugte einen einzigartigen Mechanismus, der die chemischen Kommunikationssignale in Empfindungen übersetzte, die von allen Zellen der Gemeinschaft wahrgenommen werden. In unserem Bewusstsein erfahren wir diese Signale als Emotionen.«

▶ Bruce Lipton

»Ich glaube nur, was ich sehe und höre«, ist heute noch immer die gängige erkenntnistheoretische Grundannahme. Dieser Glaube, unsere Sinneswahrnehmungen zeigten uns unmittelbar eine von uns als Beobachter losgelöste Wirklichkeit, wird selbstverständlich über unsere Massenmedien vielfach geschickt genutzt. Dabei geht es beispielsweise um das »Erschaffen wünschenswerter Wirklichkeiten« in den Bereichen Produktmarketing und politischer und gesellschaftlicher Willensbildung.

Zudem bieten Menschen, die infolge einer dauerhaften Adrenalin-Stimulierung auf ihrer zellulären Ebene in ihrem inneren Schutzmodus gefangen sind, für diese Manipulationen einen ausgezeichneten Nährboden. Viele lechzen geradezu freiwillig ihrer täglichen Adrenalin-Dosis entgegen, indem sie die tägliche Arbeit, Ernährung, Familie, Sport, Freizeit sowie regelmäßige Medikationen, verbunden mit der unermüdlichen Suche nach Heilung, als Adrenalin-Ladeplätze verwenden.

Zusätzlich bewirken die mundgerecht portionierten und emotional aufbereiteten Berichte über Lebensrisiken – wie Kernkraftwerke, Umweltkatastrophen, Klimaveränderungen, Geldentwertung, Massenarbeitslosigkeit, bestrahlte Lebensmittel, Agrarchemie, Gentechnologie, Verschwörungen und scheinbar für Menschen gefährliche Seuchen wie BSE, Schweinepest, Vogelgrippe oder EHEC – eine vermehrte Adrenalin-Ausschüttung. Das Merkmal all dieser Berichte? Sie sind wenig durchschaubar, zwingen uns etwas auf und erscheinen denkbar schrecklich. Um den Effekt möglichst gut auszuschöpfen, werden selbst kleine, unbedeutende Ereignisse zu

Meldungen mit außerordentlich hohem Nachrichtenwert aufgeblasen. Auf diese Weise können sie als Signal dafür dienen, dass nicht nur in dem betroffenen, sondern auch in verwandten Bereichen konkrete Gefahren drohen oder objektiv unlösbare Probleme bestehen.

Dennoch ist dies nur eine Möglichkeit, unsere Hirnphysiologie einzusetzen, denn die kluge Botschaft »Alles ist Information« steht uns als erkenntnistheoretische Alternative zur Verfügung. Damit können wir im ständigen Jetzt unser inneres Gold entdecken. Wir besitzen die Freiheit, in allen Sinneswahrnehmungen in uns eine innere Wirklichkeit zu entdecken, bei der unsere Augen einfach leuchten. Dies hat nichts mit positivem Denken oder einer rosaroten Optik zu tun, denn wir erschaffen unsere innere Wirklichkeit mit unseren Überzeugungen und nicht über unser Denken und unsere Sinne.

> »Man kann den Menschen nichts beibringen.
> Man kann ihnen nur helfen,
> es in sich selbst zu entdecken.«

> ▶ Galileo Galilei

Die universelle Sprache verstehen

»**Und er spürte, dass das Universum schwieg,** anstatt irgendetwas zu sagen, und so blieb auch er still. Ein Strom der Liebe entsprang seinem Herzen, und er begann zu beten. Es war ein Gebet, das er noch nie zuvor gebetet hatte, denn es war ohne Worte und ohne Bitten. Er dankte nicht, weil die Schafe eine fette Weide gefunden hatten, und er bat nicht, noch mehr Kristallwaren verkaufen zu können, oder dass die Frau seiner Träume auf seine Rückkehr warten möge. In der Stille, die nun schon herrschte, erkannte der Jüngling, dass die Wüste, der Wind und die Sonne ebenfalls nach den Zeichen von jener Hand suchten, um ihren Weg zu finden und das zu verstehen, was in einen einfachen Smaragd eingraviert war. Er wusste, dass diese Zeichen sowohl auf der Erde als auch im Weltraum verstreut waren, und dass sie dem Augenschein nach keinen Sinn ergaben, und dass weder die Wüste, noch die Sonne oder die Menschen wussten, warum sie erschaffen worden waren. Aber jene Hand hatte für alles einen Beweggrund, und nur sie allein konnte Wunder vollbringen, indem sie Ozeane in Wüsten verwandelte oder Männer in Wind. (...) Und der Jüngling tauchte in die Weltenseele ein und erkannte, dass diese ein Teil der göttlichen Seele und die göttliche Seele seine eigene Seele war. Und dass er somit selber Wunder vollbringen konnte.«

▶ Aus: Paulo Coelho, »Der Alchimist«

Teil 3

Anwendung unserer Quanten-Intelligenz

– Praxisteil –

Die Macht unserer Überzeugungen – (k)ein Mythos

»Lord Krishna wollte die Weisheit seiner Könige prüfen. Eines Tages ließ er König Duryodana zu sich rufen. Duryodana war im ganzen Königreich für seine Grausamkeit und seinen Geiz bekannt, und seine Untertanen lebten in Entsetzen vor ihm. Lord Krishna forderte ihn auf, die ganze Welt zu bereisen, um einen wahrhaft guten Menschen zu finden. Duryodana machte sich gehorsam auf die Suche. Nach langer Zeit kehrte er von seiner Suche zu Lord Krishna zurück und sagte: ›Ich habe getan wie geheißen und die ganze Welt nach einem wahrhaft guten Menschen abgesucht. Er ist nicht zu finden. Alle sind selbstsüchtig und böse. Nirgends gibt es diesen guten Menschen, den du suchst!‹

Lord Krishna schickte ihn fort und ließ König Dhammaraja zu sich kommen. Dieser König war für seine Freigiebigkeit und Güte bekannt und beim ganzen Volk sehr beliebt. Krishna befahl ihm, die ganze Welt zu bereisen, um ihm einen wahrhaft bösen Menschen zu bringen. Auch Dhammaraja gehorchte und kehrte nach langer Zeit zu Krishna zurück und sagte: ›Lord Krishna, ich habe versagt. Es gibt Leute, die irregeleitet sind, Leute, die aus Blindheit handeln, aber nirgends konnte ich einen wahrhaft bösen Menschen finden.

Trotz all ihrer Fehler sind sie im Herzen gut.‹«

▶ Gekürzt aus: Jack Kornfield, »Geschichten des Herzens«

1. Der Diamant unserer inneren Weisheit

Unser Alltag ist ganz leicht, sobald wir alles, was sich im Außen ereignet, stehen lassen können, wie es eben ist, und es einfach »spannend« finden, wahrzunehmen, was dieses aktuelle Ereignis in uns auslöst: Wachstum oder Schutz, Eins oder Null?

Unsere gewohnten Überzeugungsstrukturen bewirken, dass wir uns immer wieder in den gleichen neuronalen Schaltkreisen unseres Gehirns bewegen. Deswegen bedarf es der klaren Entscheidung, sich von den alten Mustern des Mangels zu verabschieden und aufzuhören, nach »Heilung«, »Problemlösung« oder auch nach »Quanten-Transformation« zu suchen.

Es gilt, die Ebene zu wechseln: von der gewohnten Bewertung zur reinen Wahrnehmung; von unserem »Bild der Wirklichkeit« zu unserer »inneren Wirklichkeit«; von der äußeren Geschichte, der Story, zu den zugrunde liegenden Überzeugungen. Dort liegt das Feld unseres Heilseins, das jedem Menschen offen steht und wahrgenommen werden möchte. Dieses Heilsein umfasst alle Lebensbereiche, wie Beziehungen, Gesundheit, Wohlstand, Erfolg, Selbstwert, Sexualität, persönliche Stärke, Spiritualität etc., und ist über die Quantenfelder der unendlichen Möglichkeiten stets in uns vorhanden.

»Ich war begeistert von der Erkenntnis, dass ich mein Leben verändern konnte, indem ich meine Überzeugung änderte. Eine Welle von Energie durchflutete mich, denn mir war klar, dass es einen wissenschaftlich fundierten Weg gab, der mich von meinem Job als Dauer-Opfer zu einer neuen Aufgabe als Mitgestalter meines Schicksals ›umschulte‹.«

▶ Bruce Lipton

Wir wissen: Im Gegensatz zu Energie ist Information nicht an Raum und Zeit gebunden. Was wir als Wirklichkeit wahrnehmen, ist abgeleitet aus den Sinneseindrücken, mit denen wir Antworten auf die von uns gestellten Fragen erhalten. Sind wir von einer bestehenden Wirklichkeit überzeugt, dann funktionieren mehr oder weniger all die auf dem konventionellen Weltbild aufbauenden lösungsorientierten, heilerischen oder energetischen Verfahren. Im Paradigma der Quanten-Intelligenz setzen wir jedoch bereits dort an, wo die innere Wirklichkeit aus der Information im Jetzt erschaffen wird.

Jede wahrgenommene Überzeugung ist zunächst nichts anderes als Information. Die zentrale Frage ist: Wie gehe ich im Jetzt mit dieser Information um? Lasse ich mich unmittelbar auf die wertfreie Wahrnehmung des gegenwärtigen Momentes ein, dann bin ich in Kontakt mit meiner Quanten-Intelligenz. Nütze ich diesen Diamanten meiner inneren Weisheit auch, dann entscheide ich über mein Befinden, unabhängig davon, was auf meiner Lebensbühne gespielt wird.

»Wir sind keine ohnmächtigen biochemischen Maschinen, und sich jedes Mal, wenn wir mental oder körperlich nicht so gut drauf sind, eine Pille einzuwerfen, ist auch nicht die Lösung. Medikamente und Operationen sind sehr hilfreiche Instrumente, wenn sie angemessen eingesetzt werden, aber die Vorstellung, dass man alles einfach mit ein paar Pillen wieder hinkriegen kann, ist grundsätzlich verkehrt. Jedes Mal, wenn dem Körper ein Medikament zugeführt wird, um eine Funktion A zu korrigieren, gerät Funktion B, C oder D aus dem Gleichgewicht. Nicht die Gen-gesteuerten Hormone oder Neurotransmitter kontrollieren unseren Körper und unseren Verstand – unser Glaube und unsere Überzeugungen kontrollieren unseren Körper, unser Denken und damit unser Leben.«

▶ Bruce Lipton

Im Buddhismus wird die universelle Weisheit, die in uns stets gegenwärtig ist, »Dharma« genannt. Dieses Sanskrit-Wort bezieht sich auf das Feld der Intelligenz, das nur darauf wartet, enthüllt und entdeckt zu werden. Es geht um die reine und unmittelbare Erfahrung im Jetzt. Das Feld ist immer da, ohne dramatische Inszenierung, genau wie ich es als Jugendlicher über die Meditation erlebt hatte: in der Leere, im Nichts, im Nicht-Erwarten; elegant, einfach, unscheinbar und doch so kraftvoll. Landläufig schenken wir unseren Symptomen mehr Aufmerksamkeit als den zugrunde liegenden Überzeugungen: Wir wollen »etwas wegmachen« und sind bisher nicht gewohnt, unseren Blick auf die unbewussten Programmierungen zu richten; wir glauben, dass das Defizit existiert – losgelöst von unserem Wahrnehmungsprozess.

Da die meisten Überzeugungen unbewusst sind und auch die Verbindung zu unserer Quanten-Intelligenz selten mit dem Verstand erkannt wird, hat es sich bewährt, sich intuitiv und neugierig auf Neues einzulassen. Probieren Sie ruhig völlig unkonventionelle Wege, um an Ihre tiefen Überzeugungen zu kommen: Sie könnten beispielsweise darauf achten, ob es einen Song gibt, der Ihnen immer wieder in den Sinn kommt, und den Text einmal nach Signalwörtern abtasten. Oder begegnet Ihnen zurzeit häufig ein Mensch, der Sie aufmerken lässt? Wenn ja, was genau fällt Ihnen an ihm auf, und was macht es mit Ihnen, wenn Sie genau hinspüren? Manchmal ist es auch hilfreich, eine Karte zu ziehen oder ein Buch aufzuschlagen und ein paar Zeilen zu lesen. Erlauben Sie sich, spielerisch und voller Freude zu sein, wenn Sie mit Ihrer Quanten-Intelligenz in Kontakt treten wollen, denn so haben Sie allerbeste Voraussetzungen, Ihre kraftvollen Überzeugungen zu erkennen und zu aktivieren.

> **Wir können den Fokus von den Symptomen abwenden und ihn auf die zugrunde liegenden Überzeugungen lenken.**
> Von dort ausgehend, gewinnen wir präzise Hinweise auf das Feld unserer leuchtenden Augen. In Verbindung mit unserer Quanten-Intelligenz im Jetzt entwickelt sich unsere alltägliche Erfahrung vom Drama zum Dharma.

Quanten-Intelligenz erleben

25 Jahre Neurodermitis – oder was ist wirklich?

Nicoles Geschichte illustriert die wunderbaren »Nebenwirkungen« der Versöhnung mit sich selbst:

»Im Quantenfeld der unendlichen Möglichkeiten ist es sinnvoll, keine Probleme weghaben zu wollen, sondern sich voll und ganz auf die leuchtenden Augen zu konzentrieren. ›Fliegt mein Ballon oder steht er zurzeit?‹, ist die Frage. Außerdem ist es wichtig, zu wissen, wo es hingehen soll und wie es sich dort anfühlen wird.

Dennoch fällt es uns allen oft schwer, vom Thema loszulassen und uns auf das Feld der unendlichen Möglichkeiten und leuchtenden Augen einzulassen. Ich persönlich liebe es deswegen, spielerisch und leicht auf neue Impulse und Perspektiven zu kommen, indem ich hin und wieder Tarotkarten ziehe.

Eines Tages zog ich auf meine Frage ›Was ist zu tun?‹ die Karte ›Zwei Kelche‹, welche die Bedeutung ›Versöhnung‹ hat. Zunächst war ich, ehrlich gesagt, etwas verwirrt. Ich richtete meine Gedanken nur auf das Außen und war dabei, mich im Verstand zu verrennen, weil ich überlegte, mit wem ich mich versöhnen sollte. Ich kam zu keinem Schluss, bis ich mich mit einem guten Freund unterhielt und er mich ganz unbedarft fragte: ›Wie wäre denn eine Versöhnung mit dir selbst, Nicole?‹

Ich spürte sofort die Resonanz in meinem ganzen Körper. Mein Herz fing an zu schwingen, und schon der Gedanke daran fühlte sich wundervoll weich und warm an. Ich kenne durchaus Vergebungsrituale aus verschiedenen Verfahren, doch niemals hatte mich etwas derart berührt.

Gefühlt – getan! Ich vereinbarte einen Termin, denn es fühlte sich so an, als ob ich das nicht alleine machen sollte, und fieberte ihm wie einem ›Date‹ mit großer Vorfreude entgegen.

Es war im höchsten und besten Interesse, mich jetzt mit mir selbst auf allen Ebenen versöhnt zu erleben, und nachdem ich bereit war, freudig eine andere Wirklichkeit zu erleben, war der gesamte Prozess nach etwa 25 Minuten abgeschlossen.

In den folgenden Tagen beobachtete ich eine sagenhafte innere Ruhe und eine große innere Freiheit, Gedanken einfach denken zu dürfen. Nach fünf Tagen bemerkte ich außerdem eine spannende ›Nebenwirkung‹: Seit über 25 Jahren hatte ich eine stark juckende Neurodermitis an meinen Händen und Armen, am Hals und am Rücken. Das Erscheinungsbild war schwankend, doch es war immer an irgendeiner Stelle zu sehen und vor allem zu spüren. Für mich völlig überraschend war meine Haut nun abgeheilt! Ich hatte meiner Haut überhaupt keinen Gedanken gewidmet, als ich den Termin für die Versöhnung ausgemacht hatte. Es fühlte sich eben nur so richtig gut an. Außerdem hatte ich wegen meiner Haut schon des Öfteren erfolglos Überzeugungen bearbeitet und hatte das Thema eigentlich für mich abgehakt. Ich war unermesslich dankbar, erleben zu dürfen, wie schön sich Haut anfühlen kann.

Vor einigen Monaten hätte ich hier einen Schlusspunkt meines Erfahrungsberichtes gesetzt, doch jetzt, nach über zwölf Monaten, hat sich noch etwas Neues gezeigt: Ich bin ein heller Hauttyp und meine Haut hatte scheinbar wenig Eigenschutz, was sich durch wenig Bräunung bzw. durch Sonnenbrand bemerkbar machte. Dieses Jahr zeigt sich auf einmal eine ganze andere Wirklichkeit, denn ich kann mich in der Sonne aufhalten, ohne einen Sonnenbrand zu bekommen, und meine Haut hat eine für mich außergewöhnlich schöne Bräunung. Auch an diesem Thema habe ich nicht bewusst gearbeitet, doch ich erinnere mich, in einem anderen Zusammenhang den Satz ›Ich bin sicher und beschützt!‹ aktiviert zu haben. Mit Gewissheit kann ich dazu nur sagen, dass ich mich im Bezug auf meine Körperwahrnehmung am Strand und in der Sonne absolut sicher gefühlt habe. Ich hatte weder eine Sonnenschutzcreme aufgetragen noch einen Schirm verwendet, sondern nur mir und den Signalen meines Körpers meine Achtsamkeit geschenkt. Auf diese Weise wusste ich, wann es genug ist, und ehrlich gesagt reichen mir auch drei bis vier Stunden.

Meine Devise ist nun, einfach weiterhin neugierig zu bleiben, denn es darf sich noch viel mehr ändern, als ich mir je vorstellen kann!«

Sobald wir den Glauben haben, dass sich etwas verändern darf; sobald wir uns Neues erlauben und wir voller Gelassenheit im Augenblick sind, können wir in jedem Moment die Fülle entdecken. Sollten wir dagegen darauf beharren, mit einer Technik etwas verändern oder in Balance bringen zu müssen, beruht dies auf der Grundannahme eines Mangels. Wir können unsere Quanten-Intelligenz nicht erschaffen, denn sie ist einfach da. Jede unserer Zellen ist ein hochsensibler Empfänger dafür, sobald wir nur unsere Wahrnehmung darauf ausrichten. Eine achtsame, entspannte und vertrauensvolle Grundhaltung sich selbst und dem Leben gegenüber führt zu einer unbeschreiblichen inneren Freiheit und unterstützt uns darin, über unsere Quanten-Intelligenz das Feld des Heilseins wahrzunehmen.

> **Veränderung kann in Leichtigkeit geschehen, sobald wir uns von der Annahme verabschieden, etwas verändern zu müssen.**

Die Tools, die ich Ihnen in diesem Buch vorstelle, können uns nützliche Dienste leisten. Die veränderte Grundhaltung im Moment ist jedoch die Basis, um die Werkzeuge überhaupt einsetzen zu können. Die Macht steckt in jedem von uns – die Tools sind allenfalls ein Zugangscode, um diese Macht wahrzunehmen.

>»Auf einmal war es ihm klar, dass die Suche
>der einzige Grund des bisherigen Nichtfindens gewesen war;
>dass man da draußen in der Welt nicht finden
>und daher nie haben kann, was man immer schon ist.«

▶ Aus: Paul Watzlawick, »Vom Schlechten des Guten«

Jede Wahrnehmung lädt uns in unseren inneren Wachstumsmodus oder in den Schutzmodus ein. Und je nachdem, welche der beiden Alternativen wir wählen, fühlt sich eine Situation anders an. Die Qualität dessen, was wir als Leben empfinden, verändert sich nachhaltig im ständigen Jetzt unserer Wahrnehmung. Unsere innere Weisheit, unsere immer vorhandene Intelligenz im Feld der kleinsten Teilchen, die uns auf unserer molekularen Schwingungsebene ausmachen, ordnet alles auf wunderbare Weise. Die Kunst liegt darin, die Verbindung im Jetzt wahrzunehmen. Je stärker wir die Lust spüren, in völligem Kontakt mit der uns innewohnenden Weisheit unser Leben sich entfalten zu lassen, umso schneller lernen wir es. Und seien Sie versichert: Es macht richtig Spaß!

In Verbindung mit der ureigensten Intelligenz unserer Zellen erleben wir Freude, Glück und Fülle in jedem Augenblick. Dabei können Techniken, mit der entsprechenden Grundhaltung verbunden, durchaus unterstützen. Aus spiritueller Perspektive fehlt dem Glauben, mit Techniken etwas verändern zu müssen, jedoch etwas ganz Entscheidendes: der Zauber der absichtslosen Stille, in der unser Heilsein im Jetzt nur erlebt werden will.

> »Die größten Ereignisse –
> das sind nicht unsere lautesten,
> sondern unsere stillsten Stunden.«
>
> ▶ Friedrich Nietzsche

Wir haben zwar nicht die völlige Kontrolle über die Ereignisse in unserem Leben, doch wir entscheiden selbst, wie wir eine Situation bewerten. Nur wir selbst – mit unserem gesamten Zellsystem, unserem Herzen und unserem Gehirn – haben die Macht über unsere Gefühle.

Glück erfahren wir nicht mit dem Kopf, sondern mit dem Herzen.

Sind unsere Überzeugungen im ständigen Jetzt von einem Empfinden tiefer Verbundenheit, innerem Frieden und Freude erfüllt, dann tritt das, was wir als Gesundheit wahrnehmen, als willkommene Nebenwirkung von selbst ein.

»Vergiss nicht –
man braucht nur wenig,
um ein glückliches Leben zu führen.«

▶ Marc Aurel

2. Die Story implodiert

Die zwei Ebenen der Wirklichkeit

»Wunder« geschehen einfach. Die Frage ist, ob wir sie bemerken. Sind wir bereit, uns auf das Feld der Information in uns einzulassen und uns damit zu unserer eigenen Macht zu bekennen, dann können wir uns auch dazu entscheiden, im Jetzt den Wachstumsmodus unserer Zellen zu erleben. Ganz nebenbei verändert sich so der Fokus unserer Aufmerksamkeit und damit verlieren auch sämtliche »Storys« ihre Bedeutung.

Falls Sie nun Bedenken haben, dadurch den Bezug zum Leben zu verlieren, kann ich Ihnen versichern, das Gegenteil ist der Fall. Sobald wir all die Geschichten sehen und hören, ohne ihnen die Macht über uns zu verleihen, stehen wir zunehmend mit beiden Beinen fest verwurzelt im Leben.

> »›Also, dies ist der einzige Rat,
> den ich dir geben kann‹,
> sagte der weiseste der Weisen.
> ›Das Geheimnis des Glücks besteht darin,
> alle Herrlichkeiten dieser Welt zu schauen,
> ohne darüber die beiden Öltropfen
> auf dem Löffel zu vergessen.‹«
>
> ▶ Aus: Paulo Coelho, »Der Alchimist«

Bis heute bin ich von den erstaunlichen geistigen, körperlichen und emotionalen »Phänomenen« beeindruckt, über die Menschen berichten, die in Kontakt mit der Quanten-Intelligenz ihrer Zellen gekommen sind: so elegant und voller Leichtigkeit, da sie frei waren und nicht krampfhaft »das Richtige« tun oder »das Falsche« lassen mussten. Ihre Aufmerksamkeit war im Kontext der Quanten-Intelligenz ausschließlich auf ihre inneren Überzeugungen gerichtet, die in jedem Moment auftauchen. Und die Ergebnisse, die im konventionellen Denken als Heilung oder Lösung bezeichnet würden, durften sich als Nebenwirkungen zeigen. Wie gesagt, als Begleiter habe ich kein Interesse an Diagnosen oder Analysen und richte meine achtsame Wahrnehmung ebenfalls nur auf das ständige Jetzt.

> **Der Unterschied, der den Unterschied ausmacht, liegt darin, zwischen Wahrnehmen und Bewerten exakt zu unterscheiden.**

Wechseln wir die Ebene unserer Aufmerksamkeit, kommen wir in Kontakt mit der Informationsebene in uns, die ich heute als unsere innere Steuerungsebene erlebe. Dort ist in jedem Moment alles vorhanden; es möchte nur wahrgenommen werden. Ich bin überzeugt, dass wir unseren Blick »bloß« auf das Heilsein zu richten haben, wenn wir gesund sein wollen.

Höre ich als Begleiter in der Geschichte des Partners seinen Mangel? Oder vernehme ich »nur« die Information, die ihn ins Feld der leuchtenden Augen, ins Feld der augenblicklichen Möglichkeiten führt? Wir haben die Wahl! Sobald wir die Begleitung von Menschen aus dem reinen Informations-Paradigma aufbauen, kommen wir zu einem völlig veränderten Kommunikationskonzept.

Erlauben wir uns die Metapher, jeder Mensch bewege sich ständig auf einer Art Varieté-Bühne seines Lebens, dann sind andere Menschen, wie etwa der »Marathon-Chef« in meiner beruflichen Abschlussphase bei der Versicherung, nichts anderes als »Nummerngirls«, die uns – äußerlich gesehen auf eine unangenehme Weise – in den inneren Schutzmodus unserer Zellen »einladen«. Die entscheidende Frage im ständigen Jetzt ist dabei aber: Tue ich mir selbst etwas Gutes, indem ich die Einladung annehme? Schlucke ich dann nicht zu der äußerlich herausfordernden Situation auch noch innerlich ein Glas körpereigenes Gift? Außerdem habe ich dann nur eine eingeschränkte Hirnkapazität zur Verfügung. Will ich das? Oder entscheide ich mich lieber bewusst, diesen äußeren Herausforderungen mit innerer Ruhe und Gelassenheit zu begegnen, um aus meinem Stärkemodus und mit meiner ganzen Hirnkapazität agieren zu können? Wir dürfen diese Freiheit in jedem Augenblick erleben!

> In jedem Augenblick kann ich vom Opferland Abschied nehmen:
> »Ich gestalte meine innere Wirklichkeit.«

Lassen Sie uns dies konkret sowie Schritt für Schritt am Beispiel von Sabine und Bert betrachten:

Sabine und Bert sind seit Langem ein glückliches Paar. Dennoch gibt es da etwas zwischen den beiden … Den folgenden Part der Story müssten wir eigentlich gar nicht erfahren; mit zunehmender Übung wird sie uns so auswechselbar wie unsere Wäsche erscheinen. Nur der Vollständigkeit halber:

Sabine ist eine attraktive Frau, allerdings – was ihrer Attraktivität überhaupt keinen Abbruch tut – hat sie nicht gerade einen großen Busen. Bert stört das normalerweise gar nicht, doch alle vier bis sechs Monate »packt« es ihn und er wird wie magisch angezogen von einem Bordell. Dort sucht er Kontakt zu der Dame mit den größten Brüsten.

Den Rest können wir uns schenken, denn interessant ist jetzt Ihre eigene Reaktion während der Lektüre dieser Zeilen: Was löst es in Ihnen aus? Beispielsweise: »Das brauchen Männer halt«, oder: »Die Männer sind eben Schweine«, oder nur: »Na und?!«, oder: »Da würde ich mich sofort scheiden lassen!«

Die äußere Geschichte ist zunächst reine Information, bestehend aus einer bestimmten Anzahl von Zeichen, Bits und Bytes. Wir geben dieser Information eine Bedeutung, und was diese dann in uns auslöst, basiert direkt auf unseren Grundüberzeugungen. Die Wirklichkeit, die diese Geschichte in uns bewirkt, stellt nur eine Variation aus dem Feld der unendlichen Möglichkeiten dar – was uns direkt die Freiheit der Natur widerspiegelt. Deswegen ist die inhaltliche Beschäftigung mit der Geschichte auch nur eine Möglichkeit, unsere Hirnphysiologie zu nutzen. Eine andere Möglichkeit besteht darin, die Geschichte als Angebot zu sehen, um zu erkennen, was sie im Moment der Wahrnehmung in uns auslöst: Gedanken und Emotionen, die uns entweder in unseren inneren Wachstumsmodus oder unseren inneren Schutzmodus führen. Unser Ballon fliegt – oder steht. Wir nutzen unser ganzes inneres Potenzial – oder wir funktionieren auf »Notstromaggregat«, im Überlebensmodus. Was ist vonnöten, damit ich den Reichtum des Augenblicks, inneren Frieden, Liebe und Dankbarkeit in mir wahrnehme, unabhängig davon, was gerade auf der Bühne meines Lebens gespielt wird?

In der Regel dienen uns unsere Geschichten lediglich dazu, unser Verhalten zu erklären und zu rechtfertigen. Vergessen Sie die äußere Story, denn sie hält Sie lediglich auf!

Willst du recht haben oder glücklich sein?

Wir haben kulturell nie gelernt, achtsam mit unserem Innenleben umzugehen. Das Gegenteil ist der Fall. Von frühester Kindheit sind wir darauf konditioniert, auf die Reaktionen anderer zu achten. Dadurch sind wir so empfänglich für die Ereignisse in der wahrgenommenen Außenwelt. Deshalb fühlen wir uns auch auf subtile Weise abhängig. Im Jetzt könnten wir unsere Freiheit leben, doch meist entscheiden wir uns unbewusst und automatisch dafür, abhängig zu sein. Wir überlegen, was andere über uns denken und was sie wohl von uns halten. Wir fragen uns, was »man« da tun oder lassen sollte, und wir erwägen, welche Reaktion wohl »normal« sein könnte. Dafür blicken wir meist zurück in die Vergangenheit – oder folgen ganz selbstverständlich den Infos aus Presse, Funk und Fernsehen. Ist es nicht seltsam, dass wir eher selten auf die Idee kommen, die Weisheit in uns selbst zu befragen?

»Will ich recht haben oder glücklich sein?«, ist dabei eine sehr hilfreiche Frage. Je öfter wir unsere Geschichte erzählen, desto intensiver »flicken« wir uns gemeinhin Begründungen zurecht, warum wir zu Recht leiden. Entscheiden wir uns jedoch, glücklich zu sein, übernehmen wir das Steuer. Wir suchen nicht mehr nach Begründungen, recht zu haben, sondern nach neuen Blickwinkeln. Wir sind achtsam im Jetzt und sehen nach vorne, um das zu erreichen, was unsere Augen zum Leuchten bringt. Auf diese Weise hören wir auf, Endlosschleifen in unseren Storys zu drehen, und sind plötzlich viel häufiger und leichter schlichtweg glücklich im Jetzt.

> **Gehen wir sorgsam mit der Pflege des inneren Gartens unserer Gedanken und Emotionen um oder nicht?**
> **Wir können uns jeden Moment entscheiden!**

Ob es nun Berts Bordellbesuche sind oder ein aufgeblasener Medienbericht über ein Ereignis irgendwo in der Welt: Ohne Emotionen betrachtet, ist zunächst alles reine Information. Sie fällt jedoch auf ein vorbereitetes Feld, aus dem wir automatisch unsere innere Wirklichkeit erschaffen. Beginnen wir, im Jetzt sehr achtsam mit uns zu sein, dann können wir das Feld der unendlichen Möglichkeiten erkennen und jederzeit den Weg der inneren Freiheit wählen.

Die amerikanische Hirnforscherin Jill B. Taylor beschreibt diese Freiheit folgendermaßen:

»Ich definiere Verantwortung als die Fähigkeit, uns zu entscheiden, wie wir in jedem Moment auf eine Stimulation reagieren, die über unser sensorisches System in uns dringt. Es gibt zwar bestimmte limbische Systemprogramme, die automatisch ausgelöst werden können, aber es dauert weniger als neunzig Sekunden, dass diese Programme ausgelöst werden, durch den Körper rauschen und dann komplett mit dem Blutstrom wieder ausgespült werden. Wut zum Beispiel ist eine programmierte Reaktion in mir. Wird sie ausgelöst, breitet sich eine vom Gehirn freigesetzte Chemikalie in meinem Körper aus und setzt ein bestimmtes Körpergefühl frei. Innerhalb von neunzig Sekunden nach der Auslösung ist die chemische Komponente dieser Wut in meinem Blut restlos verschwunden, und meine automatische Reaktion ist vorbei. Bleibe ich auch danach noch wütend, dann geschieht dies deshalb, weil ich mich dazu entschieden habe, diesen Kreislauf weiterlaufen zu lassen. In jedem Augenblick treffe ich die Wahl, weiterzumachen oder aufzuhören.«

Keine 90 Sekunden dauert die »automatische« Reaktion unseres limbischen Systems! Und wenn auch die emotionale Rakete von selbst startet – sie kann niemals ohne Unterstützung unserer Gedanken länger als 90 Sekunden fliegen. Das heißt für uns im Klartext: Steht unser »innerer Ballon« länger als 90 Sekunden, dann haben wir uns dafür entschieden, nicht sehr sorgsam mit der Pflege des inneren Gartens unserer Gedanken und Emotionen umzugehen. Können Sie sich die Kraft und die Macht vorstellen, die in dieser Information liegt? Der Dalai Lama brachte es zum Ausdruck, indem er auf die Frage, ob er denn nie wütend werde, sinngemäß antwortete: »Aber natürlich werde ich wütend. Ich bin doch ein Mensch. Aber die Zeit, in der ich wütend bin, wird immer kürzer.« Diese Fähigkeit liegt in jedem von uns. Es ist die Weisheit und Intelligenz unserer Zellen, die nur wahrgenommen werden will.

Lassen Sie uns zur Geschichte von Sabine, Bert und den Bordellbesuchen zurückkommen: Mit dieser Story könnten wir stundenlange Talkshows füllen und uns in jahrelange analytische Aufarbeitung stürzen – oder wir könnten sie genauso gut gleich wieder vergessen.

Sabine und Bert könnten damit auch herrlich ein Drama erschaffen. Aus therapeutischen Ansätzen könnte etwa Bert klar werden, warum dieses »Verlangen« in ihm auftaucht, was es verursacht hat, welche frühkindliche Störung dahintersteckt; er könnte eine Rückführung oder eine Familienaufstellung machen. Vielleicht gäbe es auch eine schöne Diagnose. Wir wissen ja: Diagnosen erschaffen Wirklichkeiten!

Diagnosen erschaffen Wirklichkeiten!

Der Ansatz der Quanten-Intelligenz ist ein ganz anderer: »Ist ja spannend …, was löst es denn in dir aus und was nimmst du jetzt wahr?« Und von diesem Moment an sind wir im *Q!* Spiel. Unsere Aufmerksamkeit liegt nun ausschließlich auf der Ebene der Überzeugungen statt auf der Story-Ebene. Mindestens diese zwei Ebenen der Wirklichkeit existieren in jedem Moment in uns, doch wir sehen nur, worauf wir den Blick richten.

Das Juwel hinter den Überzeugungen

Beginnen wir mit Sabines möglichen Überzeugungen: »Ich werde abgelehnt ... Ich bin unzureichend ... Keiner liebt mich ...«

Mit diesen Überzeugungen erschafft Sabine ihre Realität in dem Moment, in dem sie sie bemerkt und glaubt.

Sieht Sabine dagegen die Überzeugungen als Hinweise auf die eigenen Befähigungen, kann im Moment des Wahrnehmens schon ein inneres Lächeln entstehen: »Schön, dass es mich gibt ... Ich bin eine attraktive Frau ... Ich bin es wert, geliebt zu werden ...« etc. Eine allgemein »richtige« Überzeugung gibt es nicht, weil eine Überzeugung nur dann in unserem inneren System wirkt, wenn dabei unsere Augen zum Leuchten kommen, wenn unser Herz angesprochen wird, wenn die Resonanz des Herzens entsteht. Hundert Leute im Raum könnten die gleiche einschränkende Überzeugung in ihrem Zellbewusstsein abgespeichert haben; es würde für die hundert Menschen aber nicht die *eine* befähigende Überzeugung geben. Vielmehr wird jeder Einzelne mit unterschiedlichen, individuellen kraftvollen Befähigungen in Resonanz gehen.

> *Q!*
> Jeder Mensch hat seine eigenen besten und richtigen Überzeugungen.

Der Muskeltest, auf den ich im nächsten Kapitel eingehe, dient im Sinne der *Q!* nicht zu irgendeiner Form von Diagnose oder Analyse, sondern – wie hier bei Sabine – zum Aufspüren der eigenen befähigenden Überzeugungen. Meine Aufgabe als Begleiter besteht ausschließlich darin, Sabine in ihrer Selbstwahrnehmung zu unterstützen: achtsam im Moment, voller Vertrauen, dass alles in Sabine vorhanden ist, getragen vom Nicht-Wissen und losgelöst von sämtlichen alten Konzepten; ich verschwende dabei auch keinen Gedanken daran, etwas »richtig« oder »perfekt« tun zu müssen, denn alles ist bereits vollkommen, so wie es ist.

Die Magie des Augenblicks

Für Sabine war es in dem Moment klar erkennbar: Die Überzeugungen »Ich bin es wert, geliebt zu werden« und »Ich liebe mich so, wie ich bin« lösten sofort leuchtende Augen aus: Ja, das war es, was sie wollte! Allerdings war sie noch längst nicht mit diesen Überzeugungen verbunden. Aber auch nicht im Geringsten.

Auf die Technik, mit der Sabine den Zugang zu ihrer inneren Verbindung mit diesen Überzeugungen erleben kann, gehe ich in Kapitel 5 dieses 3. Teils ein: Sabine nimmt über eine der *Q!* Verbindungen die starke Kraft, die Energie und das Leuchten ihrer Augen wahr, die immer als Potenzial in den Überzeugungen liegen. Die äußere Geschichte mag zwar noch weiter etwas bei Sabine auslösen, nur fehlt plötzlich die emotionale Brisanz, die Schärfe. Sabine kann nun aus ihrem Wachstumsmodus und aus der Nutzung ihrer gesamten Hirnkapazität heraus agieren.

In diesen Augenblicken, im Jetzt offenbart sich für sie sowie für mich als Begleiter die Magie des heiligen Moments der Stille, der Zauber der absichtslosen Stille, denn nun dürfen ganz einfach und leicht unsere Augen leuchten – ohne irgendetwas dazu zu tun. Und die Stille äußert sich manchmal sogar in herzhaftem Lachen über uns selbst und all unsere Storys.

Jetzt erscheint uns unsere Wahlfreiheit im Feld der unendlichen Möglichkeiten ganz klar: Liebe die Situation, wie sie ist – oder verlasse die Situation – oder verändere sie – oder vertraue darauf, dass du nichts tun musst, sondern dass »es« sich ergibt. Wie auch immer wir uns jenseits unserer intellektuellen Konstrukte entscheiden: Die Basis dieser Entscheidung ist die Klarheit unserer Quanten-Intelligenz in jeder einzelnen Zelle.

Glaubst du deinen Überzeugungen?

Jetzt kommen wir zu Berts Story, die ebenfalls ist, wie sie ist. Was löst sie bei ihm aus? »Ich fühle mich irgendwie schuldig ... Ich mache alles falsch ... Wenn ich meinem Inneren folge, werde ich abgelehnt ... Ich bekomme sowieso nicht das, was ich im Leben wünsche und brauche.«

Ist ja spannend ... Auch Bert hat die Wahl. Die Schritte ähneln jenen bei Sabine:

- Muskeltest zur Selbstwahrnehmung der befähigenden Überzeugungen – wieder ohne die Intention einer Diagnose meinerseits. Bei Bert sind es die Sätze: »Ich bin es wert, geliebt zu werden, auch wenn ich meiner inneren Wahrheit folge«, und: »Ich darf ich sein.« Obwohl beide im Vorabtest »Null« testen und sich für Bert nicht gerade kraftvoll anfühlen, lösen sie bei ihm leuchtende Augen, also eine Sehnsucht, aus. (Zur Unterscheidung von »Affirmationen« und »befähigenden Überzeugungen« siehe Seite 280.)

- Eine der *Q!* Verbindungen erleben, wie sie im 3. Kapitel von Teil 3 beschrieben werden. Bert macht nicht mehr und nicht weniger als die Erfahrung, die innere Verbindung zu den befähigenden Überzeugungen zu erleben.
  Ich stelle mir dies gerne wie ein Radioprogramm vor: Die Wellen sind im Raum vorhanden. Hören kann ich sie jedoch erst, wenn ich eine Empfangsstation habe und sie darauf ausrichte.

Ich muss eben das Radio anmachen. Fertig. Nichts anderes ist es, die Verbindung zur Überzeugung zu erleben. Die Superposition der Verbindung ist schon immer da; sie realisiert sich aber erst im Moment der Wahrnehmung. Es liegt an uns.

• Testen der befähigenden Überzeugungen und es uns erlauben, das Leuchten der Augen zu erleben. Nur wenige Augenblicke später testen die Sätze »Ich bin es wert, geliebt zu werden, auch wenn ich meiner inneren Wahrheit folge« und »Ich darf ich sein« mit »Eins«; und zu Berts Überraschung fühlen sie sich ganz anders an.

Bert ist jetzt ebenfalls in der Lage, aus seinem Wachstumsmodus heraus zu handeln. Die äußere Geschichte mag sich zwar weiterhin nicht super anfühlen, doch auf einmal ist auch in Bert der emotionale Zündstoff verschwunden.

Bisher passte die »gefühlsmäßige Wirkung« der beiden genau zu ihren Überzeugungen, denn mit dem Besuch eines Bordells wurde ihre gemeinsame Geschichte erschaffen, die wiederum erfolgreich ihre jeweiligen Grundüberzeugungen bestätigte.

> **Überzeugungen führen zu Erlebnissen, die einen hundertprozentigen Erfolg dieser Überzeugungen darstellen. Nur die Lebensbereiche, in denen die passenden Ereignisse stattfinden, scheinen variabel, und damit ist die daraus resultierende Story in den Quantenfeldern der unendlichen Möglichkeiten eher »zufällig«.**

Noch einmal zu meiner Rolle als Begleiter: Die äußere Story (hier: Berts Bordellabenteuer) ist für mich völlig nebensächlich. Bert ist zu allem, was er macht, herzlich eingeladen, weil ich nicht wissen kann und beurteilen will, ob es »gut« oder »schlecht« für ihn und sein Umfeld ist. Ich bin nur daran interessiert, Bert auf seinem Weg zu begleiten, aus dem Wachstumsmodus heraus zu handeln. Sobald vom »Drama« Abschied genommen wird, verändern sich die Geschichten wie von selbst zum Dharma.

Als weiterer Schritt kommt noch das Erleben von Sabine und Bert miteinander hinzu. Was löst die Begegnung in ihnen aus und wie ist ihre Verbindung? Mittels der Beziehungs-Aufstellung in der Quantendimension können die beiden spüren und erleben, ob sie »trotz« aller äußeren Begebenheiten – genau so, wie es eben ist – in ihrem Wachstumsmodus sind oder nicht. Als Begleiter von Sabine und Bert habe ich wiederum keine Intention für die beiden; ich weiß weder, ob sie zusammenbleiben oder sich besser trennen sollten, noch was das Beste für sie ist. Und doch spüre ich während einer *Q!* Verbindung etwas in meinem Herzen. Außerdem liegt meine Stärke darin, auf die Weisheit und Intelligenz ihrer Systeme zu vertrauen. Ich bin mir sicher, es wird genau das »Richtige« geschehen, wenn beide in ihrem Wachstumsmodus sind und daraus handeln.

Im Beispiel von Sabine und Bert wurde wunderbar deutlich, wie die äußere Geschichte die passenden (bereits zuvor im Unbewussten vorhandenen) Überzeugungen aktiviert und zutage gebracht hat: »Ich bin unzureichend; keiner liebt mich« auf Sabines Seite sowie »Ich bin schuld und bekomme sowieso nicht das, was ich wünsche und brauche« und »Ich werde abgelehnt« auf Berts Seite. Passt doch wie der richtige Schlüssel zum Schloss. Finden Sie es nicht genial arrangiert?

> Vertrauen wir auf den Erfolg unserer Überzeugungen, können wir beginnen, neue Erfahrungen mit dieser schöpferischen Kraft in uns zu machen, und unsere Welt wird sich wie von selbst verändern.

»Die Energie des Geistes (der Gedanke) hat einen direkten Einfluss auf die Steuerung der Körperphysiologie durch das Gehirn. (...) Aus diesem Grund achtete ich sehr darauf, wofür ich meine gedankliche Energie einsetzte, als ich die ersten Schritte zur Veränderung meines Lebens unternahm. Ich musste mit dieser Energie genauso sorgfältig umgehen, wie ich darauf achtete, wann und wofür ich wie viel meiner körperlichen Energie einsetzte.«

▶ Bruce Lipton

Jenseits des »Story-Lands«
(Die Implosion der Story)

Mittlerweile sind über zwei Jahre vergangen und dieses Thema tauchte bei Sabine und Bert einfach nicht mehr auf. Und das, ohne dass wir je an einer »Lösung« gearbeitet hätten und ohne dass ich

> **Wer in einer Einschränkung dankbar seine vorhandene Befähigung erkennt und aktiviert, lässt ganz nebenbei die äußere Story implodieren.**

ein Problem vorausgesetzt hätte, sondern einzig weil Sabine und Bert sich für ihre eigenen Informationen im Jetzt öffneten, um daraufhin den Hinweisen zu ihren Befähigungen zu folgen. Die beiden haben ihre Wahlfreiheit genutzt. Jeder hat für sich entschieden, welche innere Wirklichkeit erlebt werden will, und sie ließen eine andere, eine neue Geschichte Wirklichkeit werden. Damit ist die alte Story implodiert, weil

sie keinen Erfolg mehr erschafft. Trotzdem ist dabei weder etwas »geheilt« noch etwas »gelöst« worden. Sabine und Bert erschaffen sich (wieder »nur«) im Jetzt jeweils genau die innere Wirklichkeit, die ihren inneren Überzeugungen entspricht. Auch *Sie* haben diese Macht!

Ich lade Sie damit ein, Zuschauer und Resonanzboden all der Geschichten zu werden, die Sie selbst und Ihre Mitmenschen erleben. Erlauben Sie es sich, ganz genau hinzusehen und zu spüren. Die Geschichten der anderen sind im Übrigen nur so lange für Sie von Wert, bis Sie die Hinweise auf unbewusste Überzeugungen immer klarer erkennen. So werden Sie schließlich mehr und mehr die Fähigkeit entwickeln, aktiv und bewusst Ihre innere Wirklichkeit zu erschaffen. Sobald Sie erkennen, dass Ihre Storys nur dicke Hinweise auf die Überzeugungen Ihrer inneren Steuerungsebene sind, implodieren sie von selbst. Aus dem gerade noch wahrgenommenen emotionalen Druck entsteht ein Lächeln in Ihnen – und manchmal auch ein Lachen über sich selbst.

> »Niemand kann Ihnen das Gefühl vermitteln,
> Sie wären minderwertig,
> solange Sie selbst nicht
> Ihr Einverständnis dazu gegeben haben.«

▶ Eleonor Roosevelt

Die Achse der Polarität

Vollziehen wir den Wechsel von der Story-Ebene hin zur zugrunde liegenden Überzeugungsebene, wird der Rest ganz leicht. Allerdings stellt uns dieser Wechsel anfangs vor eine Herausforderung. Das Gute daran ist, wir können sie spielend meistern, sobald wir erkennen, dass alle Gefühle auf der Achse der Polarität in einem anderen Ladungszustand wiederzufinden sind.

Nehmen wir als Beispiele Angst, Wut, Scham und Schuld, welche den Ladungszustand des Schutzmodus darstellen, dann finden wir auf der anderen Seite immer Liebe, Vertrauen, Stärke und Freiheit, die den Ladungszustand des Wachstumsmodus kennzeichnen. Die Achse der Polarität bedeutet Yin und Yang, Sowohl-als-auch, denn alles ist in allem enthalten.

Damit nun mein Partner leicht auf die andere Seite der Achse der Polarität findet, stelle ich mich quasi als Resonanzboden zur Verfügung. Für mich gilt vom ersten Moment, in dem mein Partner seine Geschichte und sein Anliegen schildert, sehr achtsam zu sein: Was höre ich? Was fühle ich? Was nehme ich in mir wahr? Angst, Wut, Scham, Schuld etc.? Dann lade ich meinen Partner mit Fragen ein, seinen Blick auf die andere Seite zu wenden: Wo kommen deine Augen ins Leuchten? Was würde dir jetzt nützen? Worum geht es dir? Was brauchst du jetzt? Falls ihm von alleine so gar keine Idee kommt, biete ich Anregungen – ohne Anspruch auf Richtigkeit; ich lade meinen Partner ein, festzustellen, wie sich die Seite der

Befähigung anfühlt: Liebe, Vertrauen, Stärke und Freiheit. Das Potenzial ist längst da; es möchte nur wahrgenommen werden.

Es wird leicht, sobald wir uns zu erkennen erlauben, dass Gut und Schlecht, Gesundsein und Krankheit, Gewinnen und Verlieren immer gleichzeitig zugegen sind, es aber von unserer Entscheidung abhängt, welcher Ladungszustand sich zeigt. Und es wird leicht, wenn wir uns unserer Gewohnheit entledigen, die endlosen Gedanken und Geschichten unseres bewussten Verstands zu glauben und als Wahrheit anzubeten. In der Gegenwärtigkeit des Augenblicks lauschen wir in uns hinein, auf den eigenen inneren Klang, und staunen über die Klarheit der eigenen Resonanz. So weit entfernt von der Welt der Storys und doch ganz nah. Wählen wir dann den Weg im Ladungszustand des Wachstums, nutzen wir die eigene Quanten-Intelligenz und bedienen uns der *Q!* Tools, um den Zugang zur Entfaltung unserer vollen Kraft, zu unserer Ganzheit zu finden.

> »Die Straße nach oben und die Straße nach unten
> sind ein und dieselbe.«
>
> ▶ Heraklit

Einschränkung und Befähigung sind wie die beiden Seiten einer Münze. Die einzige Kunst besteht darin, die Münze umzudrehen. Außerdem existiert immer eine dritte, dynamische Variante, die ich besonders liebe: die sich drehende Münze. Solange die Münze sich dreht wie ein Kreisel, existieren beide Seiten gleichzeitig: Kopf und Zahl, Einschränkung und Befähigung. Erst das Ende der Dynamik zeigt uns eine der beiden Möglichkeiten als Wirklichkeit: Wir können nur noch entweder Kopf oder Zahl sehen.

Stellen Sie sich dieses Bild einfach als Metapher unseres Lebens vor: Alles ist wie die sich drehende Münze; erst mit unserer Beobachtung lassen wir die Gleichzeitigkeit von Kopf und Zahl zu einem Entweder-oder werden.

Ein Geschenk für die Welt, oder?

Caroline hatte eigentlich nur auf Empfehlung ihrer Freundin Manuela an meinem *Q!* Workshop in der Schweiz teilgenommen. Sie war offen und neugierig; ich merkte ihr durchaus ihre Überraschung an, als sie zunehmend erfuhr, worum es sich in meinem Workshop handelte, doch Caroline blieb interessiert.

Am Morgen des vierten Tages erzählte sie strahlend von ihrer überraschenden Erfahrung: Sie und ihr Mann bewohnten ein sehr großes Haus mit ausreichend Platz, sodass sie ihre Freundin Simone, die gerade in einer schweren Trennungskrise steckte und sehr darunter litt, für einige Wochen bei sich aufnehmen konnte. Simone jammerte jeden Abend über ihr Unglück.

Caroline mochte Simone wirklich, doch allmählich wurde es ihr zu viel. Sie konnte und wollte nicht mehr »mitleiden«! An diesem Abend kam Caroline also nach Hause und war eigentlich platt von den vielen neuen Eindrücken, als Simone sie wieder mit ihrem Leid überfiel. Alles was Caroline in den letzten Tagen gehört und gelernt hatte, war auf einmal präsent und so fragte sie: »Magst du mir mal sagen, was das ganz genau bei dir auslöst?«

Die prompte Antwort lautete: »Ja, das kann ich dir genau sagen. Alle trampeln auf mir rum, ich fühle mich wie der letzte Dreck und ich scheine wirklich alles falsch zu machen!«

»Kannst du mir dann auch sagen, wo deine Augen ins Leuchten kämen und welcher Satz sich gut anfühlen würde?«

Zögerlich und mit ein bisschen Hilfestellung kam die Antwort: »Ich bin willkommen und ich bin es wert, geliebt zu werden!«

»Könnte es sich noch besser anfühlen? Wie wäre es zum Beispiel mit ›Ich bin ein Geschenk für die Welt!‹?«

Oje, das war ein Volltreffer! Simone schüttelte den Kopf: »Nein, das bin ich sicherlich nicht! Aber schön wäre es schon.«

Daraufhin lud Caroline sie ein, mit einer der *Q!* Verbindungen (siehe Teil 3, Kapitel 5) ihre innere Verbindung zum Ladungszustand dieser befähigenden Überzeugungen wahrzunehmen. Die beiden konnten die Übung sofort im Wohnzimmer durchführen, und kaum zehn Minuten später erlebten sie die »veränderte Wahrnehmung« von Simone wie nebenbei auf dem Sofa.

Dieser Abend verlief völlig anders als gewohnt. Simone war entspannter, deutlich besser drauf und sprach auf einmal nicht über ihr Leiden.

Und am nächsten Morgen, als Caroline beim Frühstück in der Küche saß, traute sie ihren Ohren kaum: Sie hörte Simone pfeifend und summend ins Bad gehen. Das war in all den Wochen noch nie passiert!

Caroline konnte innerhalb weniger Minuten erleben, wie die Story einfach implodierte.

Die Story, mit der wir uns so gerne identifizieren, tritt völlig in den Hintergrund und wir sind – unabhängig von dem, was auf der Bühne des Lebens gerade gespielt wird – im Feld unserer leuchtenden Augen. Caroline war komplett überzeugt und einmal mehr froh, ihrer Freundin Manuela blind vertraut zu haben.

»In 20 Jahren wirst du dich mehr ärgern
über die Dinge, die du nicht getan hast,
als über die, die du getan hast.
Also wirf die Leinen
und segle fort aus deinem sicheren Hafen.
Fange den Wind in deinen Segeln.

Forsche. Träume. Entdecke.«

▶ Mark Twain

»Das Feste ist die Wurzel des Leichten.

Das Ruhende ist *Meister* des Eiligen.«

▶ Laotse

3. Die Ökologie des Bewusstseins – Konkretes Vorgehen in fünf Schritten

> »Das Universum besteht aus einer Sprache,
> die jeder verstehen kann,
> die wir aber verlernt haben.«

▶ Aus: Paulo Coelho, »Der Alchimist«

Das innere Navigationssystem entdecken

In der Welt unserer Quanten-Intelligenz tritt an die Stelle des Denkens in Problemen und Krankheiten sowie des Wissens und jeglicher Konstrukte das reine Wahrnehmen und ein Gewahrsein dessen, was gerade ist. Stellen Sie sich vor, Sie würden in einem Bewusstseinszustand leben, der permanent von Füllegedanken wie »Ich bin gesund«, »Ich lebe meinen Erfolg«, »Ich komme gut mit meinem Einkommen zurecht und weiß genau, was zu mir und meinen Bedürfnissen passt«, »Ich bin reich« – oder gegebenenfalls »Ich vertraue darauf, einen guten Job zu finden« – etc. beherrscht wird. Würden Sie sich nicht überaus wohlfühlen? Glauben Sie, dass sich in diesem ständigen Wohlsein – oder wie Bruce Lipton es ausdrückt: in diesem anhaltenden inneren Wachstumsmodus Ihrer Zellen – neue neuronale Verbindungen bzw. intelligente neue Gedanken in Ihnen entwickeln? Dass Sie auf diese Weise eine kraftvolle Ausstrahlung haben, die Ihnen Türen öffnet, und dass Sie spüren, Sie sind im Feld des Heilseins angekommen?

Alles was wir als »Probleme« bewerten, basiert zunächst auf der Ablehnung einer Situation, die wir für wahr halten. Jeder Gedanke, jeder Wunsch nach Veränderung, der auf der Ablehnung einer

Situation beruht, lenkt unsere Aufmerksamkeit im Besonderen auf das, was wir ablehnen. Die eigene Bewertung einer Situation verstärkt in jedem Moment die wahrgenommene Wirklichkeit.

Der erste kraftvolle Schritt besteht darin, uns ganz aus den Bewertungen von »Gut« oder »Schlecht«, »positiven« oder »negativen« Grundüberzeugungen, »Lösungen« und »Heilung« zu verabschieden. Stattdessen nehmen wir wahr, was an Gedanken, Gefühlen, Körperempfindungen in uns auftaucht, denn diese konkreten Phänomene existieren sehr wohl. Beschränken wir uns nun auf diesen sehr einfachen, aber gleichzeitig sehr präzisen Wahrnehmungsprozess, gelangen wir in eine Welt der Informationen, die wir wie Hinweisschilder beachten können und sollten. Wir entdecken plötzlich ein präzises Navigationssystem in uns, das uns den Weg zu unseren Befähigungen, unserer Kraft, unserem Glück, unserer Liebe und unserem Frieden zeigt. In der Information im Jetzt offenbart sich uns das Universum. Sobald wir uns dieser neuen Dimension öffnen und voll Neugierde den Hinweisen folgen, entstehen quasi als »Nebenwirkung« ganz einfach Freude und Leichtigkeit oder Gegebenheiten, die wir in der konventionellen Welt als »Lösung«, »Heilung« oder »Wunder« erleben.

> Achten wir darauf, in unserem inneren Wachstumsmodus zu sein und die reine Information im Jetzt wahrzunehmen, werden wir zunehmend Liebe und Glück empfinden.

Eine Weisheitsgeschichte aus dem alten China bringt die Essenz der Betrachtung jenseits unserer Bewertungen auf den Punkt:

■ Glück oder Unglück – Die Geschichte vom alten Bauern ■

Ein alter Bauer lebte mit seinem Sohn auf einem Hof in ärmlichen Verhältnissen. Er hatte nur ein Pferd für die schwere Landarbeit, und das war eines Tages ausgerissen. Die Nachbarn kamen, um

ihn zu bedauern, und sie sagten: »Welch ein Unglück.« Worauf
der Bauer antwortete: »Woher wisst ihr, dass es ein Unglück ist?
Ich nehme nur wahr, dass das Pferd weg ist.«

Zwei Tage später kehrte das Pferd zurück und brachte zehn Wild-
pferde mit. Und wieder kamen die Nachbarn, diesmal um den
Bauern zu beglückwünschen: »Welch ein Glück du doch hast!«
Und wieder antwortete der Alte: »Woher wollt ihr wissen, dass es
Glück ist? Im Moment stehen einfach elf Pferde auf der Koppel.«

In den kommenden Wochen ritt der Sohn des alten Bauern die
Pferde ein. Vom wildesten Hengst wurde er abgeworfen und
brach sich das Bein, sodass er nicht mehr laufen konnte. Und wieder kamen die Nachbarn: »Welch ein Unglück über dich hereinge-
brochen ist. Dein einziger Sohn kann jetzt nicht mit dir die Felder
bestellen.« Und der Alte antwortete: »Woher wisst ihr, dass es
Unglück ist? Ich nehme wahr, dass mein Sohn wohl auf Monate
liegen muss und sich nur langsam auf Krücken bewegen kann.«

Wenige Tage später brach im großen Reich ein fürchterlicher Krieg
aus und alle Söhne wurden als Soldaten eingezogen. Alle ahnten,
dass nur die wenigsten heimkehren würden. Der Sohn mit dem
gebrochenen Bein wurde nicht eingezogen. Glück oder Unglück?

Es ist die Weisheit der Zeit, die uns Glück oder Unglück erklärt,
nicht der Moment, in dem wir etwas erfahren. Und doch ist in
jedem Moment immer die Information für das Angebot verborgen, in unserem Inneren Glück und Freude zu erleben.

Die Ökologie unseres Bewusstseins

Wir leben in einem Jetzt-Kontinuum: Alle Informationen, die
wir für Veränderungen benötigen, erscheinen in jedem einzelnen
Moment – exakt dann, wenn wir »daran denken« oder unsere
Gefühle, unsere Emotion wahrnehmen. Es ist ein zutiefst öko-

nomisches Prinzip, auf das wir zurückgreifen können, sobald uns bewusst wird, dass wir die im Moment vorhandene Information lediglich anders zu nutzen brauchen.

Wir sind in der Lage, auf unserer Informationsebene ähnliche ökologische Prinzipien zu beachten, wie wir es auf der Materieebene in den vergangenen Jahrzehnten aus der Industrie kennen: Beispielsweise wurde früher bei allen Autoherstellern ein Neuwagen konstruiert und gefertigt, und am Ende der Produktlebensphase machte sich ein Schrotthändler Gedanken, welche Teile als späteres Rohmaterial vielleicht noch für Blechdosen verwendet werden konnten. Die Autoindustrie blieb in dieser Phase jedoch völlig außen vor. Heute dagegen wird bereits bei der Planung eines neuen Modells die spätere Zerlegung des Produktes in möglichst einhundert Prozent wiederverwertbare Rohstoffe berücksichtigt. Am Ende seiner Produktlebensphase wird ein altes Auto nicht mehr einfach Schrott, sondern die einzelnen Teile durchlaufen eine Metamorphose zu neuem »Produktleben«.

Auf diesem Grundprinzip unendlicher Übergänge zu neuem Sein ist unsere ganze Natur aufgebaut:

Beobachten Sie beispielsweise einmal, wie Ameisen ein totes Insekt, etwa einen Käfer, feinsäuberlich zerlegen und aus dem »Material« wieder Neues erschaffen. In der Natur gibt es keinen Schrott; hier gibt es keine Bewertungen in »Negativ« und »Positiv«. Alles ist genau richtig. Wer schon einmal wenige Jahre nach einem vernichtenden Waldbrand die neue, zuvor nie so grüne Vegetation gesehen hat, versteht dieses natürliche Grundprinzip sofort. Alles ist wertvolles Material.

Sobald wir beginnen, die reine Information in uns wahrzunehmen, erleben wir, dass wir pures Gold in uns tragen.

Wir stehen erst am Anfang eines veränderten Bewusstseins, dieses Grundprinzip auf unserer Informationsebene anzuwenden. Nehmen wir im Jetzt »negative« Grundüberzeugungen wahr – oder die perfekte Information des Moments? Es ist ausschließlich unsere Bewertung, die das eine oder das andere erschafft.

In jedem Moment haben wir die Möglichkeit, den Wachstumsmodus unserer Zellen zu erleben, unabhängig davon, was im Außen gerade scheinbar die Wirklichkeit ist. Über das reine Wahrnehmen gelangen wir zu dem, was gerade wirklich in uns ist. Beispielsweise: »Aha, ich kann nicht mit Geld umgehen«, oder: »Oh, ich darf gar nicht leben«, oder: »Mir steht es nicht zu, glücklich zu sein«, oder: »Ich kann nicht«, oder …

Erstellen Sie hier und jetzt gerne eine Liste mit Ihren persönlichen Grundüberzeugungen. Hauptsache, Sie verwechseln die einzelnen Posten nun nicht mehr mit einer feststehenden Wirklichkeit, sondern erkennen in Ihrem Leben den exakten Erfolg Ihrer Überzeugungen.

Das Schönste wissen Sie ja schon: Weder Gott noch Ihre Gene, sondern *Sie* haben die Macht und sind frei, Ihre Veränderung einfach und leicht geschehen zu lassen.

Am besten funktioniert das im Modus der inneren Leichtigkeit und Entspannung, denn sobald wir es für »schwierig« halten, erscheint damit die nächste Information, um von uns entdeckt zu werden.

Wir erhalten tagtäglich präziseste Wegweiser zu der realitätserschaffenden Kraft in uns. Ist das nicht genial?

> »Ich bin wie alle Menschen:
> Ich sehe die Welt so, wie ich sie gerne hätte,
> und nicht so, wie sie tatsächlich ist.«
>
> ▶ Aus: Paulo Coelho, »Der Alchimist«

Konkretes Vorgehen

Alle Information ist immer im Moment vorhanden; sie will nur beachtet werden. Aus dieser Grundhaltung entwickelt sich das konkrete Vorgehen wie von selbst. Anhand des Beispiels von Alice und ihrer »Höhen- und Flugangst« können wir uns die einzelnen Schritte bei der Vorgehensweise anschauen: Alice, eine erfolgreiche, attraktive und voll im Leben stehende Frau Anfang fünfzig, wurde durch die »offene« Metalltreppe, die auf dem Weg in mein Büro über einen Lichthof führt, an ihre Höhenangst erinnert. »Ich bin schwer traumatisiert, was Höhe und auch das Fliegen angeht. Bei mir reicht schon der Gedanke an ein Flugzeug aus, um in Panik zu fallen.« Wir sehen, Alice kannte sich mindestens mit dem Vokabular gut aus: »traumatisiert«, »Höhenangst«, »Flugangst«. Jahrelange therapeutische Erfahrungen eben, durch die wir immer mehr zu Experten werden und wodurch im Lauf der Zeit sogar eine Art Sucht nach all den hochemotionalen Empfindungen dieser Expertenkarriere als »Leidende« (Patienten) bzw. »Abhängige« (Klienten) entstehen kann.

Um Alice jetzt in ihrem eigenen Wahrnehmungsprozess bestens zu unterstützen, ist meine wichtigste Aufgabe als Begleiter, einfach »nicht zu wissen«, sondern lediglich Resonanzboden zu sein. Ich höre und fühle, um meinem Partner Angebote für Befähigungen zu machen, ohne Anspruch auf Richtigkeit. Ich vertraue darauf, dass mein Partner alles in sich selbst vorfindet.

Erster Schritt: »Ich weiß nichts über irgendwelche Krankheiten, Probleme, Traumen – und mit Flug- oder Höhenangst kenne ich mich überhaupt nicht aus. Wenn dich das interessiert, bitte kontaktiere einen Experten.«

Zweiter Schritt (natürlich nur, sofern Alice daran interessiert ist): »Abgesehen von deinem Problem, deiner Krankheit oder deinem Trauma, da ich auf dieser Ebene überhaupt nichts weiß: Was nimmst du denn im Moment wahr, wenn du an die offene Metalltreppe oder das Flugzeug denkst?«

Meist reagieren Menschen auf solche Fragen am Anfang eher stockend, da sie es nicht gewohnt sind, wirklich nur auf ihre Wahrnehmung zu achten, doch Alice sprach gleich davon, dann nur noch steif zu sein und sich wie eingefroren zu fühlen. Meine Aufgabe besteht weiterhin schlichtweg darin, zuzuhören (nicht zu wissen) und das Vertrauen zu haben, dass alle notwendigen Informationen in der puren Wahrnehmung erscheinen.

Dritter Schritt: Das ganze Universum folgt dem Gesetz der Polarität. Deswegen begleite ich Alice in ihrem Wahrnehmungsprozess dabei, nicht die Einschränkung, sondern die polare Befähigung zu hören. Und je mehr es mir und meiner eigenen Hirnphysiologie zur Gewohnheit geworden ist, rein in polaren Befähigungen zu denken und zu spüren, desto schneller kommen diese Schritte so automatisch, wie wir beim Autofahren mit der Gangschaltung umgehen. Auf diese Weise höre ich als Befähigung zu »eingefroren« und »steif« in Alices Beispiel: »Beweglichkeit« und »mich selbst zum Ausdruck bringen«, und diese Anregungen lösten in Alice auch sofort etwas aus. Sie durchwanderte in Gedanken ihre Lebensbereiche, nickte dazu fortwährend mit dem Kopf und sagte dann zu mir: »Es fühlt sich völlig fremd für mich an, beweglich zu sein und meine Bedürfnisse leicht zum Ausdruck zu bringen – ich funktioniere nur.«

Vierter Schritt: Wahrnehmen der Überzeugungen auf der inneren Überzeugungsebene mit dem Muskeltest sowie den Ladungszustand der Befähigung mit einer der *Q!* Verbindungen aktivieren, die in Kapitel 5 von Teil 3 vorgestellt werden.

Fünfter Schritt: Erleben einer anderen, für uns neuen Wirklichkeit, die weder statisch noch vorhersehbar ist. Nachdem ich mit Alice über Beweglichkeit und Selbstausdruck zu spielerischer Leichtigkeit und Lebensfreude gelangt war, verließ sie mich über die besagte offene Metalltreppe, indem sie zuerst auf ihr stehen blieb und hinunterschaute, dann plötzlich lachend zwei Stufen hinaufhüpfte, um nun zwei wieder hinunterzutänzeln. Dabei zwinkerte sie mir strahlend über die Schulter zu wie eine Schauspielerin auf der Bühne, und wir beide mussten einfach losprusten wie Teenager.

Was war und was ist denn nun die Wirklichkeit?

Ich kenne die Antwort darauf nicht, doch ich bleibe weiterhin neugierig. Gibt es ein Trauma wirklich – und falls ja, war Alice zuvor traumatisiert, unabhängig von der Bewertung eines Beobachters? Ich weiß es nicht, und aus der Perspektive unserer Quanten-Intelligenz kann ich es nie wissen. Somit kann es auch nie Heilung geben. Sehr wohl können wir uns aber in unserem Heilsein Moment für Moment erleben und unser Heilsein im Jetzt wahrnehmen. Als Begleiter habe ich dabei auch nie die Intention, zu helfen, weil ich nie weiß, ob überhaupt etwas Hilfs- oder Errettungsbedürftiges existiert. Diese Grundhaltung können wir auch als Quanten-Vertrauen bezeichnen: Jenseits unserer Bewertungen ist alles vorhanden – zumindest auf der Ebene der kleinsten Grundbestandteile, aus denen der Teppich des Lebens gewebt ist.

Durch kontinuierliche Anwendung dieser Grundhaltung steigt nicht nur unser Vertrauen, sondern unsere eigene Hirnphysiologie verändert sich ganz selbstverständlich. Die Fülle der Welt und unser inneres Gold können wir zunehmend in uns im ständigen Jetzt erleben. Der beste Anfang ist jetzt!

Quanten-Intelligenz erleben

Rote Flecken im Gesicht

Erster Schritt: Michael schaut morgens in den Spiegel und erschrickt: Er sieht viele rote Flecken und hat sofort eine Bewertung parat. Wir können nun jede beliebige Diagnose einsetzen, was rote Flecken sein könnten; die Diagnose mag richtig oder falsch sein. Wir wissen, dass die Diagnose eine Bewertung, Etikettierung und Schubladierung des Phänomens »rote Flecken« ist. Diese Bewertung für die Wirklichkeit zu halten, hat sich als erkenntnistheoretisches Konstrukt in unserer Kultur etabliert. Stellen Sie sich einmal vor, dass wir über solche Konstrukte in einiger Zeit genauso erhaben sein werden wie heute über die Behauptung, die Erde sei der Mittelpunkt des Universums. (Im Übrigen drohte einst jenen, die dieses Konstrukt bezweifelten, die Todesstrafe ...)

Zweiter Schritt: Michael kann nun statt der Bewertung einfach wahrnehmen, was die roten Flecken jetzt in ihm auslösen: Sein Herz fängt zu rasen an, und durch seinen Kopf schießen fieberhaft Fragen wie: »Kann ich so überhaupt zur Arbeit gehen? Behalte ich meinen Job, wenn ich so die neue Produktserie präsentieren will? Findet mich so eine Frau gut?« Beim weiteren Wahrnehmen tauchen dann altbekannte und bewährte Gedanken auf wie: »Ich bin ja völlig unfähig, ich bin ein hässlicher Typ und eigentlich sollte ich dem Leben längst ein Ende setzen.« Diese Gespinste fühlen sich für Michael so richtig wahr an. Dennoch bestünde die Möglichkeit, stattdessen einfach absichtslos aufmerksam zu sein. Michael könnte »nur« bemerken, was da auftaucht, und die Information mit einem »Ist ja spannend« begrüßen.

Dritter Schritt: Zu jeder Einschränkung existiert in jedem Menschen eine eigene passgenaue Befähigung: »Ich kann, und ich bin ein toller Mann, ich darf leben und ich lebe!«, so könnten hier die passenden Befähigungen lauten.

Vierter Schritt: Mit dem Muskeltest (siehe Kapitel 4 in Teil 3, Seite 222 ff.) kann Michael prüfen, ob die befähigende Überzeugung mit Eins oder Null testet. Nur Michael selbst kann wissen, welches die »richtige« befähigende Überzeugung für ihn ist und welche Befähigung die Resonanz in seinem Herzen und das Leuchten seiner Augen auslöst; sie kann in keiner Tabelle stehen. Zum Aufspüren der befähigenden Überzeugung ist nur ein wenig Übung gefragt – und am Anfang ein Begleiter, der Michael in seinem

Wahrnehmungsprozess unterstützt und ihn darin bestätigt, dass in ihm schon alles vorhanden ist; dass es nichts zu transformieren, zu verändern, zu heilen und zu lösen gibt. Sofern die Befähigung dann noch nicht aktiviert ist, kann Michael mit einer *Q!* Verbindung (siehe 5. Kapitel dieses 3. Teils, Seite 234 ff.) die innere Verbindung damit erfahren.

Fünfter Schritt: Somit ist er frei für ein neues Erleben. Zugleich wird er fortan in Kontakt mit seiner inneren Weisheit sein, wenngleich es nie einen »fertigen« Zustand gibt. Auf solche »roten Flecken« wird er zukünftig völlig anders reagieren. Und nach einiger Zeit der Übung braucht er auch keine Technik mehr, weil im Moment der Wahrnehmung sein inneres System vollkommen anders reagiert. Seine Befähigungen werden dann im Moment des Wahrnehmens als innerer Automatismus durch die Verbindung mit seiner Quanten-Intelligenz eintreten.

■

>»Der Mensch besieht sein Spiegelbild
nicht im fließenden Wasser,
sondern im stillen Wasser.«

▶ Tschuang-tse (um 350 v. Chr.)

»Der Geist,
der sich gewöhnt,
seine Freuden
aus sich selbst zu schöpfen,
ist glücklich.«

▶ Demokrit

Wer nach Wissen sucht,
weiß jeden Tag mehr;
wer den Weg sucht,
tut jeden Tag weniger.

Weniger, immer weniger zu tun,
bis man beim Nicht-Tun ankommt.
Ist man beim Nicht-Tun angekommen,
bleibt nichts ungetan.

Wer die Welt gewinnen will,
mischt sich nicht in die Dinge ein.
Wer sich in die Dinge einmischt,
ist der Aufgabe, die Welt zu gewinnen,
nicht gewachsen.

▶ Laotse

4. Die »Hängematte« für den Verstand – Kommunikation mit dem Feld der inneren Weisheit

Freiheit oder Limonade

Lassen Sie uns mit einem kleinen Versuch beginnen: Eine Biene verirrt sich in eine leere Limonadenflasche. Daraufhin halten wir den Flaschenboden gegen das Sonnenlicht. Die Biene wird, in menschliche Begriffe gefasst, zielgerichtet dem Sonnenlicht zustreben und bis zur Erschöpfung versuchen, auf diese Weise der Flasche zu entkommen. Nach einer Alternative zu der für sie »richtigen« Idee sucht sie erst gar nicht. Die Flasche bildet den Bezugsrahmen, der die Biene gegenwärtig umgibt. Mit ihrer zielstrebigen, eindeutigen Orientierung vermag sie ihm nicht zu entfliehen. Sofern die Biene etwas formulieren könnte, würde sie vermutlich sagen: »Ich habe ein Problem, ich komme nicht aus der Flasche raus, obwohl ich alles versucht habe.«

Geht die Biene allerdings ihrem normalen Tagesgeschäft nach, wo sie keiner Flasche entkommen muss, ist ihr Verhalten durchaus sinnvoll: Mit größter Konsequenz, Systematik und Sorgfalt konzentriert sich die Biene auf ein Bezugssystem und richtet sich dabei auf die Sonne aus. Blüte für Blüte bestäubt sie eine bestimmte Pflanzenart, bis alle Exemplare im Detail erfasst sind und zahlreiche Früchte tragen können. Auf diese Weise schafft die Biene einen enormen Mehrwert in der Natur, indem sie sich so lange wie möglich auf das jeweilige Bezugssystem (Blüten einer bestimmten Pflanzenart) fokussiert. Erst wenn dieser Vorrat zur Gänze erschöpft ist, wechselt sie ihren »Bezugsrahmen« und geht auf die Blüten einer anderen Pflanzenart über. Dabei orientiert sich die Biene stets an der Sonne, etwa um aus einem tiefen Blütenkelch wieder herauszukommen.

Anders eine Hummel, die der Biene ähnlich sieht, sich jedoch ganz anders verhält. Die Sonne lockt sie genauso an, aber sie scheint weniger zielstrebig als eine Biene zu sein. Selbst in der Flasche bewegt sie sich mal hier hin, mal da hin – und schafft meist schon nach kurzer Zeit, was der Biene selbst bei größter Anstrengung versagt bleibt: ihrem einengenden Bezugsrahmen durch die Öffnung auf der sonnenabgewandten Seite zu entkommen. Manchmal lässt sich das sogar in einer Wohnung beobachten: Hat sich eine Biene dorthin verflogen, wählt sie ein bestimmtes Fenster, um wieder ins Freie zu gelangen. Wenn das für sie unsichtbare Fensterglas im Wege steht, krabbelt sie jeden Quadratzentimeter des Fensters immer wieder systematisch ab. Vielleicht, so mag die Biene hoffen, findet sich innerhalb dieses (Fenster-)Rahmens irgendwo noch eine Öffnung?

Eine Hummel wird sich auf eine solche Systematik nicht einlassen. Wenn sie gegen die Scheibe eines Fensters brummt, wird sie gerade noch eine andere Ecke des Fensterrahmens anfliegen, um dort ihr Glück zu versuchen. Falls auch das nichts nützt, versucht sie, dem Raum außerhalb dieses (Fenster-)Rahmens zu entkommen, und fliegt durch die Wohnung, um woanders einen Ausgang ins Freie zu finden. Bisweilen verändert die Hummel vorübergehend sogar ihr Ziel, wenn ihr eine im Raum stehende Limonade plötzlich verlockender erscheint als die Freiheit ohne Limonade.

Menschlich gesprochen scheint die Hummel flexibler, aber nicht so systematisch wie die Biene zu agieren. Auf die »chaotischen« Ideen einer Hummel würde sich die Biene jedenfalls nicht einlassen. Erst wenn ein Fenster offensichtlich nichts bringt, wählt sie – wieder systematisch – das nächste, so wie sie von einer Blumenart zur nächsten übergeht. Die Hummel wiederum mag dieses ausdauernde, zielstrebige Verhalten bewundern (vorausgesetzt, sie könnte es beobachten), doch es schiene ihr wohl zu »rigide«, »fantasielos« und eingeschränkt. Ein brauchbares Modell, um aus der Limonadenflasche zu entkommen, bietet es aus ihrer Sicht offenkundig nicht.

Für uns als Betrachter lohnt es sich, auch einen Blick auf den Nutzen der Hummel in der Natur zu werfen. Mit ihrem Stil, der aus Bienensicht wohl sprunghaft und unorganisiert wirkt, verstreuen diese Insekten den Nektar beliebig und tragen nicht gerade zur Bildung von Früchten bei. Ihr Nutzen ist ein anderer: Mit ihrem Verhalten verteilen die Hummeln Bakterien und andere Mikroorganismen, die sich nur in wenigen Blüten (etwa im Rotklee) entwickeln, auf alle möglichen Gräser und Sträucher. Es sind just diese Mikroorganismen, die große Säugetiere – Rehe wie Kühe – brauchen, um all das Gras gut verdauen zu können und auf diese Weise ein gesundes Wild oder eine leistungsfähige Milchkuh zu bleiben. Ohne die Arbeit der Hummel würden ihnen so manche Blätter im Magen liegen bleiben. Der Mehrwert, der im Alltagsgeschäft dieser Insekten liegt, ist ein anderer als bei der Biene. Er kommt nicht innerhalb einzelner Bezugssysteme (ausgewählte Pflanzen mit vielen Früchten) zustande, sondern zwischen verschiedenen Bezugssystemen (Vegetation, Verdauung, Milchwirtschaft). Je nach Kontext und je nach dem Fokus unserer Bewertung kann sowohl die Strategie der Biene als auch jene der Hummel einen Sinn ergeben. Doch eine Biene ist nun mal eine Biene und keine Hummel, und Entsprechendes gilt natürlich für die Hummel.

Im Unterschied zu Hummel und Biene haben wir Menschen die Chance, uns zu entscheiden zwischen Freiheit oder Limonade – ja manchmal können wir uns sogar für Freiheit *und* Limonade entscheiden. Mit unseren unbewussten Überzeugungen und der in uns liegenden Weisheit erschaffen wir zwar eine Präferenz für das eine oder das andere. Wir können jedoch stets in jenen Überzeugungen, die sich einschränkend auswirken, mit Leichtigkeit die Befähigung wahrnehmen. In jedem Moment!

Wie uns die Gehirnforschung aufzeigt, haben wir offenbar keinen freien Willen, aber wir haben die Wahl, unsere Grundüberzeugungen zu verändern. Insofern haben wir dann doch wieder die Freiheit.

■ »Biene im *Q!* Coaching« ■

Seien wir einmal so verwegen, die Biene zu einer Art Coaching zu begleiten und sie in ihrer aussichtslosen Situation zu erleben. Meine Kollegin Nicole hat die Biene deswegen mal angesprochen:

»Liebe Biene, was machst du denn da?«
»Ich sehe die Sonne und weiß ganz genau, dass ich in diese Richtung muss, doch ich komme nicht raus. Wie immer gehe ich ganz systematisch vor und habe nun schon mehrmals jeden Millimeter untersucht, doch ich finde keinen Weg hinaus.«
»Bist du dir sicher, dass der Weg dort ist und dass du es richtig gemacht hast?«
»Ja, ich bin mir ganz sicher, alles richtig gemacht zu haben.«
»Woher weißt du, dass es richtig ist?«
»Weil ich dieses Wissen schon in die Wiege gelegt bekommen habe und alle Bienen es genauso machen.«
»Wie geht es dir damit, ganz sicher zu sein, alles richtig zu machen, und dennoch nicht das gewünschte Ergebnis zu erzielen?«
»Hin und wieder frage ich mich, ob ich etwas anders machen sollte, doch dann erinnere ich mich, was ich gelernt habe, und beginne nochmals systematisch den ganzen Flaschenboden abzusuchen.«
»Gibt es etwas, das du jetzt brauchst, weil es dir nützlich wäre, um dich aus dieser Situation zu befreien?
»Ich bin total erschöpft, doch ich kann mir nicht vorstellen, was! Ich bin mir sicher, dass ich das Richtige mache, ich habe Vertrauen und Ausdauer und ich bin absolut entschlossen, auf diesem Weg mein Ziel zu erreichen.«
Biene, ich gebe dir recht, du hast viele hervorragende Fähigkeiten.

Wir behalten im Blickpunkt, dass ausnahmslos alle Eigenschaften und Fähigkeiten der Biene sehr gut und nützlich sind. Das heißt, wir wollen nichts »wegmachen«! Dennoch zeigt sich, dass sie offensichtlich unbewusste Überzeugungen in ihrem System hat, die sie in dieser speziellen Situation daran hindern, andere, für sie neue Fähigkeiten zu nützen. Legen wir also unseren Fokus auf

die reine Information und betrachten sie als einen Hinweis, was
erscheint dann auf der Achse der Polarität?

• Systematisch	• Unorganisiert oder gar chaotisch
• Vertrauen auf den inneren Kompass	• Vertrauen auf einen äußeren Kompass
• Sicherheit bei gewohnten und geübten Abläufen	• Sicherheit bei Neuem
• »Alle machen es so!«	• »Ich darf auch mal etwas anders machen!«
• Ausdauer, d.h. viel gezielte Energie	• Erlaubnis für neugierige (ungezielte) Energie

Folgende Anregungen könnten daher die Biene unterstützen:
- Ich darf auch (scheinbar unsystematisch) Neues ausprobieren.
- Ich vertraue auf eine höhere Führung (äußerer Kompass).
- Ich bin immer in Sicherheit.
- Ich darf auch anders sein.
- Ich erlaube mir, Energie in kreative Ideen zu investieren.

Alle Impulse des Begleiters sind lediglich Anregungen! Das heißt,
die Biene wird spüren, welcher Satz für sie der beste ist. Also formulieren wir die Sätze nach ihren Wünschen.

Wenn wir uns vorstellen, die Biene könnte in Zukunft die genann-
ten Impulse umsetzen, dann ist es sehr gut möglich, dass sie nach
kurzer Zeit aus der Flasche entkommt. Sobald sie ihr Ziel (in diesem Fall: Freiheit) erreicht hat, könnte sie mit ihren gewohnten
Fähigkeiten fortfahren – in der Gewissheit, dass sie immer die
Wahl hat und sich jederzeit neu entscheiden kann.

Wo in Ihrem Leben würde es sich lohnen, mal anders zu sein?
Wie Sie gerade gelesen haben, sollen Sie dabei keine Fähigkei-
ten über Bord werfen. Im Gegenteil, Sie dürfen das Spektrum der
Möglichkeiten vergrößern!

Der Muskeltest –
Das Informationsfeld unserer Zellen wahrnehmen

Möglicherweise kennen Sie den Muskeltest (= MT). Er wird bei diagnostisch-analytischen Methoden, beispielsweise in kinesiologischen Heilverfahren, angewandt. Äußerlich betrachtet könnte man tatsächlich meinen, mit *Q!* machten wir genau das Gleiche. Doch hier wird der Partner ausschließlich bei der Kommunikation mit dem Feld seiner inneren Weisheit begleitet.

Sie erinnern sich, unsere Zellen sind binär organisiert und alle Information ist quantisiert, also abzählbar. Daher gibt es nur entweder »*Wachstum = Eins*« oder »*Schutz = Null*«. In Muskeltest-Sprache übersetzt heißt das: *Entweder der Muskel hält = on = Eins; oder der Muskel gibt nach = off = Null.*

Übertragen auf unser Zellsystem heißt das: Eine Überzeugung ist »on« oder »off«, und ein Gefühl löst »on« oder »off« aus!

Beispiel Überzeugung: »Ich habe einen großen Ekel vor Spinnen!« testet mit »Eins«, denn diese Überzeugung ist aktiviert, sie ist »on«, also eingeschaltet.

Beispiel Gefühl: Geht dieselbe Person nun jedoch im Geiste in eine Situation mit einer Spinne und was diese in ihr auslöst, dann wird der MT mit »Null« testen, da die Gefühle im Körper »off« auslösen.

Der MT unterstützt uns damit einfach und leicht, eine direkte Auskunft aus dem Informationsfeld unserer Zellen zu bekommen. Voraussetzung dafür ist jedoch eine achtsame Durchführung.

> »Die Sprache ist
> die Quelle der Missverständnisse.«
>
> ▶ Antoine de Saint-Exupéry

Konkrete Durchführung des Muskeltests

Der Partner entscheidet, welchen Arm er beim Test verwenden möchte, und hebt ihn seitlich in die Waagrechte. Der Begleiter steht vor dem erhobenen Arm, damit das Blickfeld vor dem Partner frei ist, legt die eine Hand hinter das Handgelenk des ausgestreckten Armes und die andere locker auf die Schulter des gleichen Armes. Beide stehen aufrecht und atmen entspannt ein und aus. Beide sind ohne Erwartung auf ein bestimmtes Ergebnis. Der Partner neigt seinen Blick etwa 1,5 Meter vor sich auf den Boden und heftet dort seine Augen auf einen Fixpunkt, ohne sein Kinn zu senken.

Bevor Sie unbewusste Überzeugungen testen, ist es sinnvoll, mit einfachen, überprüfbaren Sätzen den MT kennenzulernen, damit Sie den Unterschied zwischen »Eins« und »Null« sicher wahrnehmen. Dazu hat sich folgende Vorgehensweise bewährt:

Der Partner spricht selbst; der Begleiter achtet darauf, dass der Partner die Augen auf dem Fixpunkt behält, fordert zum »Halten!« (Kurzform für: »Arm halten!«) auf und drückt dann für etwa zwei Sekunden sanft den Arm nach unten.

- Den eigenen Namen laut aussprechen: »Ich heiße ...« –
  »Halten!« (Der Arm sollte mit »Eins« testen.)
- Einen fremden Namen aussprechen: »Ich heiße ...« –
  »Halten!« (Der Arm sollte mit »Null« testen.)
- Jetzt fragt der Begleiter den Partner, ob der Druck für ihn in Ordnung ist oder ob er womöglich lieber einen stärkeren Druck haben möchte.
- An etwas Schönes denken. – »Halten!«
  (Der Arm sollte mit »Eins« testen.)
- An etwas Unschönes denken. – »Halten!«
  (Der Arm sollte mit »Null« testen.)
- Dreimal kräftig »Ja, ja, ja!« sagen. – »Halten!«
  (Der Arm sollte mit »Eins« testen.)
- Dreimal kräftig »Nein, nein, nein!« sagen. – »Halten!«
  (Der Arm sollte mit »Null« testen.)

Hat der Partner die Kommunikation mit dem Feld der inneren Weisheit eindeutig wahrgenommen, können Sie sofort mit dem Austesten einer Überzeugung beginnen.

Bitte formulieren Sie kraftvolle, befähigende Sätze in der ersten Person (»ich«) und in der Gegenwartsform (siehe Teil 4, Kapitel 2).

- Testet der MT immer mit »Null«, sollte der Partner ein Glas Wasser trinken.
- Testet der MT in jedem Fall mit »Eins«, sollte der Partner drei bis vier Mal seine Ohren von oben nach unten massieren und sich dann für zwei Minuten in die Entspannungshaltung setzen. Der Begleiter kann ihn dazu wie folgt anleiten: »Überkreuze deine Fußknöchel und deine Handgelenke. Drehe nun deine Hände so, dass sich deine Handflächen berühren, und verschränke deine Finger. Lege deine Arme entspannt in den Schoß und schließe deine Augen.«
- Wichtig ist, dass der Partner selbst einen Unterschied erkennt und beide ohne Erwartung auf ein bestimmtes Ergebnis sind.
- Der Partner spricht seine Überzeugung laut aus. Der Begleiter achtet darauf, dass der Partner die Augen auf dem Fixpunkt behält, sagt: »Halten!«, und drückt dann für etwa zwei Sekunden den Arm sanft nach unten. Der Partner entscheidet, wie er den Test wahrgenommen hat: Konnte er dem leichten Druck gut standhalten (»Eins«), oder hat der Arm etwas nachgegeben (»Null«)?
- Sollte der Begleiter ein anderes Ergebnis bemerkt haben oder der Partner selbst unsicher sein, bittet der Begleiter den Partner, seinen Namen auszusprechen. Auf die Aufforderung »Halten!« wird der Arm mit »Eins« testen. Danach wird sofort noch einmal die gewählte Überzeugung ausgesprochen. »Halten!« Im direkten Vergleich erspürt der Partner meist leicht einen eventuellen Unterschied. Diese Vorgehensweise erspart Diskussionen und Grübeleien.

Der Selbstmuskeltest

Sie können den MT auch alleine durchführen. Dazu gibt es reichlich Literatur und Material im Internet. Für den Beginn ist es jedoch sinnvoll, mit einem Partner zusammenzuarbeiten, der Sie auf dem Weg zu Ihrer Achtsamkeit und zu sich selbst unterstützt. Es ist wichtig, dass Ihre Augen auf einen Fixpunkt geheftet bleiben und dass Sie aufrecht und entspannt stehen. Außerdem sieht und bemerkt ein Begleiter manchmal Dinge, für die wir selbst gleichsam blind sind.

Beim bekanntesten Selbst-MT berühren sich die Spitzen von Daumen und Zeigefinger, sodass die Finger einen Ring bilden:
- Blick nach unten
- Name aussprechen
- Halten! (Kontakt der beiden Finger)
- Mit dem Zeigefinger der anderen Hand versuchen, die Kontaktstelle zu öffnen; gelingt dies = »Null«; gelingt dies nicht = »Eins«

Die spezifischen Merkmale des Muskeltests in der *Q!* Vorgehensweise

- Der Partner ist der Experte für sein zelluläres System und er entscheidet. Vom Begleiter wird er lediglich unterstützt, selber präzise die eigenen Grundüberzeugungen wahrzunehmen.
- Der MT beantwortet keine Fragen; es werden nur Aussagen in der Gegenwart verwendet. Es geht ausschließlich um die Wahrnehmung von »Eins« oder »Null« bzw. Wachstum oder Schutz im Jetzt. Hält der Muskel, zeigt er »Eins = on«; gibt er nach, signalisiert er »Null = off«.
- Der Begleiter hat das unumstößliche Vertrauen, dass im System des Partners jede relevante Information vorhanden ist. Damit

befindet sich der Begleiter in einer Haltung des Nicht-Wissens, jenseits jeglicher Konstrukte und abseits von allen Konzepten, einfach und leicht.

- Eine Bewertung des starken Muskels als »gut« und des schwachen als »schlecht« gibt es nicht. Es geht um die Erkenntnis, welche Überzeugung aktiv ist. Sollte der befähigende Glaubenssatz mit »Eins« testen, so ist das perfekt; sollte er mit »Null« testen, so ist das ebenfalls perfekt, denn diese Erkenntnis eröffnet sofort die Chance, ihn im Jetzt und für immer mittels der *Q!* Verbindungen (siehe 5. Kapitel von Teil 3, Seite 234 ff.) zu aktivieren.
- Die Haltung des Partners während des Testens (aufrecht, entspannt, Kinn parallel zum Boden, Blick etwa 1,5 Meter vor sich auf einen Fixpunkt am Boden gerichtet) ist sinnvoll, da jede Augenbewegung eine Hirnaktivität spiegelt und sie dafür sorgt, in den unbewussten emotionalen Bereich einzutauchen.
- Der MT »funktioniert« immer!

Im Paradigma der Quanten-Intelligenz arbeiten wir ausschließlich im Jetzt. Deswegen ist es entscheidend für die Kommunikation mit unserem Feld der inneren Weisheit, im Jetzt anzukommen.

Der MT hat sich hier als Unterstützung hervorragend bewährt. Er dient dazu, unsere Wahrnehmung auf die Informationen und die Weisheit unseres Körpers zu richten und ihr mehr und mehr zu vertrauen. Der bewusste Verstand wird immer entspannter und sicherer. Im Lauf der Zeit gefiel mir deswegen die Metapher, der MT sei eine »mentale Hängematte« für den bewussten Verstand, immer besser. Und wie viel Zeit unseres Lebens darf unser bewusster Verstand in der mentalen Hängematte verweilen? Gewähren wir unserem Verstand regelmäßige Pausen, gönnen wir sie uns selbst.

> *Q!*
> Den Muskeltest zu erfahren ist besonders leicht, wenn wir uns Moment für Moment von der Weisheit unseres Körpers führen und überraschen lassen.

Nach meiner Beobachtung ist dies interessanterweise nicht nur für Menschen eine Herausforderung, die sehr stark mit dem Verstand identifiziert sind, sondern gerade auch für jene, die sich selbst als »hellsichtig« oder »hellfühlend« definieren. Dennoch funktioniert der MT immer! Erinnern Sie sich bei der Durchführung einfach daran, Ihre Achtsamkeit auf das Jetzt zu richten.

Sollte der MT scheinbar nicht »klappen« wollen, ist dies eine Einladung, die eine wichtige Mitteilung birgt. Ein paar Teilnehmer meiner Q! Workshops hatten von etlichen Therapeuten bestätigt bekommen, der MT funktioniere bei ihnen nicht. Doch im Workshop hat es geklappt. Warum? Ich weiß es nicht; jedenfalls scheint es einen Unterschied zu machen, ob ich zu einem Menschen sage: »Es funktioniert bei dir nicht!«, oder ob ich sage und gleichzeitig in meinem Herzen felsenfest überzeugt bin: »Du bist genau richtig, so wie du bist; lass uns mal sehen, welche Botschaft in dem scheinbar nicht funktionierenden Muskeltest verborgen liegt.«

Ich gebe Ihnen hier auch gerne einige Beispiele für Fragen, die sich im Fall eines angeblich nicht funktionierenden MT generell als Anregungen für den Partner bewährt haben. Jeder Mensch trägt seine Antworten in sich, und es ist wichtig, dem Partner den Raum für eigene Antworten zu geben:

- **Allgemein:**
  »Erinnert dich das an etwas?«
  »Was taucht denn dazu bei dir auf?«
  »Gibt es in deinem Leben dazu eine Parallele?«
  »Wie wäre es für dich, auf deine innere Stimme zu hören?«

- **Testet der MT immer mit »Eins«:**
  »Musst du immer stark sein, oder kannst du dir erlauben, auch mal schwach zu sein?«
  »Welchen Stellenwert hat Stärke in deinem Leben?«
  »Glaubst du daran, dass du stark bist?«
  »Wie sieht es mit Stille und ›Mal-nichts-Tun‹ in deinem Leben aus?«

- **Testet der MT immer mit »Null«:**
  »Kannst du dir selbst vertrauen?«
  »Wie fühlst du dich?«
  »Wie stehst du zu deinem Leben oder generell zum Leben?«

- **Testet der MT »verdreht« oder mal so, mal so:**
  »Kennst du das in deinem Leben?«
  »Was verbindest du damit?«
  »Welche Bedeutung hat Verdrehtsein in deinem Leben?«
  »Bist du falsch oder richtig?«

Die eigene Macht erkennen und annehmen

Sicherlich hat beinahe jeder Mensch schon einmal befürchtet, in einschränkenden Emotionen und Gedanken, die ihm gerade sämtliche Energie rauben wollten, zu versinken. Vielleicht erinnern Sie sich an eine Situation? Was war daran das Schlimmste für Sie? Meiner Erfahrung nach sorgt für das Drama meist die Überzeugung, absolut machtlos ausgeliefert zu sein.

Können Sie glauben, dass Sie sehr entspannt reagieren würden, wenn Sie sich machtvoll fühlen würden? Stellen Sie sich vor, Sie hätten schon häufiger die Erfahrung gemacht, augenblicklich Ihre eigene Befähigung im Drama zu erkennen, und Sie hätten im Nu das Feld Ihrer leuchtenden Augen in Resonanz mit Ihrem Herzen erlebt. Würden Sie dann anders mit ähnlichen Situationen oder Gefühlen umgehen?

Erlauben wir uns, beständig diese neue Erfahrung zu machen, entstehen weniger und weniger Gedankenketten, die uns in irgendwelchen Einschränkungen verheddern lassen. Wir werden zunehmend ruhiger und gelassener. In uns wachsen das Wissen und Vertrauen, dass jede Einschränkung der direkte und präzise Hinweis auf eine kraftvolle Befähigung ist. Getragen von diesem

Wissen und Vertrauen, werden wir des Öfteren über all unsere Einschränkungen, die wir früher einfach geglaubt haben, lächeln oder manchmal sogar lachen. Auf einmal haben wir die Macht angenommen, unsere Wirklichkeit zu wählen.

Natürlich brauchen wir dennoch unseren bewussten Verstand, und ich liebe es, zu denken. Trotzdem ist mir klar, dass mich das Nachdenken hinsichtlich meiner inneren Überzeugungen eher stört, als dass es mir dienlich wäre.

Sollte ich im Moment eine Einschränkung bemerken, erlaube ich mir, die Superposition der ebenfalls stets vorhandenen Befähigung wahrzunehmen und sie gegebenenfalls mit einer *Q!* Verbindung zu aktivieren. Denn über die *Q!* Verbindungen schaffe ich weder etwas Neues noch entferne oder lösche ich etwas, sondern ich erlebe, wie es sich anfühlt, wenn der andere »Ladungszustand« in mir aktiviert ist und damit zur Wirklichkeit wird – einfach und elegant.

> Je häufiger ich meinem Verstand seine wohlverdienten Ruhepausen in der »Hängematte« gönne, umso leichter kann ich – unterstützt vom Muskeltest – wahrnehmen, was im Moment in mir Wirklichkeit ist.

> Die Verbindung mit der eigenen Quanten-Intelligenz zu erleben, ist eine kraftvolle Einladung zu einer spannenden Entdeckungsreise, um das eigene Heilsein, die eigene Ganzheit mitten in sich selbst zu finden.

■ Gelebte Spiritualität ■

Ich liebe meinen bewussten Verstand und damit meine Fähigkeit, logisch zu denken, denn in vielen Bereichen meines Lebens brauche ich ihn dringend, damit ich gut zurechtkomme. Andererseits ist mir der bewusste Verstand nicht generell hilfreich. Geht es beispielsweise um Intuition oder um die Fähigkeit, den gegenwärtigen Augenblick zeitlos wahrzunehmen, stellt der Intellekt häufig sogar ein Hindernis dar. Jeder Mensch, der jemals eine intensive Erfahrung mit seinem »Bauchgefühl« gemacht hat, wird im Nachhinein bestätigen, dass er es nicht erklären kann oder es selbst nicht versteht. Es gibt ein Wissen, das ohne jegliches bewusstes Verstehen und fernab jeder Logik geschieht, und dies bezeichne ich als »spirituelle Essenz, die jedem Menschen innewohnt«.

Sobald wir unseren bewussten Verstand und all unser Denken würdigen und gleichzeitig die Zeiteinheiten vergrößern, in denen wir unseren Kopf entspannen lassen, wird unsere spirituelle Essenz für uns selbst immer direkter wahrnehmbar. Die Natur und die Musik waren und sind uns dafür seit jeher beste Begleiter und Unterstützer. Mit ihnen haben schon etliche Menschen eine Ahnung davon erhalten, dass alles bereits in ihnen selbst vorhanden ist und dass sie weder suchen noch etwas dafür tun müssen. Manche von ihnen haben sogar eine tiefe Gewissheit erlangt, ein wichtiger Teil eines großen Ganzen zu sein, da doch alles zusammenhängt.

Heutzutage ist Spiritualität zu einem Megatrend geworden und wird aus meiner Sicht als Modewort missbraucht. Wie häufig habe ich erlebt, dass in spirituellen Gruppen nichts anderes gemacht wird, als sich auf die Defizite der noch nicht erleuchteten Menschen und der ganzen Welt zu stürzen. Jene, die sich selbst als außerordentlich spirituell bezeichnen, sind davon überzeugt, die besseren Menschen zu sein, denen von Gott die Aufgabe zugedacht wurde, die Welt zu retten.

Ich finde diese Idee ausgesprochen spannend und wage hier die Frage zu stellen, ob es nicht womöglich sinnvoller wäre, zuerst die eigenen inneren Überzeugungen im Hinblick auf ein solches Weltverständnis zu überprüfen. Meines Erachtens tritt hier an die Stelle reinen Wahrnehmens häufig eine intellektuelle »Schubladierung« hochgeistiger Überlegungen. Diese Bewertungen werden dann sogleich als eine von der Beobachtung losgelöste Wahrheit verkauft. Es werden integrale Stufenleitern der Erleuchtung erschaffen, mit denen Erfahrungen etikettiert werden, nur um diese anschließend guten Gewissens für die Wirklichkeit halten zu können. Auf diese Weise existiert das »Schlechte« außerhalb und losgelöst von unserer Bewertung und es erscheint geradezu logisch, die Welt davor retten zu müssen.

Spüren Sie genau hinein; ich bin überzeugt, Sie entdecken einen Unterschied. Was fühlt sich für Sie besser an: »Die meisten Menschen sind schlecht; deswegen muss ich die Welt retten!«, oder: »Ich anerkenne mich in meiner Ganzheit, gebe mein Bestes und erfahre damit meine beste Welt!« Haben Sie Lust, sich und uns alle vom Druck des »Die-Welt-retten-Müssens« zu befreien? Spiritualität ist eine feminine, rezeptive Energie, die in Ruhe aus sich heraus eine »neue« Wahrnehmung der Welt entstehen lässt.

»Hier ist mein Geheimnis.
Es ist ganz einfach: Man sieht nur mit dem Herzen gut.
Das Wesentliche ist für die Augen unsichtbar.«

▶ Antoine de Saint-Exupéry

■ Was hat der Muskeltest mit einem Küchenmesser zu tun? ■

Nichts und doch sehr viel! Lassen Sie mich von vorne beginnen: Hubert, ein Mann um die fünfzig, vereinbarte einen Termin mit mir, nachdem ich ihm von guten Freunden empfohlen worden war. Als er dann vor mir saß und ich ihm den MT erklären wollte, wurde er sofort ärgerlich und schimpfte: Wenn er das gewusst hätte, wäre er sicher nicht gekommen, denn er hatte schon einige Erfahrungen mit Veränderungstechniken gemacht und der MT gefiel ihm gar nicht. Unter anderem war er bei einem hellsichtigen, sehr »spirituellen« Therapeuten gewesen und hatte dort irgendwie immer eine gewisse »Übergriffigkeit« verspürt. Hubert wurden ungefragt Dinge über sich mitgeteilt, als wären es in Stein gemeißelte Tatsachen. Der MT wurde an ihm vorgenommen, ohne dass er in irgendeiner Weise miteinbezogen wurde: Der »wissende« Therapeut nahm seinen Arm, testete an ihm herum und präsentierte Hubert dann seine »richtige« Analyse: Hubert sei einfach im

Widerstand und lasse sich nicht auf sich selbst ein; wenn er weiterhin nicht bereit wäre, sein Thema anzusehen, um es zu lösen, könnte ihm niemand helfen.

Ehrlich gesagt sprach mir Hubert mit seiner Ablehnung geradezu aus dem Herzen.

Der MT ist eine einzigartige Chance, um Zugang zu der unseren Zellen innewohnenden Intelligenz zu bekommen. Ja, es gibt hervorragende Therapeuten, die den MT mit größtem Erfolg zur Diagnose verwenden. Nichtsdestoweniger kann der MT als Instrumentarium aber auch missbraucht werden. Nehmen Sie als Metapher ein Küchenmesser – dort ist es genauso: Ein scharfes Küchenmesser ist wundervoll, um rohes Gemüse klein zu schneiden, doch mit demselben Messer kann man einen anderen Menschen oder sich selbst schwer verletzen.

Im Paradigma der Quanten-Intelligenz verwenden wir den MT ausschließlich zur Selbstwahrnehmung. Der Partner ist selbst der machtvolle Experte und wird lediglich begleitet. Hundertprozentig präsent zu sein, ohne zu wissen, ist die entscheidende Fähigkeit des Begleiters.

Falls Sie gerade daran denken, dass es Menschen gibt, die lieber von einem Experten vorgesagt bekommen möchten, was sie tun und lassen sollen, gebe ich Ihnen recht, doch für diese Menschen bietet der Markt schon weit mehr als genug, oder?

> »Nur wenn ein Becher leer ist, kann er gefüllt werden.
> Nur wenn Geist und Herz vollkommen leer sind,
> können sie verstehen.«

▶ Jiddu Krishnamurti

5. Quantenverbindungen – Die Q! Resonanz erleben

»Jeder Künstler war anfangs
ein Amateur.«

▶ Ralph Waldo Emerson

»Warum« ist ohne Liebe

Es geht um Information und wie wir mit unseren Wahrnehmungen Wirklichkeit erschaffen. Sobald in mir Fragen nach einem »Warum?« oder »Wieso?« laut werden, kann ich sicher sein, im »Story-Bereich« meines Verstandes angelangt zu sein. Das ist nett, wie eben unsere ganzen Geschichten »nett« sind. Es ist aber ein sicheres Zeichen für den fehlenden Kontakt mit unserer inneren Weisheit, zu der wir nur im Beobachten und entspannten Wahrnehmen Zugang haben.

Die Aufgabe des Begleiters ist es, der Resonanzboden für den Partner zu sein, um voll entspannter Achtsamkeit das Feld der leuchtenden Augen des Partners zu entdecken. Noch einmal die Frage: Höre ich als Begleiter in der Story des Partners seinen Mangel? Oder höre ich »nur« die Information, die uns ins Feld der leuchtenden Augen, ins Feld der Möglichkeiten im Augenblick führt?

Die fünf Grundprinzipien der Quantenphysik, wie sie im Unterkapitel »Die Revolution der Erklärungsmodelle« (Teil 2, Kapitel 2, Seite 131 ff.; Zusammenfassung Seite 141) beschrieben sind, unterstützen dabei den Prozess.

Verbindung mit dem
Resonanzfeld des Herzens

Die »*Q!* Verbindung des Herzens« ist ein wundervolles Instrument, unsere eigene Macht über eine intensive Verbindung mit unserem Herzen zu erleben.

1) Vorbereitung: Innere Wirklichkeit im Hinblick auf das Feld der leuchtenden Augen im Jetzt (d.h. eine befähigende Überzeugung) formulieren (siehe Seiten 259–263 und 272–279).

2) Die innere Wirklichkeit wahrnehmen (Kommunikation mit dem Feld der inneren Weisheit mithilfe des MT):
Überzeugung laut aussprechen – MT durchführen …
Falls MT-Ergebnis »Null«: weiter bei Punkt 3).
Falls MT-Ergebnis »Eins«: zurück zu 1), um eine andere Überzeugung zu formulieren.

3) Der Zugang ins Feld der unendlichen Möglichkeiten mit dem MT: Der Partner steht aufrecht mit dem Blick auf den Fixpunkt. Die folgenden Sätze spricht nur der Begleiter laut aus und prüft dabei jeweils per MT den »Ladungszustand« des Partners:

3a) »Es ist im höchsten und besten Interesse, diese Überzeugung jetzt als Wirklichkeit wahrzunehmen. – Halten!«
Sollte der Satz 3a) mit »Null« testen, ist meist wichtig, nochmals sehr achtsam den Satz anzusehen: Vielleicht ist er nicht kraftvoll oder muss gekürzt werden. Möglicherweise bedarf es auch vorher noch eines anderen Satzes. Entscheidend ist, dass der MT immer ernst genommen und nicht einfach darüber hinweggegangen wird.

3b) »Alles ist bereit, diese Wirklichkeit jetzt mit der *Q!* Verbindung des Herzens zu erleben. – Halten!«
Satz 3b) wählt die *Q!* Verbindung, das heißt, wenn er mit »Null« testet, wird in Satz 3b) eine andere *Q!* Verbindung ein-

gesetzt, bis der MT mit »Eins« testet, also quasi eine *Q!* Verbindung bestätigt oder auswählt.

Erst wenn Satz 3a) und Satz 3b) mit »Eins« testen, geht es weiter bei Punkt 4).

4) Die Verbindung mit dem Resonanzfeld des Herzens erleben: Der Partner und der Begleiter stehen dabei aufrecht und entspannt und atmen bewusst ein und aus. Nur der Begleiter spricht, um den Partner anzuleiten:

4a) »Umschließe eine Hand mit der anderen vor dem Nabel, richte beide Daumen nach oben und bewege so deine Hände vor dem Körper bis auf Augenhöhe nach oben, um dann dreimal eine liegende Acht in die Luft zu zeichnen. Wiederhole dabei deine Überzeugung lautlos.«

4b) »Öffne empfangend deine Hände neben dem Körper, schließe deine Augen und stelle dir vor, in den Händen alle Aspekte deines Geistes zu halten. Spüre gleichzeitig in das Resonanzfeld deines Herzens … Sobald du deine Verbindung wahrnimmst, wird das Feld deiner inneren Weisheit beginnen, deine Hände zu bewegen, ganz von selbst, hin zu deinem Herzen.«

4c) »Jetzt erlaube dir, diese Verbindung mit ganzem Herzen zu erleben … Dann öffne deine Augen … Führe die Fingerspitzen vor deinem Nabel zusammen und blicke für einige Sekunden auf deine Hände. Erlaube dir dabei, die kraftvolle Resonanz deines Herzens zu sein.«

5) Die Wirklichkeit erneut wahrnehmen (mit dem MT): Der Partner wiederholt seine Überzeugung [siehe Punkt 2)] laut und nimmt mit dem MT erneut seine innere Wirklichkeit wahr. Testet die Überzeugung immer noch mit »Null«, könnte es sein, dass es nur noch einige Sekunden Zeit braucht; das heißt, wir testen nochmals.

6) Die veränderte Wahrnehmung der Wirklichkeit willkommen heißen und feiern!

Verbindung mit dem
Resonanzfeld des inneren Lächelns

Die »*Q!* Verbindung des inneren Lächelns« ist ein kraftvolles Instrument, um die eigene Macht in spielerischer Leichtigkeit über eine intensive Verbindung mit dem inneren Lächeln zu erleben.

1) Hier wird keine Überzeugung formuliert, sondern in Verbindung mit der inneren Weisheit darf sich hinsichtlich einer einschränkenden Überzeugung eine veränderte Wahrnehmung der inneren Wirklichkeit zeigen. *Achtung:* In diesem Fall testet der MT vorher »Eins« und nach der *Q!* Verbindung »Null«!
Der »Klassiker« ist: »Ich bin schuld!« Manche Menschen gehen sofort in Resonanz mit dieser Überzeugung und sind sich sicher, der Satz testet mit »Eins«. Andere wiederum sagen, sie halten sich nicht für schuldig, und dennoch testet der MT mit »Eins«. Da die Frage nach dem »Warum« ohne Liebe ist, bemühen wir uns um keine Analyse, sondern testen einfach.

2) Die innere Wirklichkeit wahrnehmen: Kommunikation mit dem Feld der inneren Weisheit mithilfe des MT.
Lautes Aussprechen der einschränkenden Überzeugung – MT durchführen … Falls »Eins«: weiter bei Punkt 3).
Wird statt einer *Überzeugung* ein *Gefühl* getestet und der MT ist »Null«, geht es ebenfalls weiter bei 3). (Erklärung dafür siehe Seite 222: »Der Muskeltest«.)
Testet eine einschränkende Überzeugung mit »Null« oder das Gefühl zu einer Situation mit »Eins«, bedarf es keiner *Q!* Verbindung.

3) Zugang ins Feld der unendlichen Möglichkeiten mit dem MT: Der Partner steht aufrecht mit dem Blick auf den Fixpunkt. Die folgenden Sätze spricht nur der Begleiter laut aus:

3a) »Es ist im höchsten und besten Interesse, jetzt die Wirklichkeit verändert wahrzunehmen. – Halten!«

3b) »Alles ist bereit, diese Wirklichkeit jetzt mit der Quantenverbindung des inneren Lächelns zu erleben. – Halten!«
Erst wenn die Sätze 3a) und 3b) mit »Eins« testen, geht es weiter bei Punkt 4).

4) Die **Q!** Verbindung in Resonanz zum inneren Lächeln erleben: Der Partner sitzt, während der Begleiter aufrecht und entspannt steht; beide atmen bewusst. Nur der Begleiter spricht:

4a) »Sitze bequem und aufrecht. Massiere leicht deine Ohrmuscheln von oben nach unten, um den Chi-Fluss im Körper zu aktivieren. Dein Blick ruht entspannt auf dem Fixpunkt.«

4b) »Überkreuze deine Fußknöchel sowie deine Handgelenke. Drehe deine Hände so, dass sich die Handflächen berühren, und verschränke die Finger. Lege deine Arme entspannt in den Schoß, schließe die Augen. Schaue nach innen – alles darf sein, egal was sich zeigt. Sei voller Vertrauen. Du wirst sicher einen Wandel spüren – ein inneres Lächeln oder sogar ein Lachen. Erlaube dir, die Verbindung zu deinem inneren Lächeln mit ganzem Herzen zu erleben … Dann öffne deine Augen!«

4c) »Stelle deine Füße nebeneinander, führe die Fingerspitzen vor deinem Nabel zusammen und blicke für einige Sekunden auf deine Hände. Sei dabei die Resonanz deines inneren Lächelns.«

4d) Der Partner bleibt sitzen, während der Begleiter spricht und testet: »Diese Quantenverbindung ist jetzt aktiviert – Halten!«
MT: Bei »Eins« gehe weiter zu Punkt 5); bei »Null« begibt sich der Partner nochmals in die Überkreuzhaltung [siehe 4b)].

5) Die Wirklichkeit erneut wahrnehmen (mit dem MT):
Der Partner spricht die einschränkende Überzeugung aus oder begibt sich erneut in »seine« Situation oder in das Gefühl und nimmt seine innere Wirklichkeit wahr. Der MT sollte nun bei einer einschränkenden Überzeugung mit »Null« testen und bei einem Gefühl zu einer Situation mit »Eins«.

6) Die veränderte Wahrnehmung der Wirklichkeit willkommen heißen und feiern!

Verbindung mit dem
Resonanzfeld der inneren Ruhe

Die »*Q!* Verbindung der inneren Ruhe« ist ein stilles Instrument, um die eigene Macht in Frieden und über eine intensive Verbindung mit der inneren Ruhe zu erleben.

1) Entweder eine befähigende, kraftvolle Überzeugung formulieren *oder* im Geiste in eine unangenehme Situation gehen.

2) Die innere Wirklichkeit wahrnehmen: Kommunikation mit dem Feld der inneren Weisheit mithilfe des MT.
   Überzeugung laut aussprechen – MT durchführen …
   Falls »Null«: weiter bei Punkt 3).
   Oder in die Situation bzw. in das Gefühl gehen – MT …
   Falls »Null«: weiter bei 3).

3) Zugang ins Feld der unendlichen Möglichkeiten mit dem MT:
   Der Partner steht aufrecht mit Blick auf den Fixpunkt.
   Die folgenden Sätze spricht nur der Begleiter laut aus:

3a) »Es ist im höchsten und besten Interesse, jetzt die Wirklichkeit verändert wahrzunehmen. – Halten!«

3b) »Alles ist bereit, diese Wirklichkeit jetzt mit der Quantenverbindung der inneren Ruhe zu erleben. – Halten!«
   Erst wenn die Sätze 3a) und 3b) mit »Eins« testen, geht es weiter bei Punkt 4).

4) Die *Q!* Verbindung in Resonanz zur inneren Ruhe erleben:
   Der Partner sitzt, der Begleiter steht aufrecht und entspannt; beide atmen bewusst ein und aus. Nur der Begleiter spricht, um den Partner anzuleiten:

4a) »Sitze bequem und aufrecht. Massiere leicht deine Ohrmuscheln von oben nach unten, um den Chi-Fluss im ganzen Körper zu aktivieren. Dein Blick ruht entspannt auf dem Fixpunkt.«

4b) »Überkreuze deine Fußknöchel und deine Handgelenke, drehe deine Hände so, dass sich die Handflächen berühren, und verschränke die Finger. Lege deine Arme entspannt in den Schoß und schließe deine Augen. Schaue nach innen – alles darf sein, egal was sich zeigt. Sei voller Vertrauen. Du wirst sicherlich auf einmal einen Wandel spüren. Erlaube dir, diese Verbindung zur inneren Ruhe mit ganzem Herzen zu erleben … Dann öffne deine Augen!«

4c) »Stelle deine Füße nebeneinander, führe die Fingerspitzen vor deinem Nabel zusammen und blicke für einige Sekunden auf deine Hände. Sei dabei die Resonanz deiner inneren Ruhe.«

4d) Der Partner bleibt sitzen, nur der Begleiter spricht und testet: »Diese Quantenverbindung ist jetzt aktiviert – Halten!«
MT: Bei »Eins« gehe weiter zu Punkt 5); bei »Null« begibt sich der Partner nochmals in die Überkreuzhaltung [siehe 4b)].

5) Die Wirklichkeit erneut wahrnehmen mit dem MT:
Der Partner spricht seine Überzeugung laut aus, oder er begibt sich erneut in »seine« Situation oder in das Gefühl und nimmt mit dem MT seine innere Wirklichkeit wahr. Der MT sollte nun mit »Eins« testen.
(Die äußere Situation bleibt durch eine *Q!* Verbindung zunächst unverändert. Da sich jedoch die innere Wirklichkeit bzw. die Einstellung verändert hat – nämlich in der gleichen Situation im Wachstumsmodus sein zu können –, treten nicht selten auch äußerliche Veränderungen ein.)

6) Die veränderte Wahrnehmung der Wirklichkeit willkommen heißen und feiern!

Sobald die eigene Erfahrung den Umgang mit der Quanten-Intelligenz und den *Q!* Verbindungen prägt, wird sich der bewusste Verstand zunehmend entspannen. Er kann sich auf einmal trotz des Nicht-Wissens sicher fühlen, und das Vertrauen in den Raum der unendlichen Möglichkeiten wächst. (Die *Q!* Tools des Aufbau-Workshops erweitern überdies das Spektrum der Möglichkeiten.)

**Übung 3: Der Leere und der Fülle gewahr sein –
»Licht wirft keinen Schatten«**

Ganz bequem, richtig angenehm mache ich es mir jetzt. Ich atme
weit aus … und weiter … und weiter … und schließe die Augen.
Neugierig lenke ich meine Aufmerksamkeit auf die Atmung. Mein
Atem durchströmt alle meine Zellen. Ich bin wach, und gleichzeitig
gönne ich mir, den Augenblick in verspielter Gelassenheit und in
Leichtigkeit zu erleben. Ich genieße mich – jetzt. Mit jeder Ausatmung lasse ich mehr und mehr los. Es ist schön, nur zu atmen
und die eigene Atmung bewusst wahrzunehmen. Heiterkeit und
Freude begleiten mich.
Jeder Gedanke, der gedacht werden will, und jede Emotion, die
gefühlt werden will, ist eingeladen. Sie sind meine Begleiter. Jetzt
erlaube ich mir, alle Begleiter wahrzunehmen. Alles ist reine Information, einfach Information – sie ist, wie sie ist. Alles ist genau
richtig.
Ich atme weiterhin ruhig und entspannt aus – ich gönne es mir,
ruhig und entspannt zu sein.
Ich erlaube mir, wahrzunehmen, wohin mich die Information führt.
Alles ist reine Information, einfach Information – sie ist, wie sie ist.
Alles ist genau richtig. Ich erinnere mich daran, frei zu sein. Das
Feld der unendlichen Möglichkeiten steht mir zur Verfügung.
In diesem Feld der Möglichkeiten gönne ich es mir, meinen unermesslich großen Raum – nur erfüllt mit Licht – wahrzunehmen.
Meinen unendlich großen, leeren Raum, erfüllt mit Licht – ein
wunderschönes, strahlendes Licht. Ein leerer Raum, der erfüllt ist
mit Licht. Ja, der Raum ist leer, vollkommen leer und doch gleich-
zeitig erfüllt und leuchtend im Licht.
Meine Aufmerksamkeit ist ganz entspannt auf das Licht gerichtet,
das keine Schatten wirft. In einem leeren Raum, erfüllt mit Licht,
sind keine Schatten. Ich bin erfüllt mit strahlendem Licht und ich
lächle entspannt – ganz ruhig und entspannt lächle ich.
Vielleicht entsteht etwas in der Leere des Raums: Gedanken –
Emotionen – Informationen – in meinem leeren, lichtdurchfluteten
Raum – und doch gibt es keine Schatten. Mein Raum bleibt leer

und es gibt keine Schatten. Ich atme und lächle. Ich bin frei – alles darf sein – Licht und Schatten sind eins – im Feld der unendlichen Möglichkeiten – in meinem Feld der unendlichen Möglichkeiten entsteht und vergeht – in Freiheit – Licht und Schatten. Ich atme und lächle – nehme einfach wahr – alles darf sein – ich darf sein – ich bin. Ich bin gewahr – Licht – Schatten – Freiheit – Gelassenheit – und ich lächle entspannt – ganz ruhig und entspannt lächle ich. Die Morphogenese, der Prozess des »Gestaltwerdens« im unendlichen Raum der Möglichkeiten und des Lichts, erschafft, was erschaffen wird. Licht wirft keinen Schatten. Wirft die erschaffene Gestalt einen Schatten? Ich bin frei und ich lächle entspannt – ganz ruhig und entspannt lächle ich – im Jetzt.

Ich atme und lächle über das Licht – ich bin das Licht – ich erlebe Freiheit. Informationen kommen und gehen. Informationen ziehen über meinen inneren Himmel wie Wolken. Ich genieße das Schauspiel – Licht – Leere – Schatten – Erfülltsein – im Raum der unendlichen Möglichkeiten. Ich bin mir bewusst. Leere und Information – beides ist in mir. Und ich lächle über dieses Wunderwerk: Ich bin …! Und ich atme und lächle – im Feld des Leuchtens meiner Augen.

Nun atme ich kraftvoll ein und spüre wieder, was ist: in mir, im Raum, der mich umgibt, im Universum. Und ich atme nochmals tief ein. Ich habe alle Zeit und spüre, was ist. Ich öffne die Augen, lächle und nehme mich im Jetzt wahr.

Manchmal ist nun die richtige Zeit für eine Tasse Tee oder einen Espresso, um zu genießen und um weiterhin zu lächeln.

»Es gibt Wichtigeres im Leben,
als beständig dessen Geschwindigkeit zu erhöhen.«

▶ Mahatma Gandhi

Finden statt Suchen

Ich suche nicht – ich finde.
Suchen ist das Ausgehen von alten Beständen
und das Finden-Wollen von bereits Bekanntem.
Finden, das ist das völlig Neue.

Alle Wege sind offen,
und was gefunden wird, ist unbekannt.
Es ist ein Wagnis, ein heiliges Abenteuer.

Die Ungewissheit solcher Wagnisse können
eigentlich nur jene auf sich nehmen,
die im Ungeborgenen sich geborgen wissen,
die in der Ungewissheit der Führerlosigkeit
geführt werden,
die sich vom Ziel ziehen lassen
und nicht selbst das Ziel bestimmen.

▶ Pablo Picasso

Teil 4

Quanten-Intelligenz verstehen

– Beispiele, Fragen
und Antworten –

»*Glück* ist kein Geschenk der Götter –
es ist die Frucht einer inneren Einstellung.«

▶ Erich Fromm

1. Erfahrungsberichte –
Es kann sich mehr verändern, als wir uns denken können

Die Quanten-Intelligenz unserer Zellen bei der Arbeit

Immer wieder erlebe ich Synchronizitäten, wenn Menschen es schaffen, sich der Weisheit der eigenen Quanten-Intelligenz völlig hinzugeben. So kommen sie in eine rezeptive Energie und sind offen dafür, die Impulse aus dem Universum wahrzunehmen. Regelmäßig kommen Menschen in meine Kurse. Sie spüren, dass sie nicht mehr nur funktionieren möchten. Sie haben schon vieles probiert, das sie kurzfristig ohne Symptome sein ließ, und doch blieb meist eine latente Unzufriedenheit. Sie tragen eine inzwischen unüberhörbare Sehnsucht in sich, genau das Leben zu leben, das sie sich aus tiefstem Herzen wünschen. Sie spüren, dass die äußere Realität nicht im Einklang mit ihren innersten Wünschen, Bedürfnissen und Ansprüchen ist.

Quanten-Intelligenz erleben

Gartenbau mit dem Herzen

Karl, ein erfolgreicher fünfzigjähriger Ingenieur für Verfahrenstechnik, durchlitt eine Lebensphase, die er als tiefe körperliche und psychische Krise bewertete, begleitet von chronischem Bluthochdruck und Verdauungsbeschwerden, die er schulmedizinisch behandeln ließ. Daneben machte er eine Therapie und suchte mittlerweile seit über zwei Jahren mit Experten nach der Ursache seines Problems. In einigen Aspekten seines Lebens hatte er dadurch mehr Klarheit und doch fühlte er sich während der ganzen Zeit immer krank. Dann nahm er an einem *Q!* Workshop teil und machte Erfahrungen mit seiner eigenen Quanten-Intelligenz. Am zweiten Tag stand Karl mit strahlenden Augen vor mir: »Bei allen Maßnahmen, die ich während der letzten Monate unternommen habe, habe ich mich immer wieder gefragt, ob es wirklich der Sinn meines Lebens sein kann, dass ich gut in einem System funktioniere, und ob es nicht eigentlich viel wichtiger wäre, zu wissen, was ich mir tatsächlich in meinem Leben wünsche. Hier bei dir geht es endlich darum!«

Karl schätzte seinen Therapeuten sehr. Trotzdem empfand er die Therapie immer als anstrengend und mühsam. Nach wie vor hatte Karl das Gefühl, sich in einem Hamsterrädchen zu befinden und von den alltäglichen Verpflichtungen absorbiert zu werden. Er kam durchaus besser mit seinem Alltag zurecht, dennoch gelangte er auf einer tieferen Ebene nicht in Kontakt mit sich selbst.

Plötzlich wurde ihm klar, dass er mit seiner Tätigkeit als Ingenieur stellvertretend einen Teilaspekt seines Vaters lebte. Doch erst als er nicht mehr nach der Ursache forschte, sondern seine ganze Achtsamkeit auf den Moment legte, konnte Karl den Zugang zu seiner inneren Weisheit, seiner eigenen Quanten-Intelligenz finden. Diese gab ihm ganz klare Informationen im Hinblick auf seine Grundüberzeugungen und wies ihm den Weg zu seiner Kraft und zu seinen leuchtenden Augen. Die Informationen waren schon immer in ihm, er hatte bislang nur noch nicht die Verbindung dazu gefunden.

Im *Q!* Workshop erkannte Karl, dass seine eigentliche Leidenschaft der Gartenarbeit galt. Er war dem Wunsch seines Vaters gefolgt, der ein bekannter Ingenieur war, und war in dessen Fußstapfen getreten. Sein Vater hatte ihm so klar vermittelt, Karl werde das wahre Glück ebenfalls im Dasein als Ingenieur finden, dass der Sohn viele Jahre seine eigenen Interessen und Vorlieben einfach übersehen hatte.

Karl nahm sich eine Auszeit und kümmerte sich seit vielen Jahren zum ersten Mal wieder intensiv um sich und seine Interessen.

Er hatte sein großes Herzensanliegen im Zusammensein mit Pflanzen, Bäumen und Sträuchern entdeckt, denn dabei konnte er ganz leicht in seiner Mitte sein. Allein die Berührung mit der Erde, der Duft der Pflanzen und die Schönheit der Blumenbeete lösten in ihm ein tiefes Gefühl von Verbundenheit mit dem Kosmos aus. Seit vielen Jahren las er zum ersten Mal wieder Bücher über Gartenanbau, pflanzte Blumen und verbrachte viele Stunden in seinem Garten.

Karls Erlebnisse erinnerten mich sehr stark an meine Meditationserfahrungen als Jugendlicher. Was für mich während der »formellen« Meditation passiert war, ereignete sich bei ihm während der »informellen« Meditation: Er war durch die vollkommene Achtsamkeit und die totale Präsenz im Hier und Jetzt in das Feld des Heilseins eingetreten. So wie Karl es mir beschrieb, war es der gleiche innere wertfreie und leere Raum, der sich für ihn hier auftat. Hier kam er jedes Mal in Verbindung mit einem vollkommenen inneren Frieden.

Nach einigen Wochen Auszeit kehrte Karl in seinen Berufsalltag zurück. Dort gelang es ihm, einige Arbeitsabläufe im Sinne seiner Quanten-Intelligenz neu zu gestalten und seine Arbeitszeit auf 30 Stunden pro Woche zu reduzieren. Dadurch hatte er sich mehr Freiraum für seine wertvolle Gartenarbeit geschaffen, ohne sein Leben völlig umkrempeln zu müssen. Er hatte im Feld seiner inneren Weisheit einen Weg für sich gefunden, um seinem Leben einen tieferen Sinn zu geben.

Nach einigen Monaten brachte ihm dann ein »Zufall« – die Freiheit der Natur im Feld der unendlichen Möglichkeiten – die vollkommene Erfüllung: Seine Firma hatte von einer Großgärtnerei den Auftrag für eine auf Nachhaltigkeit ausgerichtete Wasseraufbereitungsanlage erhalten. Auf diese Weise konnte er auf einmal seinen Beruf mit seinem Hobby verbinden.

Was Karl und die Experten in seinem Umfeld als Krise und Burnout bewertet hatten, brachte ihn auf den Weg zu sich selbst und zur Wahrnehmung der Informationen im Jetzt. Im Kontakt mit seiner Quanten-Intelligenz und dem Feld des Heilseins hatte er erfahren: Egal was im Außen passiert, er kann im tiefsten Innern davon unberührt bleiben. Diese neue Gewissheit hatte ihn auf eine nie gewohnte Weise ermutigt, achtsam bestimmte ungewohnte Schritte in seinem Leben zu gehen. Karl konnte mit den in ihm vorhandenen Informationen anders umgehen, weil er nun den Hinweischarakter aller momentan wahrgenommenen »Phänomene« erkannte.

Mittlerweile sind zwei Jahre vergangen und Karl ist ein Experte auf dem Gebiet der nachhaltigen Gärtnerei-Bewässerung. Bei unserer letzten Begegnung wirkte er kraftvoll, lebenslustig und voll Tatendrang.

■

Natürlich gibt es immer wieder sehr gute Gründe, nichts zu ändern: Mal ist es der gute Job, mal einfach die Bequemlichkeit oder die familiären Verpflichtungen, die uns daran hindern, unserem Leben eine neue Richtung zu geben und das zu leben, was unserem Innersten entspricht. Viel häufiger jedoch stehen die zahlreichen einschränkenden Überzeugungen im Wege: Ob sie »Du bist zu dumm«, »Das kannst du nicht«, »Das schaffst du niemals« oder »Dafür bist du nicht gut genug« lauten, spielt keine Rolle, denn alle bewirken eine gewisse Stagnation.

> »Wenn man nicht auf das Unverhoffte hofft,
> wird man nicht darauf stoßen,
> weil es dann unauffindbar und unzugänglich ist.«
>
> ▶ Heraklit

Autonom oder via Autopilot

Aus Corinne, einer 32-jährigen, lebhaften Frau, die als Führungskraft im Marketing eines Automobilkonzerns arbeitet, platzt plötzlich heraus: »So ein unverschämter Kerl!« Sie ist sichtbar erregt, nicht in ihrer Mitte, also auch nicht in ihrem Wachstumsmodus. Die Situation ist folgende: Ihre Aufgabe ist es, ihrem gegenübersitzenden Partner Paul eine Minute lang von etwas zu erzählen, das sie gerne mag: von einem Hobby oder Urlaub, von feinem Essen, von Autos oder Sport. Sie hat sich für ihr neues Auto entschieden und berichtet nun begeistert davon. Pauls Aufgabe besteht darin, ihr in der Kommunikation zwar zu folgen, jedoch körpersprachlich abwesend zu sein. Auch er erfüllt seine Aufgabe perfekt, denn er blättert in seinen Unterlagen, bindet seine Schuhe neu, putzt seine Brille und gähnt. Gleichzeitig sagt er: »Ja, ja, echt superinteressant!«, und: »Erzähl nur weiter, ich bin ganz interessiert.« Wohlgemerkt, es handelt sich um eine Übung. Dennoch drückt er bei Corinne gleichsam einen Knopf, der ihren Autopilot startet und sie in Rage versetzt.

Natürlich können Sie nun sagen: »Na und, es ist doch ganz normal, wie Corinne zu reagieren«, doch die entscheidende Frage bleibt, ob Sie diese Reaktion in Ihrem Leben unterstützt oder behindert. Möchten Sie selbst entscheiden und steuern – oder gefällt es Ihnen, wenn Sie via Autopilot gelenkt werden? Es geht also um Ihre innere Autonomie. Setzen Sie Ihre Quanten-Intelligenz ein, dann haben Sie jeden Moment die Freiheit, zu wählen.

In unserem Beispiel im *Q!* Workshop stellt sich zwei Minuten später die gleiche Situation ganz anders dar: Corinne wird von Frank, dem Begleiter der beiden, eingeladen, ihre Reaktion mit dem MT wahrzunehmen. Sie ist nicht überrascht, dass sie mit »Null« testet, und verwendet eine *Q!* Verbindung (siehe Teil 3, Kapitel 5, Seite 234 ff.). Danach wiederholen Corinne und Paul ihre Übung, und obwohl sich äußerlich am Verhalten von Paul nichts geändert hat, nimmt Corinne die Situation anders wahr als vorher: Sie ist entspannt und lächelt über Pauls Bemühungen, unaufmerksam zu sein. Der Muskeltest bestätigt ihr zusätzlich ihr Gefühl, denn er ist dieses Mal eindeutig »Eins«.

■

Überlegen Sie gerade, welche Bedeutung das für Sie im Alltag haben könnte? Dann bitte ich Sie, für einen Moment innezuhalten. Schließen Sie die Augen und fühlen Sie: *Sie steuern Ihr Leben!*

> **Sie steuern Ihr Leben!**

Wie fühlt es sich an, diese Macht zu haben? Spüren Sie Erleichterung, Freude oder einfach Ruhe?

Stellen Sie sich vor, Sie müssen Ihren Kindern oder Ihrem Partner gerade etwas ganz Wichtiges sagen … Wie gelassen bleiben Sie?

Oder Sie halten einen Vortrag oder geben eine Präsentation – und ein Teil der Teilnehmer schläft beinahe ein … Was empfinden Sie?

Quanten-Intelligenz erleben

»Ich kann dich gut so lassen, wie du bist«

Karla, Mitte fünfzig, ist Ärztin mit einer psychotherapeutischen Praxis in Hamburg. Sie hatte sechs Tage lang beide *Q!* Workshops direkt hintereinander besucht und war beeindruckt von ihrer neuen Wahrnehmung im Kontakt mit ihrer Quanten-Intelligenz und von den Erlebnissen während und nach den Workshops.

Während ich die Beziehungs-Aufstellung in der Quantendimension erklärte, wusste sie gleich, dass sie diese mit ihrem Mann machen wollte. Nicht mit ihm persönlich, denn er war ja nicht dabei; doch durch die Möglichkeit, jemanden als Stellvertreter für ihren Mann zu wählen, war es ja eine leichte Sache.

Zwischen den Ehepartnern gab es laut Karla keine massiven Probleme, allerdings hatte sich mit der Zeit eine gewisse Härte und Angespanntheit im Umgang miteinander entwickelt. Sie hatten über mehrere Jahre schwere äußere Belastungen gemeinsam durchgestanden und reagierten deshalb beide schon bei Kleinigkeiten leicht ungehalten und grollig.

Der verbindende Satz war für Karla sofort klar. Sie folgte ihrem Impuls und sagte laut: »Ich kann dich gut so lassen, wie du bist!« Dass dies ganz ehrlich und von Herzen kam, spürte nicht nur sie selber, denn es entstand umgehend eine beinahe greifbar warme und herzliche Atmosphäre.

Bereits am nächsten Morgen erzählte sie uns freudestrahlend von ihrem Telefonat mit ihrem Mann am Abend zuvor: »Seine Stimme klang schon bei der ersten Begrüßung freudiger und freundlicher. Er war einfach irgendwie weicher und ich selbst fühlte mich auch viel weicher und herzlicher als zuvor. Ich kann mich gar nicht erinnern, wann wir zuletzt so spürbar entspannt telefoniert haben.«

Drei Monate später meldete sich Karla bei mir und erzählte begeistert, was in den ersten Wochen nach dem Kurs passiert war:

»Anfangs stieg die grollige Energie noch einige Male in mir auf und es bestand die Gefahr, dass ich wieder kritisierend reagieren könnte. Doch jedes Mal fiel mir der Satz wieder ein und ich sprach ihn still für mich aus. Die Energie von Milde und Verbundenheit breitete sich sofort in mir aus und sorgte für eine segensreiche Entspannung in meinem ganzen System. Ganz natürlich entspannte sich damit ebenfalls meine Reaktion. Mittlerweile ist mein innerliches Grollen total verflogen und seitdem überrascht mich mein Mann immer wieder mit genau den Dingen, die ich mir vormals immer gewünscht hätte. So ein beeindruckendes Ergebnis hätte ich doch nicht einmal zu träumen gewagt! Noch dazu in einer derartigen Leichtigkeit und Freude, das ist sagenhaft!

Ich arbeite ja selbst seit vielen Jahren sehr erfolgreich mit Menschen und doch bin ich es durchaus eher gewohnt, dass Prozesse Zeit und Geduld brauchen. Andererseits bin ich schon mindestens genauso lange interessiert an jeder Erleichterung. Über meine lange Erfahrung habe ich einfach gemerkt, dass es selten von Vorteil ist, immer wieder in die schmerzlichen Erfahrungen einzutauchen, und dass diese Art und Weise häufig auch mich belastet. Ich möchte die beiden *Q!* Workshops unbedingt wiederholen, denn die Schnelligkeit hat mich absolut beeindruckt und ich möchte meine Achtsamkeit auf die Wahrnehmung der reinen Information trainieren. Außerdem hat mich meine Freundin auf meine Veränderung angesprochen, und da sie sich auch Leichtigkeit und Freude wünscht, möchte sie mitkommen.«

Quanten-Intelligenz erleben

Der richtige Satz ist der eigene Satz!

Stephie eine junge Mutter aus Wien, rief mich erst kürzlich an, obwohl sie schon vor über zwei Jahren in meinem *Q!* Workshop war. Sie hatte meinen Newsletter gelesen und sich gefreut, dass sie dort einige Erfahrungsberichte zu verschiedenen Themen nachlesen konnte. Das hatte sie selbst inspiriert, mir ihre persönliche Geschichte zu schreiben:

»Bereits direkt in meinem *Q!* Basic-Seminar vor einem Jahr durfte ich die Erfahrung mit einem für mich richtigen Satz machen. Und das, obwohl ich in der Eröffnungsrunde gar nicht wusste, was für ein Thema ich für mich angehen wollte. Ich hatte doch so viele und konnte in dem Moment gar keines greifen. Da meinte Klaus, ich solle doch einfach mal mit der ›Klarheit‹ beginnen, wenn ich das Gefühl habe, gerade gar nicht zu wissen, was ich will. Und so habe ich innerlich etwas verwirrt mit Klarheit begonnen. Obwohl es sich in dem Moment so alles andere als klar anfühlte. Augenblicklich entstand ein ›Wissen‹ in mir, wohin mich die Klarheit führt: Frei zu sein ist das Thema, bei dem meine Augen zu leuchten anfangen. Dieses Wissen entstand nicht durch Nachdenken und Grübeln mit dem Verstand, sondern ich spürte, wie es aus meinem Herzen kam.

So begann ich aus dieser inneren Information, den für mich stimmigen Satz zu formulieren: ›Ich bin frei!‹

Mit dem Muskeltest konnte ich erleben, dass der Satz – vielleicht durch mein intensives Erleben – bereits mit ›Eins‹, also stark testete. Intuitiv spürte ich jedoch, dass es damit nicht vorbei war, denn allein bei dem Gedanken an eine Spinne spürte ich noch immer die Gefühle, die ich als Angst bewertete, und überhaupt keine Freiheit.

So kamen wir zu dem Satz: ›Ich darf frei sein!‹ – und siehe da, dieser testete mit ›Null‹ und war demnach so gar nicht in meinem Körper-Geist System aktiviert. Mit der *Q!* Verbindung des Herzens [siehe Seite 234 f.] konnte ich innerhalb weniger Minuten erleben, wie es sich ganz anders anfühlte, und entsprechend bestätigte der Muskeltest dies auch mit ›Eins‹, also stark. Da ich schon immer ein sehr visueller Mensch war, war auch dieses Erleben sehr reich an Bildern und Emotionen.

Zuerst war alles dunkel um mich, ich konnte nur schleierhaft erkennen, wo ich war. Auf einmal wusste ich es. Ich war eingesponnen in einen riesigen Kokon und um mich herum war nur Dunkelheit, bis auf diese eine riesige, fette Spinne, die links über mir saß und neben der ich so klein wie eine Fliege wirkte. Wie erwartet kam wieder die Angst hoch. Doch dann merkte ich auf einmal, dass die Spinne mir nichts antun wollte. Es wirkte vielmehr so, als wollte sie mich vor der Welt, in der sie lebte, beschützen. Vor einer Welt, die so dunkel und so kalt wirkte. Mein Verstand wollte mich aus den Bildern holen, denn mein Körper verkrampfte sich wieder und ich musste erneut weinen. Gleichzeitig wollte ich aber auch wissen, was da noch war. Ich kämpfte mit mir, packte all meinen Mut zusammen und zerriss meinen Kokon.

Das erste kleine Loch entstand und ich sah das Sonnenlicht, das zu mir hereinkam. Ich hörte Vögel zwitschern und es roch auf einmal so gut nach einer Blumenwiese, dass ich plötzlich immer schneller und schneller den Kokon um mich herum zerriss. Je mehr ich aus diesem Kokon herauskam, umso größer wurde ich, und die Welt um mich herum ›erblühte‹. Ich sah mich auf einer Blumenwiese im Sonnenschein wieder. Ich atmete die frische Luft ein und ich war so frei! Die Spinne war in der großen Wiese verschwunden, da sie nun ihre tatsächliche Spinnengröße hatte. Ja, jetzt durfte ich endlich frei sein! Zusätzlich haben wir dann noch den Satz ›Ich mag Spinnen!‹ aktiviert, und danach fühlte ich mich so richtig leicht. Es war wie ein Wunder und obwohl ich den eigentlichen ›Kampf‹ ganz alleine durchleben musste, bin ich noch immer froh, dass meine Schwester ganz in meiner Nähe war.

Vier Monate später kam meine ›Feuerprobe‹ mit einer echten Spinne. Es war absolut ungewohnt, doch ich habe es geschafft. Ich habe meine erste Spinne mit einem Glas und einer Pappe vor die Tür gesetzt. Im Nachhinein war es sogar ganz leicht, denn an einer normalgroßen Spinne trägt es sich ja auch viel leichter.

Ehrlich gesagt finde ich Spinnen immer noch nicht ›schön‹, aber immerhin machen Sie mir keine Angst mehr, wenn sie in meiner Nähe sind.

Mein Leben wurde also überraschend mit einem aktivierten Satz, auf den ich durch Nachdenken kaum hätte kommen können, um so viel leichter und angenehmer, dass ich diese Art zu leben nicht mehr missen möchte. Heute bin ich froh, die Quanten-Intelligenz meiner Zellen und die $Q!$ Methode für mich entdeckt zu haben, und seit dem $Q!$ Aufbauworkshop, bei dem man auch mit Intentionen arbeiten kann, wird es immer noch besser.

Unser Unbewusstes weiß ja, was wir brauchen, und wir selbst haben die Fähigkeiten – das Spiel des Lebens kann also jeden Tag aufs Neue beginnen.«

Quanten-Intelligenz erleben

Im Feld der leuchtenden Augen wissen wir nicht, ob es Probleme überhaupt gibt

Ich erinnere mich an einen Termin mit einem elfjährigen Jungen, den seine Mutter mit mir vereinbart hatte, weil er in fünf Fächern auf der Note 5 stand und außerdem den Unterricht massiv störte.

Erst durch die Rückmeldung der Mutter nach etwa einem halben Jahr wurde mir die Besonderheit der Situation bewusst.

Renate rief mich an und berichtete mir ganz nebenbei: »Übrigens, Klaus, was ich dir erzählen wollte, du hast doch mit unserem Sohn Jens Anfang des Jahres eine kurze Arbeit gemacht. Jetzt war Elternsprechtag und ich wurde von seiner Klassenlehrerin mit den Worten begrüßt: ›Auf den Termin mit Ihnen freue ich mich schon lange ganz besonders. Sagen Sie mal, was haben Sie mit Ihrem Sohn gemacht? Nicht nur, dass er keinen Fünfer mehr hat, er benimmt sich im Unterricht anders, beteiligt sich und ist irgendwie wie ausgewechselt!‹

Weißt du, Klaus, ganz ehrlich, wir dachten damals, dass du uns nicht ernst genommen hast. Jens hat uns begeistert erzählt, dass du mit ihm viel über Fußball gesprochen hast und mit ihm zu seiner Fußballbegeisterung gearbeitet hast. Und das war's. Dass Jens dich deswegen toll fand, das war ja keine Frage, doch wir hatten echte Zweifel, ob der Termin überhaupt sinnvoll war. Wir kamen ja schließlich mit Jens zu dir, damit er sich endlich mehr um die Schule kümmert und nicht immer nur an Fußball denkt.

Dennoch haben wir bereits nach einigen Wochen eine Veränderung wahrgenommen, und wie du gerade gehört hast, haben wir mittlerweile sogar schwarz auf weiß ein Ergebnis. Was hast du denn eigentlich mit ihm gemacht?«

»Liebe Renate«, antwortete ich ihr, »zuerst möchte ich mich von Herzen für deine Offenheit bedanken, mit der du mir heute deine Zweifel mitteilst. Und um deine Frage zu beantworten: Ich habe ihn kurz gefragt, was in der Schule los ist und was für ihn dort so schlimm ist. Darauf hat er mir erzählt, dass seine Lehrerin eine alte Schreckschraube ist und der bloße Gedanke an sie in ihm Wut, größten Unwillen und sogar Verzweiflung auslöst. Dann wollte ich von ihm wissen, wann denn seine Augen so richtig ins Leuchten kommen, wo es ihm super geht und was ihm einfach Spaß macht. Da musste er kein bisschen überlegen, sondern berichtete mir sofort mit riesiger Begeisterung vom Fußballspielen, vom Team und von ihrem letzten Sieg. Dabei fiel auch einige Male der Satz: ›Ich bin richtig gut!‹, und Jens schilderte begeistert, wie sich das für ihn anfühlt. Ich fragte ihn, ob er denn Lust hätte, in der Schule, beim Zusammentreffen mit der Lehrerin, in genau diesem Gefühl zu sein und die Überzeugung ›Ich bin richtig gut‹ ganz stark innerlich zu spüren.

Das fand er eine geniale Idee, und so machten wir eine *Q!* Verbindung zu dem Gefühl und eine mit dem Satz: ›Ich bin richtig gut, egal was meine Lehrerin von mir denkt!‹«

Während ich berichtete, musste ich schmunzeln. Zum einen freute ich mich natürlich für Jens, doch viel mehr bewegte mich die Frage, ob es vorher überhaupt ein Problem gegeben hatte.

■

»Alles ist einfacher, als man denken kann,
zugleich verschränkter, als zu begreifen ist.«

▶ Johann Wolfgang von Goethe

2. Beispiele für befähigende Überzeugungen – Das Leuchten in unseren Augen

Die innere Resonanz wahrnehmen

Bei etlichen Überzeugungen können wir »instantan«, also im gleichen Augenblick, eine tiefe innere Resonanz in uns vernehmen.

In diesem Kapitel finden Sie eine Liste befähigender Überzeugungssätze. Gönnen Sie sich einige entspannte Atemzüge, bevor Sie die Zeilen lesen, und erlauben Sie sich, zu spüren, wie die in Sprache codierte Information in Ihnen in Schwingung kommt. Die Wirkung befähigender Überzeugungen werden Sie am besten wahrnehmen und innerlich erleben, wenn Sie keinen Gedanken daran verschwenden, sie zu analysieren oder sie »logisch verstehen« zu wollen. Seien Sie entspannt und achten Sie auf Ihre Empfindungen.

Sofern eine Information, beispielsweise in Form eines Gedankens, in Ihnen auftaucht (auch abwehrende Gedanken wie »Ach, das steht mir doch gar nicht zu«, »Dafür bin ich zu alt/zu dumm/ zu unfähig«), weist dies darauf hin, dass Sie in Resonanz sind: Sie sind bei einem für Sie »wahren« Satz angelangt, sonst würde Ihr Sprachzentrum der linken Gehirnhälfte dazu nicht augenblicklich eine Geschichte oder Erklärung erfinden. Halten Sie inne, schließen Sie die Augen, verweilen Sie still im Augenblick, lauschen Sie in sich hinein und erlauben Sie sich, Ihr inneres Berührtsein auszukosten:

- Wo in meinem Körper spüre ich die Resonanz?
- Was nehme ich in mir wahr?
- Kann ich die Empfindung benennen?
- Wie ist die Empfindung, wenn ich sie sinnlich beschreibe: Hat sie eine Form, eine Farbe, einen Geschmack, einen Geruch, eine Temperatur oder eine Textur?

Lassen Sie jeden Satz, der Sie berührt, einige Atemzüge lang auf sich wirken und entdecken Sie mit Neugierde, was in Ihnen auftaucht. Erinnern Sie sich bitte: Es gilt nichts zu lösen, nichts zu transformieren, nichts zu heilen und nichts zu löschen. Und es geht auch nicht darum, zu helfen. Möglicherweise ist es genau Ihre göttliche Lebensaufgabe im Jetzt, das Wunderwerk und die Perfektion der Schöpfung voller Mitgefühl und Liebe anzuerkennen. Was hindert Sie daran, diese Vollkommenheit in allem anzunehmen?

Es gibt keine generell richtigen oder falschen Überzeugungen. Wenn Überzeugungen Sie innerlich berühren, sind sie lediglich Wegweiser in Ihren Wachstumsmodus, zu Ihrer Sehnsucht und zu Ihnen selbst. Erlauben Sie sich, zu fühlen, wie es wäre, wenn Sie die Grundüberzeugung hätten: »Es kann sich viel mehr verändern, als ich mir je vorstellen kann!«

Nochmals zur Erinnerung: Sollten »kluge« Gedankenketten auftauchen, dass der Satz doch anmaßend, größenwahnsinnig, unmoralisch oder aus einem sonstigen Grund ja wohl völlig »daneben« sei, lauschen Sie der Information im Jetzt. Sie wissen ja: Nicht einsteigen in die auftauchende Story, sondern die Information hinter der Geschichte beachten. Alles ist Information!

> »Wenn die Wurzeln nicht vertrocknet sind,
> ist der Baum nicht tot.«
>
> ▶ Dalai Lama

Ich bin geduldig und einfühlsam mit mir.

Ich bin es mir selbst wert, heil und glücklich zu sein.

Ich erlaube mir, die Stimme meines Herzens jederzeit wahrzunehmen.

Mit Begeisterung folge ich der Stimme meines Herzens im Jetzt, auch im Alltag.

Ich vertraue meinem Bauchgefühl (meinen Gefühlen/mir/ meinen Empfindungen).

So wie ich bin, bin ich es wert, geliebt zu werden.

Ich bin gut, so wie ich bin – unabhängig von meiner Leistung.

Die Quelle ewiger Inspiration ist auch in mir.

Schön, dass es mich gibt.

Ich folge der Weisheit meines Herzens, und das ist gut so.

Es steht mir zu, glücklich (geliebt/gesund/erfolgreich) zu sein.

Ich bin ein Geschenk für die Welt.

Licht und Sonne durchströmen mich immer – unabhängig davon, ob ich es im Moment wahrnehme.

Ich umarme die Welt, und die Welt umarmt mich.

Ich bin glücklich und gesegnet, ich zu sein.

Glückliche Veränderungen kommen ganz selbstverständlich auf mich zu.

Voll Leidenschaft gebe ich Liebe und empfange sie – spielerisch, wie ein Engel.

Ich erlaube mir, mein strahlendes Herz wahrzunehmen.

Ich liebe mich so, wie ich bin.

Ich bin ein toller Mann/eine tolle Frau.

Ich bin eine gute Mutter/ein guter Vater.

Mit meinen Träumen und Wünschen darf ich ganz natürlich nach den Sternen greifen.

Ich bin sowohl Schwimmer als auch Welle im Meer der Möglichkeiten.

Vertrauen erfüllt mich und alle meine Zellen.

Ich nehme das Christus-Bewusstsein (die Buddha-Natur) in mir wahr.

Es ist mir eine Freude, ich zu sein.

Ich darf auch innehalten, für mich selbst sorgen, mir etwas Gutes gönnen und auf mich und meine Bedürfnisse achten.

Ich bin mir wichtig und nehme mich wichtig – mit allem, was mich ausmacht.

Ich verdiene das Beste.

Ich bringe mich (mein Inneres/meinen wahren Kern) voll Freude zum Ausdruck.

Ich bin ein notwendiger und wichtiger Teil der göttlichen Intelligenz.

In meinem Körper dürfen sich Gesundheit, innere Kraft und Weisheit entfalten.

Es darf leicht und schön sein.

Jede Wirklichkeit, die ich erlebe, ist meine Information, um in Liebe und Wohlstand zu leben.

Die göttliche Information in allem ist natürlicher Teil meines täglichen Erlebens.

Mein Empfinden im Jetzt und mein Leben sind Ausdruck tiefer Weisheit.

Ich bin eins mit dem Leben.

Ich bin der Frieden, ich bin die Liebe, ich bin das Licht –
unabhängig von meiner Wahrnehmung des Augenblicks.

Ich erlaube mir, auch Wunder im Alltag zu erleben.

Ich darf kraftvoll sein, denn ich setze meine Kraft
verantwortungsbewusst ein.

Meine Kraft ist Ausdruck der Liebe Gottes (der Buddha-Natur/des
ewigen Dharma).

Ich darf meine Fantasie und meine Kreativität wahrnehmen
und in der Welt zum Ausdruck bringen.

Ich genieße mich und mein Leben in allen Bereichen
meines Seins.

Mein Sein ist Ausdruck der Vollkommenheit der Schöpfung.

Ich gönne mir Gutes (Entspannung/Pausen/Muße)
in meinem Leben.

Ich versöhne mich mit mir und allen Aspekten des Lebens.

Eine tief empfundene Versöhnung mit mir selbst
ist das Fundament meines Erlebens.

Ich bin.

Ich vertraue mir selbst (der Stimme meines Herzens/
meiner Intuition/meinen inneren Gaben).

Ich erkenne und lebe meine geistigen Gaben
und meine göttliche Lebensaufgabe.

Mein Leben ist Ausdruck meiner spirituellen Meisterschaft.

Ich erlaube mir, völlig im Jetzt gegenwärtig zu sein,
würdevoll und vollkommen.

Ich liebe auch meinen bewussten Verstand und gönne uns
zunehmend, Mußezeiten in der Hängematte zu verbringen –
wir haben es uns verdient.

Voll Freude lasse ich Vergangenes los und bin frei und
empfänglich für die Fülle des Lebens.

Frei nehme ich meine Gefühle wahr und bringe sie zum Ausdruck.

Ich vertraue der göttlichen Führung (der Führung der universellen Buddha-Natur allen Seins).

Mit jedem Atemzug dürfen mich Liebe, Würde und Verantwortung durchströmen und mich mit der Erfahrung des Getragenseins verbinden.

Neue Erfahrungen dürfen sich durch mich und meine geistigen Gaben entfalten.

Es gibt nichts Negatives jenseits meiner Bewertungen.

Auch mystische Erfahrungen sind ein ganz normaler Teil meines Erlebens.

Ich schreite beschwingt voran – unabhängig davon, was sich im »Außen« ereignet.

Die Freiheit der Natur, sich im Meer der Möglichkeiten frisch zu entscheiden, bringe ich mit jedem Atemzug zum Ausdruck.

Das Paradies liegt in mir und ich darf es wahrnehmen.

Ich vertraue der weisen Führung meines Herzens.

Alles ist, wie es ist, und lädt mich ein, im Jetzt die Wunder der Schöpfung zu erleben.

Ich bin empfänglich für das Schöne und Gute sowie für die Fülle des Lebens.

Schmale Pfade der Liebe und des Mitgefühls in mir dürfen sich zu den herrlichsten Platanen-Alleen meines Lebensweges entfalten.

Ich empfange neue Ideen und erlebe damit Neues in meinem Leben.

Aus dem Ozean der Möglichkeiten empfange ich den Samen des Glücks und lasse ihn durch mich sein volles Potenzial entfalten.

Ich vertraue meiner inneren Weisheit.

Mein Herz schlägt ganz selbstverständlich für meine Wünsche und Träume.

Ich erlaube mir, meine spirituelle Natur, die ich schon immer lebe, auch bewusst wahrzunehmen.

Göttliches Licht und Liebe dürfen in mir
wahrgenommene Wirklichkeit sein.

Ich erlaube mir, die Gegenwärtigkeit, die ich schon immer lebe, jetzt auch wahrzunehmen.

Ich erlaube mir, meine wahren Herzensanliegen wahrzunehmen.

Ich bin Teil der Harmonie des Universums (Gottes/der Buddha-Natur), selbst wenn ich zuweilen nicht imstande bin, es wahrzunehmen.

Ich bringe meine wahre Größe im Licht der Öffentlichkeit
zum Ausdruck.

Ich liebe.

Ich erfahre die Kraft der Gegenwart im Jetzt.

Alles ist in mir – es braucht nur wahrgenommen zu werden.

Freude durchströmt alle meine Zellen.

Ich bin auch mein Körper.

Frieden umgibt und erfüllt mich.

Ich nehme mich in meiner Ganzheit wahr.

Ich erlaube mir, die für mich relevante Information im Jetzt
wahrzunehmen.

Meine innere Wirklichkeit entsteht aus Information
und ich gestalte die Information.

Ich darf leben.

Was haben Sie erlebt und welche Gefühle haben manche Sätze in Ihnen ausgelöst? Je intensiver Sie das Spektrum Ihrer Empfindungen wahrnehmen, umso tiefer können Sie in das Meer der Möglichkeiten und in das Mysterium Leben eintauchen.

Sie können jede innere Wirklichkeit erleben, sobald Sie es sich erlauben. Unsere innere Welt ist alles, was ist, und alles, was möglich ist. Eine der größten Begrenzungen besteht hier darin, über das Logik-Areal unserer linken Gehirnhälfte ins Grübeln oder Analysieren zu verfallen.

Mit dem MT können Sie die Überzeugungen jetzt auch testen. Wie reagiert die Ihrem Körper innewohnende Intelligenz auf die den Sätzen zugrunde liegende Information?

Für alle Überzeugungen, die noch nicht im Intelligenzfeld Ihres Körpers lebendig sind, verwenden Sie eines der *Q!* Werkzeuge (siehe Teil 3, Kapitel 5), um die veränderte Wirklichkeit wahrzunehmen. Von einem Moment auf den anderen kann sich die Wirklichkeit vollkommen anders anfühlen, denn wir sind ja fühlende Wesen, die denken.

Zur Erinnerung:

- Die erlebte Wirklichkeit beginnt mit dem Gefühl, und unsere Logik erfindet anschließend dazu eine Geschichte.

- Alles ist zunächst reine Information, aus der wir über unsere Bewertungen dann »negative« oder »positive« Überzeugungen erschaffen.

- Alle Überzeugungen, auch jene, die im konventionellen Denken als »negative« Glaubenssätze bezeichnet werden, sind präzise Hinweise auf das Feld unserer leuchtenden Augen.

Einschränkende Gedanken in
befähigende Überzeugungen verwandeln

Die Muskeltests bieten die große Chance, eine klare Verbindung zu allen Lebensthemen zu spüren. Lassen Sie Ihre Lebensenergie frei fließen und entzünden Sie Ihr inneres Feuer. Lebensfreude, Wachstum und Freiheit entsprechen unserer Natur, wenn wir uns dafür entscheiden, neugierig zu bleiben. Die Lust und der Abenteuergeist zu immer weiteren inneren Entdeckungen halte ich für den Motor unserer Lebensfreude.

Im Folgenden finden Sie einige Beispiele, wie Sie in einschränkenden Gedanken und Emotionen konkrete Hinweise auf befähigende Überzeugungen entdecken. Sie spüren es zuweilen in Ihrem Herzen oder nehmen es mit Ihrem »Bauchgefühl« wahr, wenn Sie in Resonanz sind; oder Sie sehen es, wenn die Augen des Partners ins Leuchten kommen.

• »Wenn ich nichts tue, fühle ich mich so wertlos in der Welt.«

Eine solche Überzeugung könnte uns in das Thema »Ich darf nur leben, wenn ich etwas leiste« führen.

»Ich bin es wert, geliebt zu werden, unabhängig von meiner Leistung«, *»Schön, dass es mich gibt – ich darf einfach sein«*, *»Ich entspanne mich, gebe mein Bestes, und mein Bestes ist gut genug«* oder *»Ich genieße es, ich zu sein, und erlaube mir Zeiten, in denen ich mich ganz entspannt dem Moment hingebe«* – das sind vier Beispiele, wie wir die Information der Einschränkung als direkten Hinweis auf das Feld der leuchtenden Augen verwenden können.

Wir beginnen, die Möglichkeiten unserer Hirnphysiologie auf eine neue Art zu nutzen. Bisher waren wir es gewohnt, unseren

Gedanken und Emotionen zu glauben. Nun glauben wir ihnen zwar hinsichtlich der ihnen innewohnenden Information, legen die Information jedoch auf ein Silbertablett und lassen uns von ihr direkt in das Feld der Befähigungen führen.

Der Prozess beginnt anfangs etwas holzschnittartig, wird aber mit zunehmender Übung zu einem angenehmen Automatismus.

• »Ein Leben ohne Sorgen gibt es nicht.«

Dabei handelt es sich um eine klassische Überzeugung in unserer Kultur. Mit anderen Worten: »Das Leben ist hart und entbehrungsreich«, »Alles muss hart erarbeitet werden«, »Das Leben ist kein Honigschlecken«, oder: »Alles hat seinen Preis.« Die ganz alltägliche Schwere unseres Seins, die oft in das Sisyphos-Syndrom führt (oder wie es seit einigen Jahren en vogue ist: in den »Burnout«), ist häufig der direkte »Erfolg« dieser Überzeugungen.

Darin verborgene Befähigungen könnten lauten: *»Ich bin getragen in der Leichtigkeit des Seins«, »Die ganze Welt ist ein freundlicher Ort«, »Ich hauche der universellen Liebe (der göttlichen Liebe/der Liebe meiner Buddha-Natur …) in meinem Alltag Leben ein«,* oder: *»Leichtigkeit ist immer in mir vorhanden – sie will nur wahrgenommen werden.«*

Es geht darum, uns zu erlauben, die Empfindungen wahrzunehmen, die diese Überzeugungen in uns auslösen.

Denken, analysieren und »hirnen«, ob es richtig oder falsch ist, bringen uns in der zellulären Wirklichkeit unseres Körpers überhaupt nicht weiter. Gönnen Sie Ihrem bewussten Verstand in diesen Zeiten des inneren Erlebens die Hängematte. In der Entspannung liegt der Schlüssel zur Veränderung!

Jede einschränkende Überzeugung, zu der wir spontan nicken (»Ja, so ist es im Leben …«), bleibt so lange auf eine einschränkende Art und Weise lebensbestimmend, bis wir sie konkret wahrnehmen und dann den in ihr verborgenen Hinweis auf das Feld der leuchtenden Augen erkennen. Sobald wir es uns zur Gewohnheit machen, den Fokus unserer Aufmerksamkeit auf die Information zu richten, fangen wir unweigerlich an, uns zu fragen, wie wir früher so viele Jahre lang diese Hinweise in Neon-Reklame-Format ignorieren konnten.

Es braucht nicht unser Schicksal zu sein, einschränkende Überzeugungen zu hegen. Stattdessen können wir sie mit ihrem Hinweischarakter als perfekte Träger von Information in uns erkennen.

- »Immer bin ich an allem schuld.«
- »Andere sind schuld an meiner Misere, ich kann nichts dafür!«

Diese einschränkende Überzeugung wirkt manchmal noch intensiver, wenn Sie den Namen einer Person und die Bezeichnung Ihrer Schwierigkeit einsetzen. Der Satz könnte dann so variiert werden: »Nur weil Petra mich verlassen hat, bin ich allein und es geht mir schlecht«, oder: »Wenn mein Chef mich vor fünf Jahren nicht übergangen hätte, wäre ich heute Gruppenleiter und könnte ein glückliches Leben führen«, oder: »Hätte ich mit siebzehn nicht die Schule hingeschmissen, wäre etwas aus mir geworden«, oder: »Wäre ich nicht Opfer eines Missbrauchs geworden, könnte ich heute Liebe empfinden.« Ich glaube, eine solche Liste könnten wir endlos fortsetzen. Nicht zuletzt, weil Talkshows, Zeitschriften und all diese »netten« Unterhaltungssendungen solche einschränkenden Überzeugungen für ganz »normal« erklären. Machen Sie bei der nächsten Fernsehsendung das Experiment: Notieren Sie, welche einschränkenden Überzeugungen transportiert und uns als Konstrukt einer vermeintlich normalen Wirklichkeit angeboten werden.

Auf der Achse der Polarität könnte uns die einschränkende Überzeugung, jemand sei schuld, beispielsweise über folgende Information in das Feld unserer leuchtenden Augen führen:

»Ich spüre meine Verbundenheit und übernehme die Verantwortung für mein eigenes Leben.«

Oder: *»Alles Vergangene lädt mich ein, mich mit mir selbst zu versöhnen; ich begegne mir und der Welt im Jetzt voller Mitgefühl und Liebe!«*

Oder: »*Ich bin frei, im Jetzt mit einem neuen weißen Blatt zu beginnen – mein Erleben gestalte ich*«, bzw.: »*Ich nehme mich selbst auch in meiner Verletzlichkeit an.*«

> **Versöhnung mit allem, was ich erlebt habe – das ist das A und O!**

Versöhnung heißt nicht, das Geschehene zu rechtfertigen oder womöglich gut zu finden. Es war, wie es war. Solange ich zu all dem, was mir in meinem Leben auch an »Schlechtem« oder »Leidvollem« widerfahren ist, nicht den inneren Frieden finde, trinke ich quasi täglich ein »Stamperl« Gift – in dem Glauben, »dem anderen« zu schaden. Wir haben die Entscheidungsfreiheit: Will ich recht haben oder glücklich sein?

Heute geht es nicht um das »historische« Ereignis meines Lebens als solches, das ich als schmerzvoll erlebt habe, sondern nur noch um meine Erinnerungen und Emotionen und damit einhergehend um meine elektrische, biochemische zelluläre Wirklichkeit, die ich

> **Wir haben die Freiheit, nicht länger die Sklaven unserer Geschichten zu sein. Jederzeit können wir aus ihnen aussteigen, um im Jetzt eine andere innere Wirklichkeit zu erleben.**

im Jetzt mithilfe meiner Hirnphysiologie wahrnehmbar erschaffe. Das Entscheidende ist, mich mit mir selbst und dem, was ich empfunden habe oder empfinde, zu versöhnen. Wenn wir die daraus entstehende innere Ruhe und den Frieden erleben, wird uns klar, dass wir niemandem »vergeben« können (egal ob »radikal« oder »nicht radikal«), weil es nichts, gar nichts zu vergeben gibt, sobald wir Versöhnung mit uns und unserem Erleben erfahren konnten. Vergebung setzt stets die Wirklichkeit einer Story voraus und hebt uns – im Gegensatz zur Versöhnung – auf eine erhabene, richtende, beurteilende Position gegenüber einem Dritten oder einem Ereignis.

Stellen Sie sich vor, der Dalai Lama hätte die letzten fünfzig Jahre genau so auf die Chinesen reagiert wie wir auf das, was uns an »Schlechtem« widerfährt. Vermutlich wäre er schon vor Jahrzehnten als gebrochener Mann an irgendeiner »unheilbaren« Krankheit gestorben. In unseren Medien würde dies als »normal« kommentiert werden, weil ihm doch ein so schreckliches Schicksal widerfahren ist.

Der Dalai Lama würde es sicher mit anderen Worten ausdrücken, aber sinngemäß mag seine Botschaft folgendermaßen lauten: »Die Chinesen können mir und meinem Land alles nehmen, doch die innere Wirklichkeit meines Lebens gestalte ich selbst.«

Das ärgste Schicksal ist niemals so fatal wie die innere Wirklichkeit, die wir mit unseren Geschichten tausend Mal wiederbeleben. Wir brauchen nicht heilig zu werden, um die Vergangenheit loszulassen. Wir können das Jetzt jederzeit willkommen heißen.

»Eine der großen Annehmlichkeiten des Lebens ist, dass es nicht von vorneherein festgelegt ist, dass wir nicht wissen, was passieren wird, und dass, solange wir offen dafür bleiben, das Unvorhergesehene und Unbekannte eintreten kann. Und genau das zeigt uns, dass wir noch lebendig sind.«

▶ Pascal Bruckner

• »Ich bin abhängig von ... Ich kann nichts ändern; mein Leben oder diese Veränderung liegt nicht in meiner Macht.«

Hinter dieser Begrenzung können die folgenden Befähigungen aufscheinen: *»Ich führe mein eigenes Leben«*, oder: *»Ich erschaffe meine innere Wirklichkeit Moment für Moment«*, oder: *»Ich bin machtvoll.«*

• »Im Leben bekommt man nichts geschenkt, sondern es ist ein Kampf!«

Verborgene Befähigungen: *»Ich bin ein Magnet für Freude und Schönheit in meinem Leben!«*, *»Mein Leben ist leicht!«*, *»Mein Alltag* *ist bestimmt von innigen Begegnungen mit der Fülle und Schönheit des Lebens«*, oder: *»Ich bin im Jetzt getragen von der fortwährenden Erfahrung inneren Friedens.«*

Günstig sind Formulierungen in der ersten Person (»ich«) und im Präsens (Gegenwartsform). Entscheidend ist, dass die Überzeugung emotional bedeutungsvoll ist. Es spielt keine Rolle, ob von der plappernden linken Gehirnhälfte sofort Zweifel angemeldet werden. Fühlt sich der Satz für den Einzelnen »richtig« an, ist er es auch. Der wichtigste Maßstab ist dabei stets die Erinnerung an das Leuchten der Augen und an unseren Wachstumsmodus.

»Ich darf mit meinen Träumen und meiner Sehnsucht nach den Sternen greifen«, oder: *»Ich bin bereit, Wunder zu erleben.«*

> »Wer nicht mehr liebt und nicht mehr irrt,
> der lasse sich begraben.«
>
> ▶ Johann Wolfgang von Goethe

Befähigende Überzeugungen

in verschiedenen Lebensbereichen

Auf den folgenden Seiten sind Beispiele für befähigende Überzeugungen nach verschiedenen Lebensbereichen sortiert aufgeführt. Diese Ideen mögen Sie dabei unterstützen, sich von den für Sie stimmigen Überzeugungen finden zu lassen. Erneut lade ich Sie ein, sich Zeit zu nehmen, zu entspannen, den Fokus der Aufmerksamkeit auf Ihre Atmung zu lenken und wahrzunehmen, welche Empfindungen in Ihnen auftauchen.

Sollte sich eine Empfindung nicht »gut« anfühlen, sind sie zu einhundert Prozent im Spiel: Nehmen Sie wahr, was ist. Wollen Sie dem Gedanken oder der Emotion glauben und sich »schlecht« fühlen, oder wollen Sie die Information als Hinweis auf das Feld Ihrer leuchtenden Augen verstehen? Erleben Sie Ihre Freiheit im Feld der Möglichkeiten!

> Wer nicht träumt,
> wird nie zu seiner
> Weisheit finden.

Alles ist zunächst reine Information. Es liegt an Ihnen, aus dieser Information die innere Wirklichkeit entstehen zu lassen, die Sie als befähigend erleben.

Nach den Beispielen für befähigende Überzeugungen ist jeweils Platz für Ihre persönlichen Sätze. Notieren Sie, was für Sie passt und sich prima anfühlt. Wenn Sie spüren, dass Ihr Herz in Resonanz geht und Ihre Augen ins Leuchten kommen, sind es die für Sie passenden Aussagen!

■ Selbstausdruck

Ich bringe mich selbst gerne in meinem Leben
zum Ausdruck.

Ich vertraue mir, und dieses Vertrauen zeigt sich
in meinem Tun.

Ich bin ein Geschenk, genau wie ich bin,
und voller Freude zeige ich mich im Licht der Welt.

Ich liebe alle meine Eigenheiten bedingungslos
und erlaube mir, mich im Jetzt in meiner Ganzheit
zum Ausdruck zu bringen.

Ich sehe, höre und fühle die Fülle in mir und ich darf
sie in all ihren Facetten zum Ausdruck bringen.

Ich lebe und zeige meine innere Größe.

Mein Leben gestaltet sich zunehmend aus der Intelligenz
meiner Zellen und der meinem Körper innewohnenden
Weisheit.

Die Welt darf sehen, wer ich bin.

Meine Ausstrahlung spiegelt meine inneren Werte.

Ich darf wütend sein und meine Wut zeigen,
doch ich muss es nicht.

■ Spiritualität

Das All-Eine, das Namenlose, ist vollkommen aus sich
heraus, ganz genauso wie ich.

Ich bin eins mit der allumfassenden Liebe Gottes
(des Universums/der Buddha-Natur/dem Licht Krishnas).

Wunder sind ein natürlicher Bestandteil meines Lebens.

Die Stille des leeren Raumes existiert immer in mir.

Voller Achtsamkeit und in Würde begegne ich
der Magie des Augenblicks.

Alles – wirklich alles – ist jederzeit in mir vorhanden
und ich erlaube mir, diesen Überfluss in mir zu erleben.

Die Perfektion der Schöpfung ist für mich in jedem
Moment über meine Sinne erfahrbar.

Das vollkommene Glück jenseits der Welt der Formen
und Erscheinungen liegt immer in mir.

Nur ich habe die Macht über mein Glück
und ich darf diese Macht annehmen; sie ist Teil
meiner göttlichen Natur.

Ich bin Teil der Weisheit und Intelligenz, die jenseits meiner Vorstellungen, Gefühle und Gedanken verborgen liegt.

■ Beziehungen

Ich bin liebenswert, genau so wie ich bin,
und mein Partner/meine Partnerin auch.

Ich bin frei, Liebe zu geben und zu empfangen.

Ich bin es wert, eine intime, leidenschaftliche Beziehung
zu leben.

Ich bin frei, meine Bedürfnisse, Träume und Grenzen
wahrzunehmen und offen auszusprechen.

Ich darf mich in einer Beziehung ganz zum Ausdruck
bringen.

Wir sind gleichwertige Partner, und jeder übernimmt
die Verantwortung für sich selbst.

Auch wenn Wolken über den Himmel der Liebe ziehen,
erlaube ich mir, die Verbundenheit der Liebe in mir
zu fühlen.

Menschen bereichern und erfüllen mein Leben.

Ich kann frei sein von Erwartungen und Idealen,
selbst wenn diese aus spirituellen oder tantrischen
Traditionen stammen.

Ich erlaube mir, mich dem Jetzt hinzugeben,
und ich kann vertrauensvoll geschehen lassen.

■ Sexualität

Meine Sexualität ist ein göttliches Geschenk (Geschenk der Natur) und in ihr bringe ich die All-Einheit allen Seins zum Ausdruck.

Die Basis meiner erfüllten, intimen Beziehung ist die Liebe zu mir.

Ich zeige mich in meiner Nacktheit und bin in Balance.

Es ist gut und wundervoll, körperlich lieben zu können.

Ich erlaube mir, körperlich und emotional berührt zu sein und mich in meinem sexuellen Erleben zum Ausdruck zu bringen.

Ich bin frei, mein intimes Glück zu erleben, egal was andere Menschen über mich denken oder sprechen.

Ich darf neugierig sein und ich erlaube mir, Neues auszuprobieren.

Liebe und Sexualität sind gelebte Freiheit, und deswegen muss ich gar nichts können.

Meine Sexualität stärkt und nährt mich und meinen Partner/meine Partnerin.

Ich darf einfach sein, wie ich bin – frei und lebendig.

■ Wohlstand

Das Universum ist ein wundervoller Platz,
der viel mehr als nur genug für alle Menschen bereithält.

Ich darf die Fülle des Lebens empfangen.

Geld ist eine Ausdrucksform meiner Liebe, Lebendigkeit,
Kraft und Energie.

Finanzieller Erfolg steht mir zu.

Ich vertraue darauf, im Leben getragen zu sein
und immer mehr Geld als nötig zu haben.

Ich vertraue den Entscheidungen, die ich treffe –
auch beim Thema Geld.

Schließt sich eine Geldquelle, öffnen sich zwei neue.

Ich darf (auch in Geldangelegenheiten) Fehler machen.

Ich bin ein toller Mann/eine tolle Frau –
unabhängig von meinem Bankkonto oder Auto.

Ich stehe wohl im Leben und genieße es.

■ Beruf/Berufung

Ich erlaube mir, beruflich meinen Traum zu leben.

Meine berufliche Tätigkeit ist Teil meines erfüllten Lebens.

Ich darf mit meiner Berufung erfolgreich sein.

Das Wesentliche, die Schönheit und die Einfachheit des Lebens zeigen sich auch in meinen beruflichen Aktivitäten.

Selbst wenn ich kritisiert werde, sehe ich die Perfektion meines Seins.

Unabhängig davon, was sich beruflich im Außen ereignet, erlebe ich mein Heilsein im Jetzt der unendlichen Möglichkeiten.

Ich bin frei, glücklich zu sein – unabhängig davon, was auf der Bühne meines Berufsalltags gespielt wird.

Ich darf innehalten und mich auf das Wesentliche besinnen.

Der Weg aus dem Hamsterrad steht mir jederzeit offen – ich bin frei.

Ich bin die Quelle meines Glücks.

■ Gesundheit

Leben prickelt und pulsiert in allen meinen Zellen.

Mein Leben ist Ausdruck von Freude und Liebe.

Ich bin – auch – mein Körper.

Es ist schön, ein Mann/eine Frau zu sein.

Ich darf jetzt in Gesundheit leben.

Ich bin ein geliebtes Kind – schön, dass es mich gibt.

Ich darf glücklich leben, auch wenn andere sterben.

Ich lebe mein Leben im Feld des Heilseins – ich bin heil.

Ich bin ein unentbehrlicher und wichtiger Teil
der universellen Weisheit.

Ich erlaube mir, kraftvoll und liebenswert zu sein.

■ Erfüllung

In mir liegt die Quelle meiner Inspiration und
meines Erfülltseins. Ich bin diese Quelle.

Ich lebe meine Präsenz im gegenwärtigen Moment,
unabhängig von dem, was war und was sein wird.

Mein Glücklichsein lebt immer in mir.

Ich nehme im Jetzt mein Erfülltsein wahr, unabhängig vom
Kommen und Gehen meiner Gedanken, Emotionen und
Interpretationen.

Jeder Moment ist besonders. Jeder Moment ist neu.
Ich kann in jedem Moment meines Glückes gewahr sein.

Ich darf leuchten, denn ich bin ganz genau richtig
und wichtig, so wie ich bin.

Mein inneres Glück erfüllt mich – unabhängig von
besonderen Menschen, Erlebnissen und Gefühlen.

Ich spüre und liebe mich in allen Facetten meines Seins.

Meine innere Wirklichkeit, Lebendigkeit und Präsenz lassen meine Augen von innen heraus leuchten.

Alles Äußere zu haben, kann sich gut anfühlen –
doch meine wahre Erfüllung ist davon unberührt.

Konnte ich Sie inspirieren, sich Zeit für sich selbst zu nehmen, und haben Sie sofort Ihre eigenen Überzeugungen aufgeschrieben?

Spüren Sie immer noch die Resonanz in Ihrem Herzen und leuchten Ihre Augen? *Sie* sind wichtig! Nein, *Sie* sind der wichtigste Mensch in Ihrem Leben!

Sie können jederzeit aufs Neue beginnen, sich Zeit für sich und Ihre inneren Überzeugungen zu nehmen und der Sprache Ihrer Seele zu lauschen.

Die aufgeführten Beispiele für befähigende Überzeugungen sind *keine* Affirmationen! Stattdessen geht es darum, instantan eine neue, jedoch bereits in Ihrem Inneren vorhandene Wirklichkeit zu fühlen. Affirmationen »bekräftigen« dagegen eine noch nicht erlebte Wirklichkeit, wodurch der Mangel subtil mitschwingt; Affirmationen setzen zudem regelmäßig auf der Story-Ebene an und verleihen damit der äußeren Geschichte noch mehr Gewicht. Es ist Ihre Chance, die Geschichten in Ihrem Leben zu stoppen und dafür in einen fliegenden Ballon umzusteigen.

Beginnen Sie ganz entspannt mit dem MT, um zunächst Ihre persönlichen Sätze zu erkennen. Dann können Sie die *Q!* Verbindungen nützen (siehe Teil 3, Kapitel 5, Seite 234 ff.), um die Befähigungen in Ihrem Zellsystem zu aktivieren. Erlauben Sie sich, eine für Sie neue Wirklichkeit zu erleben, und heißen Sie sie mit einem festlichen Ritual willkommen. Am besten lassen Sie es sich auch anschließend noch rundum gut gehen.

Gönnen Sie es sich, mehr und mehr Zeit im Wachstumsmodus Ihrer Zellen und im Feld Ihrer leuchtenden Augen zu sein, denn es geht um Ihre Lebensqualität. Sie dürfen erleben, was immer Sie sich aus tiefstem Herzen wünschen!

Die Integration von befähigenden Überzeugungen ist nur der Anfang, denn es gibt einen Punkt der Gewissheit, an dem wir frei sind und sich unsere innere Wirklichkeit neu gestalten kann. Wir erleben im Jetzt die Resonanz in unserem Herzen und das Leuchten unserer Augen jenseits bewusst formulierter Überzeugungen.

Dann erkennen wir unser wahres Wesen. Beobachter sein – und »es« gestaltet sich!

»»Mein Herz fürchtet sich vor dem Leiden‹, sagte der Jüngling zu dem Alchimisten, eines Nachts, als die den mondlosen Himmel betrachteten. ›Dann sag ihm, dass die Angst vorm Leiden schlimmer ist als das eigentliche Leid. Und dass noch kein Herz gelitten hat, als es sich aufmachte, seine Träume zu erfüllen, denn jeder Augenblick des Suchens ist ein Augenblick der Begegnung mit Gott und mit der Ewigkeit.‹«

▶ Aus: Paulo Coelho, »Der Alchimist«

»Es gibt nur

einen Weg zum Glück

und der bedeutet,
aufzuhören mit der Sorge um Dinge,
die jenseits der Grenzen unseres Einflussvermögens liegen.«

▶ Epiktet

3. Fragen und Antworten

Die gesamte *Q!* Methode ist in den vergangenen Jahren mit den Erfahrungen aus über zweihundert Workshops und unzähligen Einzelsitzungen entstanden. Im abschließenden Teil sind häufig gestellte Fragen aus den Workshops zusammengefasst. Dies soll zu einem vertiefenden Verständnis der Quanten-Intelligenz unserer Zellen beitragen. Bewusst habe ich die Du-Form aus den Workshops beibehalten.

• *Du sprichst immer wieder von der heute gängigen »Aspirin-Denke«. Was kann ich mir denn darunter vorstellen?*

Stellen wir uns einfach mal den ganz typischen Fall vor: Ganz unvermittelt merke ich, dass ich Kopfweh bekomme, und im gleichen Moment meiner Wahrnehmung entsteht ein »unangenehmes« Gefühl, womöglich begleitet von dem Gedanken »Ich bin völlig unfähig«. Gewohnheitsmäßig nutzen wir unsere Hirnphysiologie nun so, dass wir dem Gedanken, »völlig unfähig zu sein«, glauben; damit halten wir das unangenehme Gefühl für die Wirklichkeit und wollen es als natürliche Konsequenz daraus »wegmachen«. Interessant ist auch, die Fähigkeit unserer linken Hirnhälfte zu betrachten, die meist noch eine Geschichte dazu erfindet, in der die Schuld, warum wir Kopfweh haben, festgelegt wird, das heißt, die Wirklichkeit wird nochmals bestätigt. Nun ist es egal, ob es das Wetter, mein Chef, die Arbeit oder was auch immer ist – wir greifen einfach dankbar zur Aspirin. Und Aspirin wirkt – für diesen Moment. Aspirin hat uns »errettet« und unser Weltbild bestätigt, es existiere etwas Schlechtes, das wir wegmachen müssen. Und ebenfalls bestätigt, dass unsere Rettung in jedem Fall von außen kommt. Das Bedauerliche daran ist, es fühlt sich eigentlich immer gut an. Das Denkmuster dazu ist vollkommen austauschbar, denn ob ich das »Schlechte« mit Tabletten wegscheuche, es mit dem Skalpell wegschneide, es wegklopfe, über die Matrix (weg)transformiere oder es mithilfe smaragdgrüner Lichtenergie wegbeame, macht keinen Unterschied.

• *Aber was bleibt mir denn anderes übrig? Ich will doch das Kopfweh nicht haben. Was kann ich denn anders machen?*

Stell dir einmal vor, du hast Kopfweh und nimmst es nicht wahr. Hättest du dann Kopfweh?

• *Ich weiß es nicht. Solange ich es nicht wahrnehme, werde ich es wohl auch nicht haben.*

Genau, das wahrgenommen Phänomen »Kopfweh« lässt sich nicht von der Beobachtung, also der Wahrnehmung, trennen. Exakt hier ist der Punkt zur Verbindung mit der Intelligenz unserer Zellen: Ich nehme das Körperphänomen »Kopfweh« wahr und sehe es »nur« als reine Information – sozusagen als Hinweisschild. Und wer käme auf die Idee, Hinweisschilder abzumontieren? Sie haben doch eine ganz wichtige Funktion im Leben. Unsere innere Intelligenz ist so genial organisiert, dass wir zu jeder Zeit anschauliche Informationen erhalten, um in unseren inneren Wachstumsmodus zurückzufinden – jenseits eines Ursache-Wirkung-Denkens. Darum gehen wir jetzt in die reine Wahrnehmung: Was nimmst du jetzt wahr? Beispielsweise: »Ich bin völlig unfähig.« Dann gehen wir auf der Achse der inneren Polarität bis zum Punkt deiner leuchtenden Augen, dem Punkt, an dem dein Herz in Resonanz ist und dein Ballon wieder fliegt. Diesen Punkt gibt es in jedem Menschen, nur ist er bei jedem Menschen ein anderer. Hier könnten wir zu der Befähigung »Ich achte auf mich und meine Bedürfnisse« oder »Ich bin mir wichtig« kommen, und wenn diese Überzeugung in deinem System noch nicht »on« ist, dann aktivieren wir sie eben. Das Schöne daran ist, dass wir häufig sofort eine völlig neue Wirklichkeit wahrnehmen können, von einem Moment auf den anderen – im Jetzt! Sobald wir der Information des Augenblicks Beachtung schenken, können wir wählen, in welchem inneren Zustand – Wachstum oder Schutz – wir uns befinden wollen. Damit werden sich die Zeitanteile, im Wachstumsmodus unserer Zellen zu sein, erhöhen und unser alltägliches Erleben bekommt einen ganz veränderten Geschmack. Liebe, Frieden, Erfüllung werden zunehmend unsere normalen Empfindungen, und alles, was wir bisher »ausmerzen« wollten, tritt immer weniger auf. Doch dies ist lediglich die Nebenwirkung. Wir lernen so ganz nebenbei, die Sprache der Seele zu verstehen.

• *Das kann ich gut nachvollziehen. Nur ... ist das nicht ganz kompliziert zu lernen?*

Die Beschreibung, wie wir unser inneres System der Informationsverarbeitung anders nutzen können, klingt viel komplizierter, als es im konkreten Erleben ist. Eine Beschreibung der Gangschaltung eines Autos hört sich auch schwierig an, doch in der täglichen Praxis wird das Schalten mit der Zeit zu einem inneren Automatismus, auf den wir keinen Gedanken mehr verschwenden. Wir lernen einfach, das Spektrum unserer Möglichkeiten zu erweitern. Das Wichtigste dabei ist, Neugierde und Freude daran zu haben, das Jetzt zu erleben. Nichts steht dem mehr im Wege, als voll innerer Anspannung etwas »lösen« zu wollen.

• *Wenn wir aber nichts verändern, wodurch entsteht denn dann die neue Wirklichkeit?*

Ich weiß nicht einmal, ob tatsächlich eine neue Wirklichkeit entsteht. Ich weiß nur, dass wir im Jetzt unsere Wirklichkeit entweder aus unserem Wachstumsmodus oder aus unserem Schutzmodus wahrnehmen können. Stelle dir einmal vor, die »Superposition« [siehe Teil 2, Kapitel 2, Seite 133 f.] wäre auf der Achse der Polarität immer vorhanden und erst mit unserer Wahrnehmung im Jetzt erschaffen wir die eine oder die andere innere Wirklichkeit; gleichzeitig bleibt aber die Möglichkeit der anderen Wirklichkeit erhalten. Deswegen ist es meiner Ansicht nach unsere veränderte Wahrnehmung, die im Schöpfungsakt des Moments in uns eine andere Möglichkeit »realisiert«. Wir schwimmen ständig in einem Meer der Möglichkeiten.

• *Aber gibt es denn nicht so etwas wie Karma?*

Aber natürlich gibt es Karma – sofern du glaubst, dass es Karma gibt! Ich bin lediglich überzeugt, dass dein Glaube an ein Karma in deinem Leben Wirklichkeiten erschaffen wird. Doch an welches Karma glaubst du denn? Karma ist entweder das, was im »großen Buch« vorgezeichnet steht, oder es ist das, was wir Moment für Moment aus dem machen, was im »großen Buch« steht. Entscheide dich einfach für eines von beiden und es wird eintreten.

• *Bei mir geht es aber um viel mehr als nur Kopfweh. Ich habe richtig schlimme Diagnosen. Was kann ich denn machen, wenn es nicht mein Karma im konventionellen Verständnis ist?*

Ich weiß es nicht, was du machen sollst. Wenn du es möchtest, dann können wir schauen, welche Informationen in dir mit dieser Beurteilung auftauchen. Etliche Menschen mit durchaus lebensbedrohlichen Diagnosen haben die innere Überzeugung »Ich darf leben« nicht in ihrem Zellsystem aktiviert. Damit ist das, was als »Krankheit« erlebt wird, der exakte Erfolg ihrer unbewussten Überzeugung. Das Geniale daran ist, dass jeder die Macht hat, es zu verändern. Nur eben nicht mit der »Aspirin-Denke«, denn die Voraussetzung ist das Interesse und die Neugierde, mich auf eine innere Entdeckungsreise zu begeben, um mein Leben neu wahrzunehmen. Und je stärker ich mein Leben im Jetzt verändert wahrnehme, umso erstaunlichere »Nebenwirkungen« können auftreten, die im konventionellen Weltbild »Wunder« genannt würden.

• *Hältst du denn Wunder für möglich?*

Aber natürlich! Ich habe schon genügend Wunder erlebt. Das Leben ist doch ein einziges Wunder, das wir voll Staunen wahrnehmen können. Nehmen wir beispielsweise den in unserer heutigen

Medizin so totgeschwiegenen »Nocebo-Effekt«. Er ist die andere Seite der Medaille des Überzeugungseffekts. Jemand bekommt die niederschmetternde Diagnose, binnen kurzer Zeit an Krankheit XY zu sterben. Der Mensch stirbt wie »vereinbart«, doch in der Autopsie stellt sich heraus, dass es eine Fehldiagnose war. Sind wir im Feld unserer unbewussten Überzeugungen so richtig überzeugt, ist offenbar gar keine Krankheit nötig, um zu sterben. Verstehst du, wie machtvoll wir sind? Es gilt nur, diese Macht zu erkennen und zu nutzen! Und Wunder sind dann die Nebeneffekte einer anhaltenden veränderten Wahrnehmung unserer selbst im Jetzt.

• *Wo liegt denn der Unterschied zum positiven Denken oder NLP?*

Positives Denken und Neurolinguistisches Programmieren sind schön, wenn sie mit unseren individuellen, noch unbewussten Überzeugungen übereinstimmen. Ansonsten führen sie uns nur weiter in unseren inneren Schutzmodus. Die Information im Moment kann nicht mehr wahrgenommen werden, weil entweder positiv gedacht oder etwas verankert werden muss. Dieser Zwang steht einem entspannten Wahrnehmen meist ziemlich im Weg, und mir fehlt bei diesen Methoden die Achtsamkeit im Moment.

• *Können positives Denken oder NLP sogar krank machen?*

Wenn es Krankheiten tatsächlich geben sollte – was ich vermute, aber nicht weiß –, können wir durch positives Denken oder NLP schlicht den inneren Druck erhöhen. Das führt sicherlich selten in einen Wachstumsmodus, denn wir sind wieder in der Schneller-höher-weiter-Trance des Sisyphos-Syndroms. Meist wird das mit »Tschakka-Schlachtrufen« oder Bungee-Sprüngen verbunden, damit sich Menschen endlich mal spüren können.

• *Könnte es denn sein, dass es gar keine Krankheiten gibt?*

Da wir immer nur Phänomene wahrnehmen können, entsteht ja »Krankheit« erst durch die vereinbarte Bewertung der Phänomene;

es ist die Bewertung der Phänomene, die das Konzept »Krankheit« erschafft. Der wahrgenommene Mangel wird damit zur Wirklichkeit erklärt, und sobald wir von ihr überzeugt sind, wird sie unsere Realität. Es ist wie im Beispiel des Mannes, der in einem Kühlwagen erfror, weil er nicht wusste, dass die Kühlung ausgestellt war. Auf diese Weise können wir eben auch bei plus 12 Grad Celsius erfrieren. Aus der Geschichte wissen wir, dass noch in keiner Kultur vor uns ein so intensiver Fokus auf Krankheit bzw. Heilung gerichtet wurde. Heute gibt es die höchste Dichte an Krankenhäusern und so viele Formen von »Heilungsangeboten« wie nie vorher; gleichzeitig gab es noch niemals so viele Erkrankungen. Dagegen ist uns der Blick auf unser Heilsein, unsere Ganzheit und Lebensqualität weitgehend verloren gegangen.

• *Aber es gibt doch auch Heilung?*

Selbstverständlich! Sofern wir zuvor etwas als Krankheit definiert haben, kann es ganz klar Heilung geben. Der bekannteste Fall von »Massenheilung« liegt ja erst einige Jahre zurück: Bis 1992 führte die WHO Homosexualität im Katalog der Krankheiten. Nachdem 1973 in den USA und 1992 weltweit die Homosexualität als Krankheit gestrichen wurde, trat am jeweiligen Stichtag eine Massenheilung von Millionen von Menschen ein. Ich finde, das ist eines der großartigsten Beispiele für spontane Heilung!

• *Was etliche der Teilnehmer an deinen Workshops erleben, ist doch ganz konkrete Heilung. Wie soll ich denn das verstehen?*

Ich habe noch nie konkret Heilung erlebt. Das würde ja voraussetzen, dass Krankheit als eine von der Beobachtung losgelöste Realität zuvor bestanden hat. Mit unserer Wahrnehmung erschaffen wir unsere innere Wirklichkeit, mit der wir uns selbst als krank oder gesund erleben. Insofern haben Workshop-Teilnehmer sich selbst durchaus nach einem Workshop anders wahrgenommen und erlebt.

• *Was macht denn ein Mensch, der gesund ist, grundlegend anders als ein Mensch, der krank ist?*

Der gesunde Mensch ist gesund, weil er nie auf die Idee kommt, an Heilung zu denken. Wenn in meinen inneren Überzeugungen Heilung keinen Raum bekommt, hat auch das Konzept der Krankheit keinen Raum. Das Feld unseres Heilseins ist immer in uns.

• *Liegt darin auch der Unterschied zwischen therapeutischen und spirituellen Ansätzen?*

Mein Grundverständnis von spirituellem Erleben ist es, unser Heilsein im gegenwärtigen Augenblick wahrzunehmen, unabhängig davon, was auf der Bühne unseres Lebens gerade gespielt wird. Im ursprünglichen griechischen Wortsinn – »Therapeia« – ging es »nur« um Dienstleistung. In der heutigen Verwendung des Begriffs kann Therapie nicht gedacht werden, ohne vorher bereits das Konzept der Krankheit eingeführt zu haben. Genau damit führen wir den Mangel als eine von unserer Wahrnehmung losgelöste Realität ein und pathologisieren augenblicklich den Partner unserer eigentlichen Dienstleistung. Wir erschaffen den leidenden Patienten und den abhängigen Klienten als Wirklichkeit selbst mit. Das steht diametral zu einem spirituellen Welt-Erleben. Oder nehmen wir das heute so populäre Thema »Herzöffnung«. Ist unser Herz verschlossen oder nehmen wir einfach nicht wahr, dass es offen ist? Niemand kann wissen, ob das eine oder das andere »wahr« ist. Sobald ich jedoch ein Therapie-Angebot zur Herzöffnung beginne, vereinbare ich mit dem Therapeuten, dass mein Herz verschlossen ist. Dann kann in einem Jahresprogramm das erst über die gemeinsame Vereinbarung verschlossene Herz »lösungsorientiert« geöffnet werden. So erschaffen wir präzise unsere Wirklichkeiten.

• *Ist es dann also nicht richtig, eine Therapie zu machen?*

Was für dich das Richtige ist, weiß ich nicht. Sofern du von einem Mangel überzeugt bist und Lösung oder Heilung suchst, gibt es wundervolle Therapie-Angebote. Hast du dein Selbstbild schon als Leidender erschaffen und siehst du dich als hilfsbedürftig, dürften therapeutische Angebote wie maßgeschneidert passen. Doch um aus dem Kreislauf des sich selbst erschaffenden Leids auszusteigen, gibt es spirituelle Wege. Ich halte es dabei lediglich für wichtig, darauf zu achten, dass der Fokus auf das Erleben von Freiheit und Fülle gerichtet ist, denn ich habe schon mehrmals den therapeutischen Ansatz des Mangels, bloß neu und netter verpackt, erlebt.

• *Aber werden nicht auch spirituelle Therapien angeboten?*

Vermutlich wird auch schon vegetarischer Schweinebraten mit fleischfreier Bratensauce angeboten. Es ist schlicht die Grundhaltung, die diametral auseinanderliegt, denn indem unser Fokus auf Heilung gerichtet ist, muss es das Defizit geben. Es ist jedoch so leicht, aus diesem Kreislauf auszusteigen. Wir brauchen nur unseren Blick auf unser Heilsein zu richten.

• *Ich glaube, ich habe unendlich viele negative Emotionen in mir. Bereits vor Jahren habe ich gelernt, diese negativen Glaubensmuster in seitenlangen Listen aufzuschreiben, mir zu überlegen, woher sie stammen und wann und wo sie entstanden sind. Mir wurde gesagt, erst danach, also wenn ich den Ursprung der Entstehung analysiert hätte, könnte ich die Wahrheit entdecken. Ehrlich gesagt habe ich das Gefühl, gerade festzustecken. Kannst du mir sagen, wie ich jetzt damit weiterarbeiten soll?*

Du sagst in deiner Frage so schön: »Wenn ich den Ursprung der Entstehung analysiere, kann ich die Wahrheit entdecken.« Sofern du an Wahrheit glaubst, ist das sicher ein möglicher Weg. Doch woher wissen wir, was »Wahrheit« ist? Wie wäre es für dich, wenn demgegenüber alles zunächst »nur« Information ist, die ohne Bewertung weder positiv noch negativ sein kann? Nebenbei löst diese Information aber eine innere Wirklichkeit aus, und damit könntest du ganz konkret arbeiten. Da du dir schon so viel Arbeit gemacht hast, nimm deine Listen und fühle, was sie in dir auslösen. Nütze die Hinweise und erinnere dich an die Achse der Polarität. Sobald dein Herz schwingt und deine Augen leuchten, hat sich deine Arbeit gelohnt.

• *Gibt es gar keine schlechten Überzeugungen?*

Sobald wir den Informationsgehalt unserer Überzeugungen bewerten, erschaffen wir im Moment unserer Bewertung »Gut« oder »Schlecht«. Ohne Bewertung ist Information einfach Information und kann als Hinweis genutzt werden. »Was löst eine Überzeugung in dir aus?«, ist für mich die entscheidende Frage.

• *Ist dies dann auch der Unterschied zur Arbeit mit Affirmationen?*

Affirmationen setzen stets an irgendeiner Geschichte an: was wir erreichen wollen, was wir lösen wollen, wovon wir Heilung suchen. *Q!* richtet den Fokus ausschließlich auf die Information, die im Jetzt auftaucht: Achtsamkeit, Präsenz und Vertrauen auf das Heilsein, das schon immer in uns ist und nur wahrgenommen werden will, sind dafür die Grundlagen.

• *Wie kann ich denn dabei mit meinen Ängsten arbeiten? Bei der Arbeit mit Affirmationen habe ich gelernt, mich zu hinterfragen, woher die Angst stammt, dass ich diese Angst noch einmal bewusst durchleben muss und dann verankere, heute frei von Angst zu sein.*

Ist ja spannend … Also, ich weiß ja überhaupt nicht, ob es eine Angst überhaupt gibt. Sofern du davon ausgehst, dass es Angst gibt, solltest du einen Experten aufsuchen. Aber was nimmst du denn konkret wahr, das dich wissen lässt, Angst zu haben?

• *Na ja …, wenn ich jetzt nur kurz hinspüre und mich an ein Erlebnis erinnere, gefriert in mir alles.*

Genau. Jetzt kommen wir auf die Ebene, was du konkret wahrnimmst. Wir haben gelernt, die wahrgenommenen Phänomene beispielsweise als Angst zu bewerten. *Q!* setzt demgegenüber genau bei der Wahrnehmung des Moments an und wir arbeiten dann mit dieser Information – in deinem Beispiel: »In mir gefriert alles« –, wie ich es beschrieben habe.

• *Kürzlich kam ich von einem Workshop, der an sich sehr schön war, aber ich fühlte mich richtig schlecht. Ich habe den Workshop – und was dort jemand zu mir sagte – dafür verantwortlich gemacht. Je mehr ich dir zuhöre, umso stärker glaube ich, dass ich bisher gar nicht gelernt habe, die Informationen in mir wahrzunehmen. Könnte das sein?*

Ich weiß nicht, wie das bei dir ist. Nur wäre das ja in unserer Kultur nichts Ungewöhnliches: Im Moment, wo du »Ich fühle mich schlecht« in dir wahrnimmst, hast du die Wahlfreiheit: Ich will mich gut fühlen, also den Mangel wegmachen, oder ich kann die Information des Moments wahrnehmen. In dieser Information kann genau das enthalten sein, was du dir von dem Workshop zu lernen erhofft hast. Vielleicht kam ja die eigentliche Lektion erst danach, verpackt in die Bewertung »Ich fühle mich schlecht«.

• *Einerseits sprichst du von der Achse der Polarität, andererseits geht es um das Feld der leuchtenden Augen. Wie kann ich denn das zusammenbringen?*

Was wir konventionell als »Probleme« bezeichnen, ist die Bewertung wahrgenommener Information. Anstelle der Bewertung können wir auch die Hinweise wahrnehmen. Alles hat auch Wegweiser-Funktion. Ein wahrgenommenes Phänomen wird ein Problem und damit zum Hindernis, wenn ich es als solches ansehe. Wenn ich die Information als Wegweiser für meine weitere Entwicklung sehe, dann begebe ich mich damit auf die Reise zu mir selbst. In der Akzeptanz eines Phänomens – das im konventionellen Denken eben gerne als »Problem« bewertet wird – und dem Verständnis als Hinweisschild kann die enthaltene Information mir durchaus hilfreich sein. Die Energie folgt dann der Aufmerksamkeit: in die Richtung, die man gewöhnlich »Lösung« nennt. Es geht aber darüber hinaus, wenn ich auf einer übergeordneten Ebene meine Befähigung finde. Etwas als Problem zu bewerten und das Problem zu bekämpfen, bedeutet Krieg. Es als Hinweis auf eine weitere Entwicklung zu erkennen und es ohne Bewertung anzunehmen, wird mich zu meinen wahren Bedürfnissen, zu mehr Freiheit, Glück und Gesundheit führen.

• *Siehst du denn in dem Verständnis der Quanten-Intelligenz eine neue Heilslehre?*

Mitnichten! Eine Heilslehre setzt ja voraus, dass es irgendeiner Form von Rettung oder Errettung bedarf. Wovon sollen wir denn bitte errettet werden? Von einem Mangel? Ich stelle nur infrage, ob jenseits unserer Bewertungen überhaupt ein Mangel existiert. Im Feld der reinen Wahrnehmung existiert zumindest immer nur Information! Wenn es um etwas geht, ist es eine Frage der Erkenntnistheorie und unseres Verständnisses, was Wirklichkeit und Wissen ist. Es sind zutiefst philosophische Fragestellungen, zu denen die Quanten-Intelligenz nur ganz praktische Antworten für die Gestaltung unseres Seins anbietet.

• *Ist Quanten-Intelligenz dann eine Art Philosophie?*

Wenn du so magst, können wir es als eine sehr kraftvolle Lebensphilosophie ansehen. Es ist eine veränderte Möglichkeit gegenüber unserer heute gängigen Erkenntnistheorie oder Epistemologie. Die Epistemologie befasst sich mit Fragen der Art, wie Wissen zustande kommt und welche Erkenntnisprozesse denkbar sind. Unserem konventionellen Verständnis von Wissenschaft liegt ein epistemologisches Konzept zugrunde. Allerdings haben wir heute vergessen, dass es sich nur um ein mögliches Konzept einer Erkenntnis der Wirklichkeit handelt und nicht um die Wirklichkeit. Auch die Konzepte von »Therapie« und »Heilung« beruhen auf erkenntnistheoretischen Konzepten und existieren nicht per se.

• *Kann ich Quanten-Intelligenz mit meinen religiösen Vorstellungen vereinbaren?*

Ich habe schon viele Menschen kennengelernt, deren religiöser Fokus darauf liegt, das Christus-Bewusstsein, die Buddha-Natur oder, oder … in sich zu erkennen. Und etliche haben im Kontakt mit der unseren Zellen innewohnenden Intelligenz genau das erlebt, was sie als das »Erkennen« in ihrer religiösen Vorstellungswelt bezeichnen. Es geht immer darum, die Verbindung mit deinen Vorstellungen im Jetzt zu erleben. Und wenn deine Augen bei religiösen Themen ins Leuchten kommen, dreht es sich natürlich um deine religiösen Themen. Beispielsweise haben auch Menschen aus katholischen Orden an *Q!* Workshops teilgenommen und waren ganz begeistert. Für sie wurde die Wahrnehmung der Perfektion von Gottes Schöpfung im ständigen Jetzt konkret erfahrbar. Eine Nonne, die seit Jahrzehnten als Seelsorgerin arbeitet, meinte, jetzt könne sie endlich jenes erfahren, worüber sie verstandesmäßig schon so lange spricht. Wir können die Perfektion der fortwährenden Schöpfung in jedem Moment auf Zellebene erfahren. Und unserem Verstand können wir es überlassen, dann darüber eine schöne Geschichte zu erzählen. Doch die noch so schönen erdachten Geschichten sind nur Metaphern, also Bilder, und können nie das direkte Erleben ersetzen.

• *Ich merke gerade, wie die Worte über die »fortwährende Schöpfung« in mir deutlich und körperlich spürbar in Resonanz treten. Das Thema löst in mir etwas aus.*

Wundervoll! Du scheinst gerade zu spüren, dass dein Herz lebendig ist. Beispielsweise könntest du »Ich bin fortwährende Schöpfung« mit dem Muskeltest auf »on« oder »off« testen und – falls erforderlich – die Wirklichkeit in dir mit einer der *Q!* Verbindungen erleben.

• *Wie erschaffen wir denn heute unsere innere Wirklichkeit? Ich kann gar nicht glauben, dass ich dazu in der Lage bin.*

Über die Sprachzentren unserer linken Gehirnhälfte erschaffen wir mittels des Mediums »Sprache« eine Wirklichkeit in uns. Dieses »Hirngeplapper« ist in unserem Wahrnehmungsprozess einfach ein Phänomen unter vielen, dem wir in unserer Kultur die größte Bedeutung verleihen. Und die Betonung liegt darauf, dass wir diesem einen Phänomen diese große Bedeutung zuschreiben! Wir halten all die Geschichten, die unsere linke Hirnhälfte hervorzubringen imstande ist, für die alleinige Wirklichkeit. Bevor eine Information in unserem sensorischen System in der Hirnregion für »höheres« Denken ankommt, ist in uns schon ein Gefühl entstanden, ob es angenehm oder unangenehm, »Eins« oder »Null«, positiv oder negativ ist. Die Hirnforscherin Jill B. Taylor, die ich bereits erwähnt habe, bringt diese Erkenntnis plastisch auf den Punkt: »Obwohl die meisten Menschen glauben, sie seien denkende Geschöpfe, die fühlen, sind wir biologisch gesehen fühlende Kreaturen, die denken.«

• *Und wie können wir jetzt daraus aussteigen und unsere Wirklichkeit anders wahrnehmen?*

Sobald wir beginnen, aus den Geschichten mit einem »Ist ja spannend, was da so im Großhirn geplappert wird« auszusteigen, können wir unseren Wahrnehmungsprozess auf unsere Gefühle und die zugrunde liegenden Überzeugungen richten. Dadurch erleben wir, wie »instantan« – also im selben Augenblick – eine andere Wirklichkeit in uns entsteht. Die Superposition zu dieser anderen Wirklichkeit ist immer vorhanden, nur koppelt unser konventioneller Wahrnehmungsprozess diese andere Wirklichkeit einfach aus. Aus Erfahrung kann ich sagen, dass dann als Nebenwirkung unseres veränderten Wachstumsmodus etwas in uns entsteht, das wir in unserem konventionellen Weltverständnis als »Lösung« oder »Heilung« beschreiben. Nur ist es weder Lösung noch Heilung, weil wir nie wissen können, ob zuvor ein Problem oder eine

Krankheit »objektiv« bestanden hat. Wir alle sind aktive Teile eines fortlaufenden Schöpfungsprozesses – in jedem Moment. In diesem Schöpfungsprozess steht am Anfang immer die Information. Und wir haben die Freiheit, wie wir mit ihr umgehen.

• *Auf den Satz »Wir erschaffen uns unsere Wirklichkeit« bezieht sich doch auch das »Gesetz der Anziehung« bzw. »Law of attraction«. Wo liegt denn der Unterschied?*

Es wurde die richtige Erkenntnis einer Grundlagenwissenschaft genommen und leider der Kontext verwechselt. Wir haben es hier mit der quantenphysikalischen *inneren* Wirklichkeit unserer Zellen zu tun, nicht mit der Materie der Newton'schen Physik. Es geht nicht darum, sich einen Porsche zu manifestieren, die neue Villa zu visualisieren oder den äußeren Reichtum zu erhöhen. Reichtum kann eine der Nebenwirkungen sein, wenn wir in unserem inneren Wachstumsmodus sind.

• *Aber spiegelt uns denn unsere Umwelt nicht stets den Zustand unserer Gedanken wider?*

Stimmt das wirklich? Übertrage diesen Kontext doch zum Beispiel auf die Situation in Japan nach dem verheerenden Erdbeben und Tsunami 2011. Kann es sein, dass dieses tragische Naturphänomen, von dem Millionen Menschen betroffen sind, ein Resultat ihrer eigenen Gedanken ist? Haben sich die Menschen dort wirklich unbewusst manifestiert, dass sie ihr Heim verlieren wollen? Wohin führt uns dieser Glaube an ein Gesetz? Im Zweifel sind die Japaner selbst schuld? Glaubst du das wirklich? – Oder nehmen wir ein anderes Beispiel: Du hast dich 2010 entschieden, dir einen Traum zu erfüllen und im Mai die Apfelblüte auf Mallorca zu erleben. Du hast ein Jahr lang hart auf deinen Urlaub hingearbeitet, fährst zum Flughafen, checkst ein, und plötzlich kommt die Meldung, der Flug ist gecancelt worden. Aber nicht nur dein Flug, alle Flüge! Alle Passagiere und Gäste werden heimgeschickt und innerhalb kurzer Zeit sind alle Flughäfen der Region geschlossen. Der

Urlaub, auf den du dich ein Jahr lang gefreut hast, findet nun nicht statt. »Oh, was habe ich mir denn da manifestiert?«, werden sich vielleicht alle denken, die davon ausgehen, ihre Umgebung spiegle stets ihre Gedanken wider. Oder dein bester Freund holt dich am Flughafen ab und empfängt dich mit den Worten: »Na, was hast du dir denn da wieder manifestiert? Wie muss denn der Zustand deiner Gedanken sein!« Wohin führt ein solcher Gedanke? Vielleicht dahin, dass du denkst: Ich bin schuld!

• *Ja, genau an diesen Punkt bin ich die letzten Jahre immer wieder gekommen. Aber wie kann ich denn damit umgehen?*

Ob dieses »Gesetz der Resonanz« stimmt oder nicht, ist irrelevant. Eine konstruktive Relevanz für unser Leben hat nur, was das Äußere, die Bühne unseres Lebens, die täglichen Ereignisse – wie der gesperrte Flughafen oder der ausgefallene Urlaub – in unserer inneren Wirklichkeit auslöst! Was helfen schon Schuldzuweisungen oder kausale Erklärungen für äußere Erscheinungen? Die Quantenphysik kann uns stattdessen lehren, vollkommen anders mit dem Leben an sich umzugehen. Es liegt doch in der Natur der Sache, dass Flüge ausfallen, Menschen krank werden, ihre Arbeit verlieren, verlassen werden, Geld gewinnen oder Vermögen verlieren. Deswegen geht es nicht um die äußere Erscheinung, sondern um unsere Reaktion in einer solchen Situation: Kann ich möglichst oft im Wachstumsmodus meiner Zellen bleiben – egal was auf meiner Bühne gespielt wird? Eine achtsame Wahrnehmung des Augenblicks wird mich unterstützen, und im Wachstumsmodus werde ich dem Leben offen, gegenwärtig und neugierig begegnen.

• *Aber worauf soll ich denn in so einer Situation neugierig sein? Für mich hörst du dich an, als ob du über alles mit einem rosa Pinsel drübermalst.*

Danke für deinen Einwand! Genau das ist es nicht. Der geschlossene Flughafen ist, was er ist, weder gut noch schlecht, aber er löst etwas in mir aus, und genau darauf bin ich zuerst mal neugierig.

Sollte ich damit in meiner Mitte bleiben können, folgt eine zweite Stufe der Neugierde und ich frage mich, wohin mich diese Situation jetzt führen wird. Vielleicht lässt mich meine Offenheit einem interessanten Menschen begegnen oder ich nütze die gewonnene Zeit, um zuerst einmal nichts zu tun. Wichtig für mich ist, die Wunder des Lebens möglichst oft wahrzunehmen.

• *Grenzt das denn nicht schon an Erleuchtung?*

Erleuchtung halte ich ebenfalls für ein Konzept, das es geben mag oder auch nicht. Ich bin mir nur sicher, dass wir Erleuchtung oder spirituelles Erwachen nicht finden werden, solange wir danach suchen. Nimm doch beispielsweise die Erfahrung, die Eckhart Tolle in seinem Leben mit 29 Jahren überlebt hat: Er wollte sich umbringen, und ohne Absicht oder Konzept hat er instantan – also im selben Augenblick – eine andere Wirklichkeit erfahren. Vielleicht war sie ja schon immer in ihm. Ich glaube, nichts hätte dieses Erlebnis *mehr* verhindern können, als Erleuchtung zu suchen. Hätte er seinen später entstandenen Leitfaden zum spirituellen Erwachen vor seinem Erlebnis gelesen, hätte es ihm nie zufallen können. Leitfäden sind meist gut gemeint, in der Praxis des direkten, unvoreingenommenen Erlebens jedoch eher hinderlich, als dass sie nutzen.

• *Ich bin noch nicht so weit in meiner Entwicklung. Mein Ego steht mir immer im Weg, sosehr ich mich auch anstrenge. Wie kann ich denn damit umgehen?*

Ist ja spannend, dass du noch nicht so weit bist! Wohin führt dich denn dieser Gedanke? Zu den Stufenleitern der Erleuchtung?

• *Na ja, irgendwie schon. Wer bin ich denn schon?*

Der, der du bist, bzw. die, die du bist, natürlich! Alles ist Information. Also lass uns sehen, wo der Punkt des Leuchtens in deinen Augen ist. Beispielsweise: »Ich lebe meine Größe.« Wie klingt das für dich? Ich habe ehrlich keine Ahnung, ob es ein Ego gibt, aber selbst wenn ich wüsste, ich hätte eines, würde ich kein Doppelzimmer für mich und mein Ego buchen. Das Ego ist ebenfalls ein kulturelles Konstrukt, das wir nicht wahrnehmen können. Wie dieses Konstrukt verwendet wird, scheint allerdings für das Feld unserer leuchtenden Augen nicht sehr unterstützend zu sein.

Je stärker wir uns erlauben, in die Stille der »Weltenseele« einzutauchen, desto klarer wird, welche Schätze unser Leben birgt, die nicht mit Geld oder Gold aufwiegbar sind. Spätestens in diesem Moment wird uns aus unserem Inneren her klar, dass wir nichts erreicht haben, lediglich uns in unserem inneren Wesen wahrnehmen. Das fühlt sich als das Selbstverständlichste der Welt an. Und was dann entsteht, ist einfach ein Lächeln über uns selbst.

■

Zum Abschluss möchte ich eine Geschichte mit euch teilen: die Geschichte vom Laternenanzünder und dem Planeten, der sich schneller und schneller dreht, aus Antoine de Saint-Exupérys berühmtem und berührendem Buch »Der kleine Prinz«:

»Da ist nichts zu verstehen«, sagte der Anzünder. »Die Weisung ist eben die Weisung. Guten Tag.« Und er löschte seine Laterne wieder aus. Dann trocknete er sich die Stirn mit einem rot karierten Taschentuch. »Ich tue da einen schrecklichen Dienst. Früher ging es vernünftig zu. Ich löschte am Morgen aus und zündete am Abend an. Den Rest des Tages hatte ich zum Ausruhen und den Rest der Nacht zum Schlafen …«
»Und seit wann hat sich deine Weisung geändert?«
»Die Weisung wurde nicht geändert«, sagte der Anzünder. »Das ist ja das Trauerspiel! Der Planet hat sich von Jahr zu Jahr schneller gedreht, und die Weisung ist die gleiche geblieben!«
»Und?«, sagte der kleine Prinz.
»Und jetzt da er in einer Minute eine Umdrehung macht, habe ich nicht

mehr eine Sekunde Ruhe. Jede Minute zünde ich einmal an, lösche ich einmal aus!«

(…)

»Weißt du …, ich kenne da ein Mittel, wie du dich ausruhen könntest, wenn du wolltest …«

»Ich will immer«, sagte der Anzünder. Denn man kann treu und faul zugleich sein.

Und der kleine Prinz fuhr fort: »Dein Planet ist so klein, dass du mit drei Sprüngen herumkommst. Du musst nur langsam genug gehen, um immer in der Sonne zu bleiben. Willst du dich ausruhen, dann gehst du … und der Tag wird so lange dauern, wie du willst.«

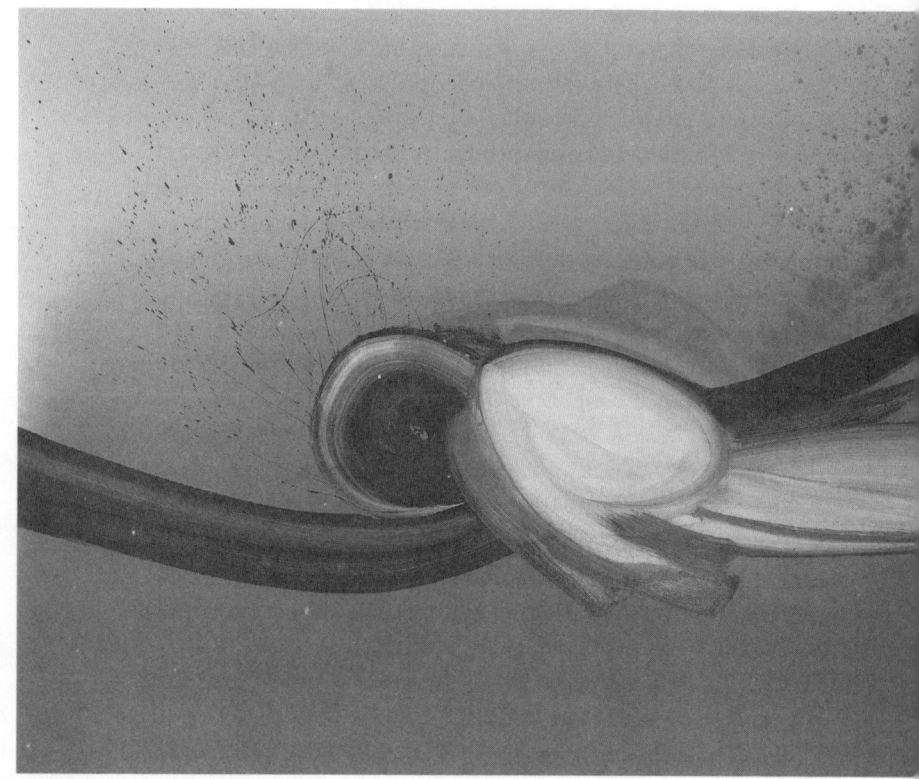

Unsere inneren Überzeugungen, die wir heute als unbewusst erleben, erscheinen uns als ehernes Gesetz; wir glauben, ihnen ausgeliefert zu sein. Wir halten uns an unsere Überzeugungen, genau wie sich in der Geschichte des kleinen Prinzen der Laternenanzünder an seine Weisung hält.

Früher hat die Anweisung durchaus einen Sinn ergeben. Ja, früher ... Die unseren Überzeugungen zugrunde liegende Information ruht immer vor uns auf dem Silbertablett; sie will nur wahrgenommen werden. Und im Jetzt können wir »treu und faul zugleich« sein. Die Freiheit liegt in uns selbst, genau die Geschwindigkeit zu wählen, die es uns erlaubt, immer in der Sonne zu bleiben!

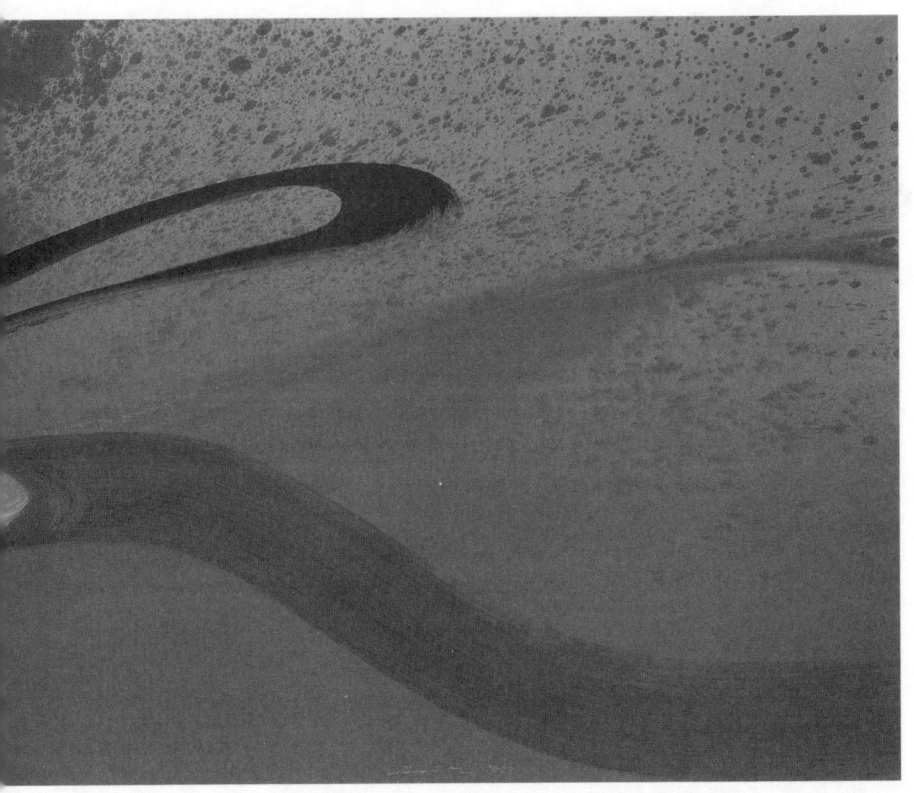

Selbstermächtigung und Verbindlichkeit

»Solange Verbindlichkeit fehlt, herrschen Zaudern und Unschlüssigkeit, die Möglichkeit des Rückzugs – immer wieder Erfolglosigkeit. Alle ersten Schritte betreffend, gibt es eine elementare Wahrheit, deren Unkenntnis zahllose Ideen und glanzvolle Pläne zu töten vermag: Dass sich in dem Moment, in dem der Mensch sich verbindlich einlässt, auch das Göttliche sich bewegt, alle möglichen Dinge geschehen, dem Menschen hilfreich beizustehen, die niemals sonst geschehen wären. Ein ganzer Strom von Ereignissen entspringt der Entscheidung und bringt zu unseren Gunsten unvorhergesehene Zwischenfälle, Begegnungen und Hilfen aller Art, von denen kein Mensch je geträumt hätte, dass sie seinen Weg kreuzen würden.

Was immer du tust, entscheide dich verbindlich dafür, und die göttliche Macht ist mit dir.«

▶ Johann Wolfgang von Goethe

Was immer du tust, entscheide dich verbindlich dafür, und die göttliche Macht ist mit dir.

Nachwort:
Die Revolution findet in uns statt –
wir haben die Macht!

Die Welt zu einem besseren Platz zu machen, erschien mir selbst lange Zeit als etwas sehr Wichtiges und war mir sogar geradezu ein Herzensanliegen. In meiner Jugend übten auf mich etliche politische, aber durchaus auch religiöse Konzepte eine hohe Anziehungskraft aus. In der christlichen Idee der Erlösung, so glaubte ich, gehe es um eine Erlösung von »außen«. Mich faszinierte, dass Buddha davon sprach, Erleuchtung sei das Ende allen Leidens. Die Erfahrung, dass wir »Leiden« in unserem ständigen inneren Prozess der Informationsverarbeitung selbst erschaffen, hatte ich schon recht früh in meinem Leben gemacht. Doch um zu benennen und konkret zu lehren, dass es rein um unsere innere Informationsverarbeitung geht, mussten noch etliche Jahre vergehen.

Je mehr ich bei meinen Recherchen den Fokus auf die Historie richtete, desto klarer wurde mir, dass kaum etwas mehr Leid, Tod und Unterdrückung verursacht hat als all die gut gemeinten und sehr schlüssigen »vernünftigen« Ansätze, die Welt zu einem besseren Platz zu machen. Man stelle sich die Toten vor, die Menschen, die in den letzten Jahrhunderten infolge christlicher, sozialistischer, kommunistischer, faschistischer, nationalistischer, islamistischer oder sonstiger Ansätze ihr Leben verloren. Alle diese Ideen der »Weltverbesserung« versprachen, die Welt zu erretten. Gerade in dieser Grundannahme scheint mir der Fehler zu liegen. Können wir wirklich noch im Ernst glauben, dass es ein weiteres neues Konzept braucht?

Meine Überzeugung hat im Übrigen nichts mit Fatalismus zu tun – im Gegenteil! Ich möchte Sie einladen, den Unterschied zu erleben: den Unterschied zwischen einem aktiv gestaltenden »maskulinen« Ansatz einerseits – und einem rezeptiv empfangenden, wahrnehmenden »femininen« Ansatz der Veränderung bzw. der Hingabe an eine natürliche Veränderung andererseits. Maskulin und feminin hat in diesem Verständnis nichts mit unserer körperlichen Geschlechtlichkeit zu tun. Ich verwende die Begriffe als eine Metapher für die Beschreibung unserer Wirklichkeit. Im Nichts, in der Leere des Raums, ist alles: die gesamte Fülle des Universums. Unser innerer Raum der Leere und der Stille ist zeitlos und immer da, er braucht nur wahrgenommen zu werden. Dieselbe Fülle ist in meinem Krug, ob ich aus einem Brunnen oder aus dem Meer schöpfe.

Der Gedanke, die Welt zu einem »besseren« Platz machen zu wollen, kommt aus dem Mangel, weil er voraussetzt, dass etwas defizitär ist, also nicht in Ordnung ist. Doch womöglich erschaffen wir uns genau dies erst mit all den noch so klugen und teilweise durchaus logisch nachvollziehbaren »Weltverbesserungs-Ansätzen«. Ob das Defizitäre jenseits unserer Wahrnehmung wirklich existiert, können wir nicht sagen. Erst durch unsere Bewertung wird etwas gut oder schlecht; ohne unsere Bewertung existieren nur Phänomene.

Es gilt also, mit dem Begriff einer objektiv von uns getrennten Wahrheit und damit einhergehend mit unserer Vorstellung der Wirklichkeit zu beginnen. Erst die Grundannahme einer von uns losgelösten Wirklichkeit und Wahrheit impliziert, dass es auch eine Lüge gibt. Ohne das Konzept der Lüge kann ich das Konzept der Wahrheit nicht denken. Genau dies bildet die Grundlage für all das Leid und für die Milliarden von Toten: Menschen sind dem Konzept, es gebe eine Wahrheit, gefolgt und viele folgen ihm noch immer. Heinz von Foerster brachte es schon vor mehreren Jahrzehnten auf den Punkt: »Wahrheit ist die Erfindung eines Lügners.« Oder präziser ausgedrückt: Das Konzept der Wahrheit ist die Erfindung eines Lügners.

Erlauben wir uns nur einmal die Vorstellung, über Nacht geschähe ein Wunder, sei es durch eine gigantische kosmische Strahlung, eine gute Fee, ein neues elektromagnetisches Feld, die Sternenkonstellation, die Engel oder vielleicht auch einfach »nur so«. Und zwar würde sich plötzlich von heute auf morgen bei allen Menschen in der Hirnphysiologie etwas Wundersames vollziehen: Auf einmal könnte sich nämlich jeder Mensch in jedem Moment seiner Wahrnehmungen frei entscheiden. Egal was auf der Bühne seines Lebens gespielt wird – er könnte die eigene Aktion oder Reaktion aus dem inneren Wachstumsmodus kommen lassen. Nichts, rein gar nichts würde sich darüber hinaus in der Welt verändern. Es wäre sich nur jeder ganz selbstverständlich seiner Freiheit bewusst. Kein Verhalten käme mehr aus einer möglicherweise längst überholten Autopilot-Einstellung, sondern fortwährend aus unserem Wachstumsmodus heraus.

Wie würde sich die Welt verwandeln, wenn sich sonst nichts verändert? Ich glaube, wir würden in einer völlig anderen Welt leben, ohne dass auch nur ein Mensch etwas aktiv verändern müsste.

Das Beflügelnde an dieser Vision ist, dass es nur einen Moment und einen Platz gibt, an dem wir zurzeit beginnen können, uns verbindlich darauf einzulassen: das ständige Jetzt in unserem eigenen Wahrnehmungsprozess.

> **Die Revolution zu einer »besseren« Welt beginnt in jedem Moment in uns selbst. Unser Ballon darf fliegen – jetzt!**

»Sei realistisch –
rechne mit Wundern!«

Literaturhinweise

Hier finden Sie eine Zusammenstellung empfehlenswerter Bücher, die mich inspiriert haben bzw. aus denen ich zitiert habe.

Gregory Bateson (1992): Ökologie des Geistes

Joachim Bauer (2004/2005): Das Gedächtnis des Körpers

Herbert Benson (1997): Heilung durch Glauben

Gregg Braden (2007): Im Einklang mit der göttlichen Matrix

Gregg Braden (2008): Der Realitäts-Code

Dieter Broers (2010): Gedanken erschaffen Realität

Pascal Bruckner (2002): Verdammt zum Glück –
Der Fluch der Moderne

Doc Childre und **Bruce Cryer** (2000): Vom Chaos zur Kohärenz –
Herzintelligenz® im Unternehmen

Doc Childre (2005): Transforming Stress

Paulo Coelho (1996): Der Alchimist

Klaus Dörner (2003): Die Gesundheitsfalle

Klaus Dörner (2008): Helfende Berufe im Markt-Doping

Heinz von Foerster und **Bernhard Pörksen** (2008):
Wahrheit ist die Erfindung eines Lügners

Viktor E. Frankl (1979): Der Mensch vor der Frage
nach dem Sinn

Hans-Georg Gadamer (1996): Über die Verborgenheit
der Gesundheit

Amit Goswami (2008): Das bewusste Universum

Amit Goswami (2009): Die schöpferische Evolution

Arno Gruen (1994): Der Wahnsinn der Normalität

Tenzin Gyatso, 14. Dalai Lama (2004): Der Weg ins Glück

Hans-Georg Häusel (2004): Brain View –
Warum Kunden kaufen

Louise L. Hay (1993): Gesundheit für Körper und Seele

Donald D. Hoffmann (2000): Visual Intelligence –
How we create what we see

Gerald Hüther (2008): Die Macht der inneren Bilder

Jon Kabat-Zinn (2010): Im Alltag Ruhe finden

Frank Kinslow (2008): The Secret of Instant Healing

Jack Kornfield (2004): Meditation für Anfänger

Jiddu Krishnamurti (1996): Die Wahrheit ist ein pfadloses Land

Bruce Lipton (2006): Intelligente Zellen

Bruce Lipton und **Steve Bhaerman** (2009): Spontane Evolution

Niklas Luhmann (1995): Soziale Systeme

Manfred Lütz (2002): LebensLust

Manfred Lütz (2011): Irre!

Humberto Maturana und **Francesco Varela** (1987):
Der Baum der Erkenntnis

Susanne Marx (2010): Herzintelligenz kompakt

Candace Pert (2007): Moleküle der Gefühle

Neil Postman (2008): Wir amüsieren uns zu Tode

David Rock (2011): Brain at Work

Antoine de Saint-Exupéry (1998): Der kleine Prinz

Jörg Starkmuth (2009): Die Entstehung der Realität

Jill B. Taylor (2008): Mit einem Schlag

Eckhart Tolle (2004): Jetzt! Die Kraft der Gegenwart

Paul Watzlawick (1981): Die erfundene Wirklichkeit

Ken Wilber (1984): Halbzeit der Evolution

Ken Wilber (2010): Integrale Spiritualität

Marianne Williamson (1995): Rückkehr zur Liebe

Anton Zeilinger (2005): Einsteins Schleier

Anton Zeilinger (2007): Einsteins Spuk

Anton Zeilinger (2009): Zufall als Notwendigkeit

Stichwortverzeichnis

Ein großes Danke

Dieses Buch verdankt seine Entstehung dem Vertrauen und der Offenheit all jener Menschen, mit denen ich in den vergangenen Jahren in den intensiven Workshops und zahlreichen Coachings in Deutschland, Österreich, der Schweiz und in Italien zusammenarbeiten durfte. Ein großes Danke an alle, die daran mitgewirkt haben!

Insbesondere richtet sich mein Dank an meine liebe Kollegin Nicole Mund, ohne deren aktive Mitarbeit in den Workshops und an diesem Buch über Monate hinweg vieles nicht möglich geworden wäre. Nicole ist eine der besten Coaches, die ich je kennengelernt habe und mit ausbilden durfte!

Und bei meinem Verleger Konrad Halbig bedanke ich mich an dieser Stelle auch ganz herzlich für sein Vertrauen. Er hat mir mit wenigen Worten die Augen dafür geöffnet, alles in mir wahrzunehmen, was es braucht, um ein Buchautor zu sein. Über Konrad kam zudem auch meine Zusammenarbeit mit Birgit-Inga Weber zustande, einer Lektorin, die zaubern kann. Ganz herzlichen Dank!

Über den Autor

Klaus P. Medicus lebt als Berater, Autor, spiritueller Lehrer und Gründer des *Instituts für Quanten!ntelligenz®* in Oberbayern.

Bereits als Jugendlicher begann er mit seiner regelmäßigen Meditationspraxis. Neben seinem Jurastudium absolvierte er verschiedene mehrjährige Ausbildungen zum Yoga- und Meditationslehrer sowie zum systemischen Therapeuten. Nach den juristischen Staatsexamen wurde er in der Wirtschaft tätig, schon bald als Leiter der Abteilung Führungskräfteentwicklung, als Personalentwickler und Personalchef, bis er sich als Unternehmensberater, Spezialist für Personal- und Organisationsentwicklung und Coach für Führungskräfte selbstständig machte.

Inspiriert durch die Zusammenarbeit mit dem amerikanischen Biologen Bruce Lipton und dessen Buch »Intelligente Zellen« entwickelte sich im Laufe der vergangenen Jahre die Arbeit mit der Quanten-Intelligenz (*Q!*) unserer Zellen als spirituellem Weg. Im Mittelpunkt dieser Arbeit steht es, jeden Einzelnen bei der Wahrnehmung des »Feldes der leuchtenden Augen« zu begleiten, unabhängig davon, welches Stück gerade auf der Bühne des Lebens gespielt wird. *Q!* vermittelt konsequent das »Nicht-Wissen« als Wert, verbunden mit dem unerschütterlichen Vertrauen, dass in jedem Menschen alle Information verfügbar ist, um im Jetzt mit dem Herzen in Resonanz zu treten.

Ausbildungsangebote

Q! Workshop 1: Quanten-Intelligenz »Grundlagen«
Im Feld der leuchtenden Augen
*Die Information im Jetzt
mit bewusst formulierten Überzeugungen erleben*

In dem 2-tägigen Grundlagen-Kurs erlernen Sie die Basis-Methode von *Q!*, um Ihre Quantenintelligenz zu Überzeugungen auf bewusst formulierter Ebene in unterschiedlichen Bereichen Ihres Lebens (persönliche Stärke, Beziehungen, Wohlstand, Selbstbewusstsein, Spiritualität, Gesundheit und Körper) anwenden zu können. Im Jetzt erkennen Sie die Information Ihrer inneren, einschränkenden Muster und aktivieren daraufhin einfach und unmittelbar die Wahrnehmung Ihrer befähigenden Überzeugungen. Dieser intensive Workshop ist in sich abgeschlossen.

Q! Workshop 2: Quanten-Intelligenz »Aufbau«
Die Quelle unserer Wahrnehmung
*Die Information im Jetzt
mit dem Resonanzsystem des Körpers erleben*

In dem 4-tägigen Aufbau-Seminar erlernen Sie die vollständige *Q!* Methode und wie Sie mit den Steuerungsmechanismen auf Zellebene Ihr Leben grundlegend beeinflussen können.
Alles entsteht aus Information im Jetzt – auch jenseits bewusst formulierter Überzeugungen. Einfach und angenehm eröffnet sich das Feld unendlicher Möglichkeiten, indem Sie mehr und mehr die eigenen, zur Verfügung stehenden Potenziale nutzen. Dabei kommen Sie in Kontakt mit einer Quelle der Wahrnehmung, die frei ist von jeglicher Bewertung.
Die *Q!* Workshops 1 und 2 können Sie auch gemeinsam als 6-tägigen Intensiv-Workshop besuchen.

Q! Vertiefungs-Workshop: *Q!* Aufstellungen²
Beziehungs-Aufstellungen
in der Quantendimension erleben

Im Aufbau-Workshop haben Sie bereits Erfahrungen mit dem Konzept der Stellvertretung im Bereich zwischenmenschlicher Beziehungen gesammelt.

In dem 3-tägigen Vertiefungs-Workshop *Q!* Aufstellungen² lernen Sie nun darüber hinaus, alle Lebensthemen – beispielsweise Liebe, Erfolg oder Frieden – spielerisch mittels der *Q!* Beziehungs-Aufstellungen zu bearbeiten. Auch Familiensysteme und Organisationen eignen sich für die Q! Beziehungs-Aufstellungen. Der kraftvolle Verbindungsprozess ermöglicht in Leichtigkeit ein »Finden und Ankommen« und bewirkt damit eine instantane Wahrnehmung des Heilseins bzw. einer erfüllenden Ganzheit. Im Mittelpunkt steht die Information im Jetzt, jenseits des Denkens in Ursachen.

Q! Retreat: Spiritualität
Das pure Sein der spirituellen Natur in tiefer Verbindung
mit der eigenen Quanten-Intelligenz erleben –
mit den Q! Tools des Grundlagen- und Aufbau-Seminars

Der 5-tägige *Q!* Sommer Retreat ist ein Erlebnis für all jene, die sich nach Tiefe sehnen und die Stille der Natur genießen können. In Verbindung mit der spirituellen Urkraft wird die Freiheit im Feld des Heilseins ganz natürlich wahrgenommen, und gemeinsam mit der wundervollen Natur des magisch versteckten Bevera-Tals (mit kleinen Wasserfällen, Quellen und Badegumpen) werden diese Tage Ihre Seele berühren.

Der *Q!* Retreat findet in Torri statt, einem historischen Dorf in den Seealpen, nur ca. 7 Kilometer vom Meer, im Hinterland von Ventimiglia, und ca. 30 Minuten vom Flughafen Nizza entfernt.

Sowohl der Vertiefungsworkshop, wie der Q! Retreat setzen den Besuch der Q! Workshops 1 und 2 voraus.

Q! Coaching Ausbildung
Coaching professionell aus der Quanten-Intelligenz heraus gestalten

Dreimal 3 Tage *Q!* Coaching Ausbildung, um die *Q!* Tools im neuen Paradigma der Quanten-Intelligenz professionell anzuwenden. Sehen Sie, wie sich im »Nicht-Wissen« das Feld der unendlichen Möglichkeiten eröffnet, und lernen Sie damit einen leichten, freudvollen und effektiven Weg, um andere Menschen bei allen Lebensfragen zu begleiten. Geschichten und Bewertungen bleiben dabei außen vor, denn die Konzentration richtet sich konsequent auf das Jetzt und das reine Wahrnehmen von Symptomen oder Phänomenen als wichtige Informationen. Daraus ergibt sich völlig selbstverständlich, dass nichts weggemacht, gelöscht, geheilt oder verbessert werden muss, denn dies würde bedeuten, wichtige Hinweise zu ignorieren. Vielmehr ist es so, dass durch achtsames Lesen der Informationen die »Hinweisschilder« überflüssig werden und wie von selbst (quasi als Nebenwirkung) verschwinden.
Die Ausbildung setzt den Besuch der Q! Workshops 1 und 2 voraus.

Q! Trainer Ausbildung
Zweimal 3 Tage Q! TrainerAusbildung
(auf Anfrage; für Absolventen der Coaching-Ausbildung)

Nähere Informationen über Workshop-Termine, aktuelle Informationen und das *Q!* Magazin finden Sie im Internet: www.quanten-intelligenz.de

Institut für Quanten!ntelligenz®
Klaus Medicus
E-Mail: info@quanten-intelligenz.de
www.quanten-intelligenz.de

Q! Coaching

Q! Coaching ist eine professionelle Begleitung von Menschen in allen Lebenslagen, um im Hier und Jetzt mit Leichtigkeit den Weg in das Feld ihrer leuchtenden Augen zu gehen.

Unser Grundsatz ist, jeden Menschen in einer gleichwertigen Partnerrolle zu sehen und ihm mit einer inneren Einstellung des »Nicht-Wissens« zu begegnen. Auf diese Weise ersparen wir uns Analysen und Bewertungen, damit das Feld der unendlichen Möglichkeiten möglichst weit offen steht. In der Vorgehensweise verwenden wir die Q! Tools.

Paulo Coelhos Buch »Der Jakobsweg« liefert uns eine wundervolle Beschreibung, denn es beginnt mit Paulos größtem Misserfolg auf seinem spirituellen Weg. Von seinem Meister wird ihm auf der letzten und entscheidenden Stufe seiner Einweihung sein »Schwert« verweigert, und um dieses doch noch zu bekommen, begibt er sich eher missmutig gestimmt auf den Jakobsweg ... Begleitet wird Paulo von einem Führer namens Petrus, der ihn spirituelle Rituale lehrt; dabei handelt Petrus weder ziel- noch lösungsorientiert.

Welches Ziel Ihres Lebens erscheint gerade in fast unerreichbarer Ferne? Was ist also Ihr »Schwert« und wozu möchten Sie es haben oder erreichen? Kennen Sie Ihre Antwort?

Im Q! Einzelcoaching empfehlen wir für ein erfüllendes Ergebnis ca. 5 x 1,5 Stunden. Um die Anwendung der Q! Prinzipien auch im Alltag erleben zu können, hat sich die Kombination mit den Q! Workshops bestens bewährt.

Nähere Informationen über unsere Coaching-Angebote finden Sie unter www.quanten-intelligenz.de. Den Bereich Coaching leitet im *Institut für Quanten!ntelligenz*® Nicole Mund (nicole.mund@ quanten-intelligenz.de, Telefon: +49 (0) 81 04–88 71 50.

Klaus P. Medicus

Quanten-Intelligenz

Heilsein erleben statt Heilung suchen
– Meditationen –

€ [D/A] 12,99
Meditations-CD,
ISBN 978-3-86728-178-2

Klaus P. Medicus hat Meditationen und befähigende
Überzeugungen zusammengestellt, die es jedem Men-
schen ermöglichen, einen leichten Zugang zur eigenen
inneren Weisheit zu finden. Die CD ist eine ideale Er-
gänzung für alle, die mit dem wundervollen Ansatz der
Quanten-Intelligenz bereits vertraut sind; darüber hinaus
ist sie hervorragend für Menschen geeignet, die durch die
Verbindung mit ihrer inneren Weisheit ihr alltägliches
Leben bewusster und achtsamer gestalten wollen.
Mit ausgewählter Meditationsmusik von Sayama kön-
nen Sie sich durch die *Q!*-Übungen ganz entspannt von
Ihrem Weg zu innerer Ruhe und zum tieferen Sinn des
Lebens finden lassen.